디지털 시대 영상 문화와 윤리

컬처룩 미디어 총서 027

컬처룩 미디어 총서 027
디지털 시대 영상 문화와 윤리

지은이 홍석경 정창영 이광훈
펴낸이 이리라

책임편집 이여진
편집 하이픈
표지 디자인 엄혜리

2022년 9월 15일 1판 1쇄 펴냄

펴낸곳 컬처룩
등록 번호 제2011-000149
주소 03993 서울시 마포구 동교로 27길 12 씨티빌딩 302호
전화 02.322.7019 | 팩스 070.8257.7019 | culturelook@daum.net
www.culturelook.net

ISBN 979-11-92090-11-5 94300
ISBN 979-11-85521-06-0 (세트)

culturelook

차례

머리말 9

1 서론: 왜 영상은 윤리 문제를 제기하는가? 15

2 영상 언어란 무엇인가 25

1. 이미지와 영상 | 2. 이미지의 종류 | 3. 미디어별 이미지 효과 | 4. 영상 언어의 영향력

REVIEW | ZOOM IN

영화로 성찰하기 1

현실 인식과 영상 미디어 : 〈트루먼 쇼〉 50

3 영상의 역사 55

1. 영상 시대를 이끈 이미지의 역사 | 2. 영상 시대 부흥과 이미지 역사 | 3. 영상 디스플레이 기술의 진화

REVIEW | ZOOM IN

영화로 성찰하기 2

생물학적 기관을 지배하는 영상의 영향력
:〈스트레인지 데이즈〉 85

4

영상의 의미와 이데올로기 91

1. 영상의 의미 생산 | 2. 영상의 이데올로기 효과
| 3. 영상 이데올로기 분석
REVIEW | ZOOM IN

5

영상과 현실 인식 115

1. 영상과 재현 | 2. 저널리즘 속 영상 | 3. 현실 영상의 허구성
| 4. 영상 저널리즘이 제기하는 윤리 문제
REVIEW | ZOOM IN

영화로 성찰하기 3

영상 저널리스트의 윤리적 딜레마
:〈뱅뱅 클럽〉 144

6

영상과 성 역할 고정 관념 149

1. 집단에 기초한 차별과 불평등: 성, 인종, 민족 | 2. 대중문화 속 젠더 스테레오타입 | 3. 미디어에서 성 역할 재현 | 4. 한국 대중문화에서 성을 향한 왜곡된 시선
REVIEW | ZOOM IN

7

영상과 인종 재현 173

1. 인종 차별의 역사 | 2. 세계 속 동아시아인에 대한 고정 관념
| 3. 한국 사회의 다문화와 인종 재현 | 4. 대중문화에서 드러나는 우리 안의 오리엔탈리즘
REVIEW | ZOOM IN

영화로 성찰하기 4

이중의 스테레오타입 또는 우리 안의 오리엔탈리즘
:〈크레이지 리치 아시안〉 207

8 과학 영상과 영상 문화 213

1. 영상과 과학 | 2. 세계화와 영상 문화
REVIEW | ZOOM IN

9 인터넷과 소셜 미디어 시대의 영상 243

1. 소셜 미디어와 영상 | 2. 인터넷과 소셜 미디어의 잘못된 사용
REVIEW | ZOOM IN

10 디지털 시대의 영상 윤리 정립을 위해 267

1. 영상의 폭력성과 선정성 | 2. 영상의 윤리 문제에 대한 사회적 대응
| 3. 영상의 소유권과 윤리 | 4. 영상과 모방
REVIEW | ZOOM IN

영화로 성찰하기 5

사이버 공간의 양면성:〈디스커넥트〉 290

용어 설명 295
참고 문헌 305
그림 출처 314

일러두기

• 한글 전용을 원칙으로 하되, 필요한 경우 원어나 한자를 병기하였다.
• 한글 맞춤법은 '한글 맞춤법' 및 '표준어 규정'(1988), '표준어 모음'(1990)을 적용하였다.
• 외국의 인명, 지명 등은 국립국어원의 외래어 표기법을 따랐으며, 관례로 굳어진 경우는 예외를 두었다.
• 본문의 각주는 옮긴이가 본문의 이해를 돕기 위해 달았다.
• 사용된 기호는 다음과 같다.

신문 및 잡지 등 정기 간행물, 영화, TV 프로그램 등: 〈 〉

책(단행본): 《 》

머리말

이 책은 대학의 영상 교육자들이 무엇을 할 것인가를 고민한 결과로 태어났다. 나는 2000년부터 프랑스와 한국에서 영상 문화를 가르쳐 왔다. 세계화와 디지털 문화가 만나서 이루어지는 한류 같은 초국적 문화 현상을 연구하는 동시에 그러한 에너지를 담은 한국 대중문화와 그 핵심 영상 문화를 연구하고 가르쳤다. 서울대학교 학부에서도 영상 문화 입문, 영상 커뮤니케이션 등 영상 과목을 강의하면서 학생들의 일상에 얼마나 영상이 중요한 매개체인지를 지속해서 확인할 수 있었다.

마침 서울대학교 기초교육원은 이러한 문제의식을 느끼고 학부생에게 적합한 영상 교육 개발을 부탁했다. 학생에게 필요한 영상 교육이란 영상을 찍고 편집하고 소통하는 '기술'이 아니라, 영상 리터러시와 그 영향력의 이해에 기초한 '윤리' 교육이라고 생각한다. '윤리'라는 단어의 고리타분하고 시대착오적이라고 느껴지는 울림 때문에 이 단어를 사용해야 할지 숨겨야 할지 고민이 들었다. 특히 20대 초반의 대학 인구를 겨냥해야 하는데 윤리라 하면 지나치게 고압적으로 느끼지 않을까도 생각했다. 굳이 가장 가까운 단어를 생각한다면 영상 리터러시에 관한 책이라고 할 수도 있지만, 이 책은 리터러시에 기초하고 있을 뿐 훨씬 광범위한 영상 문화를 살아가는 개인과 공동체의 태도와 규범 문제를 다루고 있어서 '윤리'라는 개념을 피할 수는 없다.

대학에서 영상 독해력 교육이 필요하다

영상 교육 개발을 위해 이 책에 참여한 세 사람은 개인이 아닌 팀으로 과제를 수행했다. 이는 연구자 간 용어 사용 및 공유 지식 내용을 끊임없이 확인해야 하는 수고가 들었지만, 이러한 노력이 결과적으로 아주 만족스럽고 긍정적인 효과로 나타났다. 내가 (프랑스와 한국의 대학 교수로서의 경험, 한국방송위원회라는 방송규제기구에서 시청각 미디어 정책 연구 경험이 있는) 영상 문화 관련 국내외 차원의 이론과 정책, 한류 전문가라면, 정창영 선생은 (직접 학생들에게 영화 제작을 가르치는 과정에서 학생들이 지닌 실질적 문제와 감수성에 대해 오랜 경험을 지닌) 교육자이며 영상 전문가다. 이광훈 교수는 (최근에 디자인학 박사 학위를 받은 영상 및 시각 커뮤니케이션 디자인 분야의 문화연구자로서) 첨단 영상 문화의 동향과 영상 기술의 인식론적 차원에 대해 다른 두 필자가 지니지 못한 전문성으로 이 책의 영역을 확대해 주었다. 세 사람이 수많은 회의를 통해 보고서가 먼저 작성되었다. 이렇게 시작한 보고서는 현대 사회의 영상 문제에 대한 방대한 앤솔러지가 되었다. 보고서로서 그치기에는 아까운 결과물이었다. 보고서는 대학 학부생의 영상 윤리 교육의 필요성을 강조하는 것으로, 연구팀은 바로 같은 제목으로 개설될 기초 교양 수업을 도울 교과서를 집필하기로 결정했다. 이 이름의 교양 수업을 만들면 강의자는 개인이 다루기 힘든 넓은 영역을 가르쳐야 하기 때문에 교과서 집필은 당위적 과제가 되었다.

대학의 교양 수업은 사실 교양이라는 명칭을 붙였을 뿐, 그 분야의 방대한 지식을 가장 이해하기 쉬운 방식으로 전공과 상관없이 많은 학생이 들을 수 있는 형식으로 제공하는 것이다. 그래서 교육 경험이 많은 정교수가 가장 잘할 수 있는 수업이기도 한데, 현실적으로 전공 수업에 많은 노력과 시간을 빼앗기는 교수가 기초 교양 수업에 신경을 쓰기는 쉽지 않다. 특히 이 책이 다루는 디지털 시대의 영상 문화와 윤리는 영상 기호, 영상의 의미 생산과 사회 속 유통의 효과, 영상 문화가 제기하는 정체성 문제와 고정 관념, 영상 기술과 인식, 초국적 영상 문화와 권력의 문제, 소셜 미디어와 영상 소통이 가져온 사회심리적 또는 법적 문제에 이르기까지 한 사람의 연구자가 전문성을 지닐 수 없는 광범위한 분야와 관련된다. 각 분야의 전문가들이 한 장씩 저술해서 편집하는 것은 기초 교양 수업을 위한 텍스트의 덕목인 일관성과 균형을 보장할 수가 없다. 그래서 세 명의 필자는 회의를 거듭하면서 이 교과서를 집필하기로 했다. 그 결과 대학의 15주 수업에 적합한 이 책의 구성이 결정되었고, 각 장의 끝머리에 'REVIEW'와 'ZOOM IN'을 달아, 텍스트가 설명한 지식에 기초해서 학생들과 함께 더 생각해 볼 만한 사회 속 영상 문제의 사례를 제시했다. 제시된 사례들이 학생들에게 탐구 욕망을 불러일으키기를 희망하며, 인터넷 검색의 달인인 대학생의 호기심과 학구열을 자극하기를 기대한다.

이 책의 사용법

이 책은 이렇듯 매우 구체적인 맥락 속에서 태어났다. 대학에서 서로 다른 맥락에서 영상 문화를 가르치는 서로 다른 세대에 속하는 세 명의 교수가 영상 문화에 대한 문제의식을 공유하며 썼다. 향후 일상에서 영상을 활용해 소통할 상황은 갈수록 증가할 것이며, 영상이 직간접으로 연결된 직업 환경도 증가할 것이다. 이 모든 상황에서 영상의 효과에 대한 적절한 이해가 필요하고 동원될 것이기 때문에, 모두에게 영상 리터러시와 윤리 문제를 다루는 교양 수업이 절실하다고 공감했다. 이 책의 내용은 영상을 직접 생산하는 직종을 희망하는 학생에게도 큰 도움이 될 것이다. 자신이 만들고 있는 영상물의 시나리오, 인물, 카메라 앵글 등의 미학적 선택과 이야기 전개, 스테레오타입의 사용이 어떤 사회적 효과와 문제에 연결되어 있는지를 이해하면서 영상 생산의 모든 단계의 선택이 이루어지게 되기를 바란다.

영상 산업에 종사하지 않을 많은 일반 영상의 소비자들에게도 이 책은 영상의 의미를 제대로 해독하고 자신이 그것을 소셜 미디어를 통해 재사용하게 될 때 어떤 문제가 발생할 수 있는지 성찰하도록 도울 것이다. 단순한 재미로 하는 일이 공동체의 누군가에게는 상처를 입히고 엄청난 인권 침해와 폭력이 되는 것은 아닌지를 생각하는 윤리 태도를 지니도록 돕기를 바란다. 또한 이 사회의 여러 분야에서 결정권을 지니게 될 미래의 인재는 이 책을 통해 더욱 디지털 시대의 영상 문화가 내포한 기회와 위험에 대한 이해를 높여 표현의 자유를 침해하지 않으면서도 공동체의 성원을 보호하는 최적의 법과 정책을 만들고 수행하는 데 최선을 다해 주기를 바라는 마음도 더한다.

이 책은 대학 수업의 교과서로 쓰였기 때문에 혼자서 읽고 학습할 수 있다기보다는 학생들이 각 장을 미리 읽고 해당 수업에서 다룰 내용에 대한 기본 생각을 지니고 와서 교수자의 자세한 설명을 들으며 이해력을 높일 수 있게 설계했다. 각 장에서 제기한 영상 윤리 문제를 함께 토론하고 발전된 답을 얻을 수 있도록 했다. 영상이 제기하는 윤리 문제의 대부분은 시대와 사회적 맥락을 고려한 정답이 있지만, 그 해결책은 '정답'이 없다. 이 책은 문제의 단순화가 필요불가피한 해결책을 억지로 얻어 내려 하지 않는다. 오히려 학생들이 문제의 복잡함과 다차원성을 이해하고, 한국 사회라는 맥락에서 적합한 윤리 태도와 해결 방안을 고민해 볼 수 있도록 구성했다. 대학 교육은 단순화가 아니라 복잡성을 증가하는 방향으로 가는 것이 옳다. 특히 고등학교 교육의 표준화를 통해 우수 학생을 걸러야만 하는 한국의 대학 입시를 거쳐 입학 후 듣는 교양 수업은, 학생에게 정답의 제공이 아닌 성찰의 기회를 마련하는 것이 더 훌륭한 교육 효과를 얻을 수 있다고 믿는다.

이 책은 대학의 15주 강의 일정에 맞추어 10개의 장과 5개의 '영화로 성찰하기' 장으로 구성되어 있다. 1장은 책 전체의 소개이기 때문에 기말고사를 치르고 중간고사를 리포트로 대체하는 경우 전체 14주 수업을 이 책의 장 구성에 따라 진행할 수 있다. 한 학기에 시험을 두 번 치르거나, 교육자가 더 중요하다고 생각되는 장의 교육 기간을 더 길게 잡더라도 5개의 '영화로 성찰하기'를 4개나 3개로 줄이면서 이 책의 전체 내용을 충분히 다룰 수 있도록 구성했다. 이렇듯 교육자가 자유롭게 선택하는 데 도움을 주고자 했다. 또한 '영화로 성찰하기' 시간을 다른 영화로 대체할 수 있도록 같은 문제를 다루는 여러 편의 영화를 제안했다.

대학 인구를 위해 쓴 이 책은 다음 독자들에게도 매우 유용할 것이다. 첫째, 영상을 생산하고 유통하는 분야의 모든 단계 직업군에게 영상 문화가 제기하는 윤리 문제를 성찰하도록 돕는 기초 텍스트 역할을 할 것이다. 각자의 전공 영역에 대해서는 이미 숙지하고 있을지라도 영상이 제기하는 사회 문제의 광범위성을 다시 한번 체크할 수 있는 기준 역할을 할 수 있을 것이다. 또한 수많은 사례를 통해 자신의 작업을 재성찰하는 기회를 얻을 수 있을 것이다.

둘째, 영상 문화에 관심이 많은 일반 독자에게도 열려 있는 텍스트다. 문화가 작동하는 방식에 대한 호기심을 지닌 모든 독자는 이 책에서 지난 대학 교육의 추억을 되찾는 동시에, 영상 문화의 현재가 얼마나 우리의 일상에 영향을 미치고 있는지, 동시대의 여러 현상에 대한 이해와 더불어 자녀 교육의 방향에 대해서도 건실한 참조점을 얻을 것이다.

셋째, 대학생이 아닌 더 어린 독자나 더 경험이 많은 성인 독자에 대해 디지털 미디어와 영상 문화 관련 교육자에게도 레퍼런스가 될 것이다. 이 책의 내용으로 시청각 미디어용 비디오를 제작하거나, 중고등학교 학생용으로 더욱 쉽게 각색한 내용의 책도 필요할 것이다. 어린이들의 꿈이 대통령이나 과학자가 아니라 유튜버가 되고, 학원을 전전하는 어린이의 손에 스마트폰이 들려 있는 것이 오늘날의 상황이다. 이들의 눈높이와 경험에 맞는 영상 윤리 교육, 즉 이들이 아직 어리지만 사회 성원으로서 지켜야 할 일, 이해해야 할 덕목에 대해서 자각하게 하는 일은 그 어느 때보다도 중요할 것이다. 이러한 후속 작업은 이 책의 필진의 역량을 넘어선다.

이 책은 무엇보다 현재와 같은 혼미한 영상 문화 윤리 상황에서 근미래의 주인공인 대학 인구를 성찰적으로 교육해야겠다는 의무감과 목표를 공유한 세 사람이 3년간 노력한 결실이다. 일단 이 책이 세상에 나온 후 책의 운명은 스스로, 그리고 이 책에 대한 독자의 반응이 결정하게 될 것이다.

홍석경

1장 서론

왜 영상은 윤리 문제를 제기하는가?

21세기가 22년 지난 오늘을 살아가는 우리는 영상과 영상 미디어를 일상에서 떼어내 생각하기 힘들다. 영상은 영화, 텔레비전, 비디오 게임, 유튜브 등을 통해 소통되는 무엇, 우리 일상 중 주로 오락을 구성하는 것, 우리는 그것을 소비하고 즐거움을 느끼면 되는 무엇으로 인식하는 것이 일반적이다. 하지만 실제로는 오락 거리뿐만 아니라 수많은 정보를 영상을 통해서, 특히 영상과 문자의 조합을 통해서 얻고 있다. 대한민국 성인이 깨어 있는 동안 손에 들고 있는 물건인 모바일폰은 첫 화면에서부터 수많은 영상 기호와 이미지들로 가득하고, 인터넷을 통해 소통되는 내용도 순수한 문자 커뮤니케이션보다 영상과 문자가 혼합된 경우가 대부분이다. 신문, 텔레비전 뉴스, 정치 광고와 상품 광고. 정책 홍보와 캠페인에 이르기까지 우리는 영상이 대대적으로 커뮤니케이션에 활용되는 문화 속에 있다.

문자 교육을 위해서 우리는 공교육 12년을 할애하지만, 영상 교육은 현대 생활에서 영상의 중요성에도 불구하고 공적 교육 프로그램에 제대로 포함되어 있지 않다. 게다가 영상은 대부분 시청각 형식으로 제공되기 때문에 배우지 않아도 쉽게 이해할 수 있는 것으로 치부된다. 이런 인식을 뒤집어보면, 문자를 모르더라도 모두가 이해 가능한 시청각 미디어란 민주적인 동시에 얼마나 위험한가? 백문이 불여일견이니 그 영향력은 얼마나 큰가? 한번 퍼지면 되돌릴 수 없는 영상의 강력한 영향력을 인정하면서 이를 교육하지 않는 것은 얼마나 무책임한가? 시청각 미디어에서 유통되는 영상은 이 시대의 수많은 인식이 공유되게 하면서 고정 관념과 잘못된 확신도 퍼져 공고해지게 하며, 결과적으로 공동체에 도움이 되기도, 또는 집단적인 폭력이 되기도 한다.

영상도 독해력을 요구한다

인간은 언어로 소통하지만, 언어를 기록한(실시간이 아닌 시공간 속에서 소통할 수 있게 하는) 문자는 오랫동안 소수 특권층의 전유물이었다. 문자 체계를 익혀서 자유롭게 활용하려면 긴 시간의 교육이 필요하기 때문이다. 근대화 과정을 통해 발전된 국가들의 문맹률이 현저히 낮아지면서 문자를 통한 소통이 전일화全一化되었지만, 여전히 문자 소통은 어려운 일로 여겨진다. 읽고 쓰는 능력이야말로 단지 알파벳이나 한글 같은 문자를 배우고 읽는 것에 그치는 문제가 아니고 문맥의 이해, 즉 문해력이 중요하다는 것은 대체로 동의하는 바다. 그러나 영상은 문자보다 더 넓고 강력한 영향력을 행사할 수 있음에도 불구하고 배우지 않고도 즉각적으로 이해 가능하다고 여겨지면서, 영상 읽기를 배워야 한다거나 영상이 의미를 생산하고 소통하는 방식에 대한 교육의 필요성은 그다지 인정되지 않는 경향이 있다. 어린이와 청소년에 대한 미디어의 영향을 우려하는 유럽과 북미, 호주 등 선진국에서는 미디어 교육의 일환으로 시청각 미디어 리터러시 교육이 발전했다. 하지만 한국의 정규 교과 과정에서 영상 미디어를 교육하는 문제는 입시 위주의 교육 환경에서 늘 뒷전이었다.

한국 사회는 더 이상 영상 교육을 미룰 수 없는 한계점에 왔다. 인스타그램이나 페이스북, 유튜브, 최근엔 짧은 영상short form의 쓰나미를 가져온 틱톡에 이르기까지 대표적 소셜 미디어들이 영상을 소통의 핵심 수단으로 하면서, 그 영향력은 전례 없이 크고 광범위해졌다. 한 연예인이 소셜 미디어에 노출한 사진에 붙은 혐오 댓글에 스트레스를 받고 우울증으로 자살한 일, 한국 사회의 각계각층 수십만 명 남성이 사용했다는 N번방 사건. 영상 미디어가 나은 충격적인 두 사건이다. 음란 성착취물의 유료 유통 범죄 사건인 N번방 사건은 그동안 사회적인 문제로 제기되었던 몰래카메라 사건 등을 넘어선다. 인터넷과 디지털 문화가 제공하는 여러 문명의 이기를 활용해 체계적이고 매우 악한 방식으로 성을 착취하고, 게다가 이렇게 얻어 낸 영상을 수많은 사용자에게 돈을 받고 유통시켜 왔음이 드러났다.

이러한 사건은 영상 문화가 우리의 삶에 단순한 오락 거리나 정보 전달 차원에 머물지 않음을 역설한다. 오히려 삶에 직접적으로 영향을 미칠 뿐만 아니라, 공동체 전체를 충격에 몰아넣을 수준의 집단 범죄가 자행되는 아노미 상태에 도달했음을 말해 준다. 소셜 미디어는 개인이 자신(의 오프라인 현실 속의 정체성)을 드러내지 않고도 소통할 수 있다. 여러 계정을 만들어 서로 다른 인격을 연기하며, 현실에서는 할 수 없는 (비윤리적 범죄) 언행을 일삼을 수도 있다. 그러나 이 공간에서도 모니터 너머의 소통 대상은 현재를 살아가는 인간이고, 오프라인에서와 마찬가지로 타인의 반응에 울고 웃으며, 심각한 언행에 상처 입고 고통받는 존재다.

앞서 언급한 두 사건은 온라인에서 벌어지는 악행을 규제하는 데 실정법이 얼마나 미약한지 보여 준다. 또한 인간이 눈앞에 보이지 않는 상황에서 벌어지는 디지털 커뮤니케이션 규범에 우리 사회가 얼마나 취약한지 말해 준다. 소셜 미디어와 영상 문화가 교차하며 만들어 내는 현대 사회의 여러 문제를 해결하는 데 실정법은 대부분 너무 무력하다. 연예인에 대한 악플 사건에서처럼 자신의 정체는 가려둔 채 인간은 잔인한 집단 폭력을 가할 수 있다. 하지만 그들의 다수성으로 피해를 입은 개인은 법적으로 대응하기가 거의 불가능하다. 소셜 미디어 플랫폼이 보장하는 개인 정보는 보호받으면서 폭력 영상을 주문하고 그것을 즐기는 집단 범죄에 가담하는 이들이 있었다. 그들은 그 영상을 유료로 유통하는 집단 범죄를 자행하면서도 (재판 과정에서 드러나듯) 죄책감을 느끼지도 않는데다, 이들을 단죄하는 사회의 법체계는 허술하고 미약하다.

텔레비전이나 영화, 광고에서 자행되는 여성이나 외국인, 성 소수자가 등장하는 콘텐츠가 생산하는 인종 차별이나 성 차별적 또는 인권 침해적 재현은 매우 미묘하게 자행된다. 이는 당장은 인지되지 못하지만 가랑비에 옷이 젖듯 공동체가 외국인이나 성 소수자를 수용하는 태도에 영향을 미치게 된다. 이러한 일이 발생할 때 방송사나 영화제작사에 비해 힘없는 당사자들이 할 수 있는 일은 거의 없다.

영상에 대한 법적 제재와 더불어 공동체의 윤리 태도 정립이 필요하다

영상 문화가 윤리 문제를 제기하는 것은 바로 이러한 미디어 상황과 사회적 환경 때문이다. 윤리는 넓은 의미에서 사회 속에서 사람과 사람의 관계를 규정하는 규범이나 원리, 규칙을 일컫는다. 디지털 기술은 누구나 영상을 생산하고 유통하는 주체가 될 수 있고 동시에 남이 생산한 영상을 보는 수용자로 만들었다. 또한 이러한 디지털 문화와 소셜 미디어 환경에서는 누구나 가해자도 피해자도 될 수 있다. 이러한 상황이지만 법이 해결할 수 있는 것은 현실적으로 아주 미미하다. 이 점에서 디지털 시대의 영상은 공동체에 강력한 윤리 문제를 제기한다. 어찌 보면 대면 상황보다도 더욱 앞선 윤리의식을 지녀야만, 지금의 여러 영상 관련 문제들을 해결할 수 있을 것이다. 디지털 시대의 시민은 영상이 매개하는 커뮤니케이션 현상 속에서 마땅히 취해야 할 태도를 함양해야 하고, 기호로서의 영상을 해독할 능력을 갖춰야 한다. 이것은 자연적으로 주어지거나 일반교양처럼 습득되기 힘들고 체계적 성찰이 필요한 교육의 영역이다. 그래야만 의도했든 의도치 않았든 영상을 이용하는 과정에서 타인을 위해할 위험으로부터 디지털 시대의 모든 시민이 자유로울 수 있다.

전 세계가 소셜 미디어와 여러 인터넷 플랫폼과 커뮤니티로 연결된 현재, 한국 내에서 관찰되는 인권 침해 상황은 세계적 맥락에서도 발생한다. 한류의 인기는 세계 수용자가 어떻게 언어의 장벽을 넘어서 영상 문화를 공유하고 연대할 수 있는지를 잘 보여 준다. 이와 동시에 영상을 동반하는 채팅 공간에서는 상대를 타자화하거나 고정 관념에 묶어두는 일이 발생한다. 때에 따라서는 이러한 에너지가 유명인을 통해 폭발하기도 하고, 하룻밤에 유명인을 만들어 내고 다시 파괴하는 일들도 발생한다.

한국은 디지털 문화가 세계에서 가장 발달한 나라에 속한다. 한류 현상도 세계화와 디지털 문화가 만나서 벌어지는 새로운 미디어 현상이다. 한류의 발전을 가져온 요인은 매우 복합적이고 한국의 근현대사와 밀접한 관계에 있지만, 한국의 발전된 디지털 문화가 핵심 요소로 작용했다. 수많은 한국 영상이 업로드되고 다운로드되고 있으며 스트리밍으로 소통된다. 외국의 한류 팬들은 이 영상을 재편집하고 코멘트를 달아서 재유통하면서, 전통적인 미디어 종사자의 개입 없이 세계 시민이 민주적이고 자발적으로 수많은 한류 관련 영상을 생산하고 유통한다. 이 과정은 전형적인 초국적 영상 커뮤니케이션 상황으로, 많은 댓글이 실시간으로 달리면서 동서 간, 또는 국가 간 커뮤니케이션이 발생한다. 한국에서 생산되는 영상물 대부분이 외국 수용자에게 소통된다고 할 수 있다. 따라서 한국 내부의 인종 차별적 또는 젠더 차별적 영상 콘텐츠와 스테레오타입은 바로 외국의 한류 수용자들에게 지적을 받고, 이 과정에서 외국 수용자의 특별한 태도 또한 다시 한국 네티즌의 분석과 비판의 대상이 된다. 한류 현상을 오래 연구해 온 학자로서 한류를 통해 세계 청년들이 초국적으로 소통하는 현장은 많은 것을 배우는 좋은 경험이라고 생각한다. 그 과정에서 세계 시민으로서 성장하도록 돕기 위해 우리는 어떤 교육을 해야 하는지, 서로 다른 문화권의 사람들이 갖춰야 할 기본 소양과 태도, 윤리에 대해 성찰할 수 있다.

이 책의 구성

1장은 영상 시대에 왜 윤리 문제를 생각해야 하는지에 대해 설명하면서, 이 책에 대해 소개하고 있다. 2장은 기호로서의 영상의 특성을 비롯해 다양한 영상의 존재 양식, 영상 언어의 영향력 등을 설명한다. 3장은 사진의 발명에서 VR에 이르기까지, 동굴의 벽화에서 인간의 수정체가 디스플레이어가 된 첨단 영상 기술에 이르기까지 영상 기술의 역사를 통해 영상이 어떻게 인류 문명에 영향을 미쳤으며, 소통과 세계 인식의 방식을 변화했는지를 살펴본다. 이 장은 영상은 단순한 피사체의 재현이 아니라 인간의 외부 현실 인식을 매개하는 인식론적 도구이고 감각의 확장이기도 하기에, 영상 문화의 윤리적 영역의 넓이와 깊이의 맥락을 제공한다. 4장은 영상이 어떤 방식으로 의미를 생산하는지 특히 그 시대의 지배적인 의미를 생산하고 전달하는 수사법에 대해 설명한다. 5장은 사진 영상이 피사체의 모습을 담고 있다는 사실로 인해 발생하는 인식론적 문제와 이에 기초한 사진 저널리즘이 제기하는 여러 문제를 고찰한다. 신문의 뉴스 사진과 텔레비전의 뉴스 영상이 얼마나 정보를 전달할 수 있는지, 사진 저널리즘 현장의 기술과 윤리에 관해 구체적인 사례를 통해 성찰한다.

6장과 7장은 영상 문화 속의 성 역할 고정 관념과 차별을 생산하는 인종 재현 문제를 다룬다. 이 두 장은 어떻게 인종과 성 역할에 대한 고정 관념이 미디어 속에서 스테레오타입을 생산하고 그것을 널리 퍼뜨리는지, 어떤 이유에서 그러한 재현이 문제가 있는지를 많은 사례를 통해서 분석한다. 한국의 대중문화가 해외에서 큰 인기를 얻은 현상인 한류가 영상 문화 차원에서 더욱 매력적인 것은 아시아인의 새로운 인종/성 정체성을 생산하고 소통하고 있기 때문이다. 서구 백인 남성의 기준으로 형성된 지배적인 남성성에 정면으로 도전하는 부드러운 남성성은 한류의 특질에 속한다. BTS를 선두로 한 K팝 아이돌 스타는 아시아에서는 한국인의 얼굴이지만 세계 속에서는 아시아인의 얼굴을 대표한다. 글로벌 영상 문화가 어떻게 아시아인을 재현해 왔는지, 오리엔탈리즘이 작동해 온 방식을 이해하는 동시에 한류가 어떻게 이러한 지배적 인종적 상상력을 변화시키고 있는지를 다룬다.

8장 과학 영상과 영상 문화는 영상이 어떻게 과학에 활용되었고 과학의 발전에 이바지하는지, 또한 우리의 지식 생산과 현실 인식에 깊게 관여하고 있는지를 보여 준다. 또한 영상을 통한 소통은 의미 생산과 수용 문제를 초국적 차원에서 세계 수준에서도 발생시키기 때문에 문화제국주의와 문화적 전용 등 소통 당사자들 사이의 힘의 불균형이 가져오는 문제, 이를 해결하기 위해 전개된 문화 정책에 대해서 설명한다. 이 분야야말로 영상이 제기하는 문제들이 법적인 해결이 아니라 인간 사회에 미치는 영향력에 대한 윤리 태도 위에서 장기적 교육과 정책이 필요함을 알려준다. 9장은 인터넷과 소셜 미디어 시대가 가져온 영상 윤리 문제를 집중적으로 다룬다. 소셜 미디어의 확산력과 영상을 통한 소통이 가져온 감응성의 확대 상황에서 어떻게 영상을 통해 사이버 폭력이 발생하는지를 이론적으로 설명하고 사례를 통해 이해를 돕는다.

10장 디지털 시대의 영상 윤리 정립을 위해는 앞에서 제기한 디지털 시대의 영상 관련 여러 문제를 해결하기 위한 법적, 제도적, 정책적 대응을 다룬다. 현재 저작권이나 초상권처럼 법적으로 대응할 수 있는 분야가 있으나 그 또한 위반의 사례는 너무도 많고 이를 바로잡기 위한 법적 대응은 많은 시간과 노력이 필요하기 때문에 심각한 위반이 아닌 경우 법으로 대응하기는 어려운 상태다. 또한 표절과 오마주 등 선을 긋기가 어려운 모방과 창작의 영역은 법적 대응보다 윤리 태도의 확산과 공동체 전체의 문제의식과 규범을 세우려는 의지가 중요한 영역이다. 디지털 시대 영상 문화의 모든 부분을 다루는 이 책을 내는 이유 또한 영상 문화가 제기하는 문제가 사건이 발생할 때마다 개별적 대응을 통해서 해결할 수 있는 문제가 아니라는 인식에 기초한다. 디지털 시대 영상의 생산과 유통 조건, 영상의 활용이 가져오는 문화적 문제들을 해결하기 위해서 지금이라도 영상 리터러시 교육과 윤리 교육을 시작하고 강화해야 한다.

2장

영상 언어란 무엇인가

우리는 사진과 그림, 동영상 등 수많은 영상과 이미지로 가득한 일상을 살고 있다. 다양한 이미지와 영상은 저마다 다른 기능으로 의사소통에 사용된다. 어떤 이미지는 우리를 추억에 잠기게 하고, 어떤 이미지는 빠르고 정확하게 정보를 전달하며, 어떤 이미지는 뜻을 해석하고 이해해야 하는 때도 있다. 또한 어떤 이미지는 우리 머릿속에 고정 관념처럼 각인되었다가 특정 자극이나 생각에 따라 떠오르기도 한다. 동영상도 같은 기능과 효과가 있는데, 정영상과는 또 다른 서술 기법으로 실감과 현장감을 극대화하고 몰입감을 높인다. 이에 따라 이미지와 영상이 전달하는 내용도 넓어지며 내포하는 메시지의 의미도 다중적이고 깊어진다. 따라서 우리는 시각 언어의 특성을 알고 올바르게 해석해야 한다. 이는 수많은 정보를 담은 다양한 이미지의 문해력을 기르는 기초가 될 수 있기 때문이다. 이 장을 통해 이미지와 영상의 다양한 효과와 기능을 알아보고 그것이 어디에서 기인하며 우리 삶에 어떻게 영향을 미치는지를 살펴본다.

1. 이미지와 영상

'영상'이라는 용어는 현대 사회에서 매우 폭넓은 의미로 사용된다. 찰나를 포착한 사진 이미지, 촬영을 통해 움직임을 기록한 동영상, 컴퓨터를 통해 구현된 움직이는 그래픽 등 많은 시각적 인공물이 '영상'으로 불린다. 영상의 특성을 올바르게 이해하고 탐구를 보다 잘하기 위해서는 우선 몇 가지 구분이 필요하다.

첫째, 넓은 범주에서 영상映像은 영어 '이미지image'의 번역어로 통용된다. 이미지의 다양한 의미를 모두 같게 표현하는 하나의 한국어로 특정하기란 쉽지 않다. 그런 이유로 영상, 도상, 형상, 화상 등 여러 단어를 사용하는데, 이미지는 일반적으로 '상像'을 지닌 모든 것이라고 보아도 무방하다. 이 경우 이미지의 범주는 동굴 벽화에서 현대 회화까지 다양한 시각 예술 활동을 포괄할 뿐만 아니라, 시나 음악 등이 불러일으키는 심상이나 청각 영상까지 포함하는 등 매우 넓다. 이처럼 넓은 의미로서 이미지는 선사 시대와 같은 오랜 과거부터 현재까지 인류의 역사를 관통하며 다양한 예술 형식을 통해 표현되어 왔다(3장 참조).

둘째, 좁은 영역에서 영상은 사진, 영화, 텔레비전이나 온라인 미디어의 (방송) 프로그램 등을 의미한다. 이들은 상像을 생산하기 위해 빛이 있어야 하는 특성을 갖는다. 특히 그 상의 생산 과정은 인간의 손이 개입되지 않고 광학 렌즈에 의해 자동으로 형성된다는 공통점을 지닌다. 이러한 특징은 인간의 육체노동으로부터 이미지 생산을 해방시켰고 대량 복제를 가능하게 했으며 무엇보다 현실에서 실제로 일어난 사건(장면)에 대한 증거로 작용하면서 인류의 영상 문화에 커다란 영향력을 행사하게 되었다.

여기서는 영상을 이미지와 구분 지어 사용하는 경우에는 좁은 범주에 해당하는 사진, 영화, 텔레비전, 온라인 미디어 영상을 의미하지만, 일반적인 맥락에서는 이미지와 같은 의미로 사용할 것이다. 이 책의 궁극적 대상은 이미지의 대량 생산을 불러온 좁은 의미의 '영상'이다. 하지만 그 특성을 올바

그림 1 〈미녀와 야수*Beauty and The Beast*〉, 〈어쩌다 로맨스*Isn't It Romantic*〉 등 사랑을 주제로 하는 영화를 보면 포스터나 중심 소재로 장미가 사용된다. 빨간 장미가 선택된 이유는 사랑과 로맨스를 상징하는 기호로 보편적으로 사용되어 왔기 때문이다.

르게 이해하기 위해서는 넓은 범주로서의 '이미지'에 대한 일반 지식도 있어야 한다. 사진, 영화, 텔레비전, 온라인 미디어 등의 영상은 각 미디어의 특성에 따라 각기 다르게 변화해 왔다. 이는 인류가 오랜 시간 형성하고 목격해 온 이미지의 역사에서 올바르게 이해될 수 있다. 따라서 넓은 의미로서 영상과 좁은 의미로서 영상을 비교해 영상의 특성을 파악해야 한다.

이미지는 자신이 아닌 다른 대상을 나타내고 지칭하며 의미하는 까닭에 하나의 기호sign와도 같다. 기호란 특정 의미를 나타내기 위해 이용하고 인식되는 각종 부호, 표식, 문자, 형태 등을 일컫는다. 실제 장미 자체, 또는 그것의 그림이나 사진은 하나의 꽃으로 인식될 뿐만 아니라 '사랑,' '로맨틱한 열정' 등의 상징으로 해석되고 사용되기도 한다. 이때 장미꽃이나 그것을 표현한 이미지는 지시 대상인 생물학적 존재에서 벗어나 하나의 기호로 작동한다.

2. 이미지의 종류

기호학자 찰스 샌더스 퍼스Charles Sanders Peirce는 지시 대상과 기호의 관계에 따라 기호를 지표, 도상, 상징으로 구분한다. 이것은 지시 대상과 기호의 관계가 지니는 세 가지 차원으로 이해할 수 있어서, 모든 기호는 이 세 가지 차원을 동시에 또는 분리해서 작동하며 의미를 생산한다.

1) 지표

지표index란 지시 대상과 필연적으로 또는 실존적으로 연결된 기호를 칭한다. 따라서 지표 기호indexical sign는 그 기호가 가리키는 대상과 인과성을 지니거나 대상의 일부분으로 나타나고 인식된다. 예를 들어 발자국과 그 발자국의 주인, 연기와 불은 서로 다른 객체이지만 인과성을 지닌 지표 관계에 있다. 발레리나의 굳은살 많은 거친 발은 화려한 무대와 다른, 혹독하고 고된

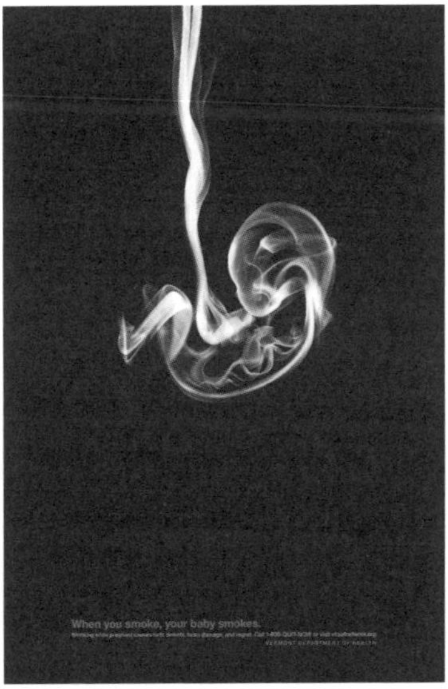

그림 2 미국 버몬트 보건복지부의 임산부 흡연 경고 포스터는 흡연 중인 임산부도 불이 붙은 담배도 등장하지 않는다. 다만 연기를 통해 흡연을 환유하고, 그것이 태아의 건강과 관련된다는 인과성을 유추할 수 있게 한다. 이러한 해석이 가능한 이유는 연기라는 기호의 지표 특성과 그것을 임산부 흡연과 연관짓게 하는 사회 맥락 때문이다.

훈련의 증거이기 때문에 그것을 주목하는 사람에게 하나의 지표가 된다. 사회문화적 차원에서 뗄 수 없는 관계에 있는 요소가 부분을 통해 전체를 지칭하는 환유 관계에 있는 경우, 이들도 지표로 인식된다. 예를 들어 워싱턴은 미국을, 에펠탑은 파리를 환유하는 지표다.

지표 기호의 이용

지표 기호는 과학적 탐구의 대상이 되기도 한다. 고생물학자나 인류학자들은 소멸한 과거 생명체의 흔적인 지표를 추적해서 그 신체적 특성뿐만 아니라 일상생활까지 추적을 시도한다. 화석으로 남겨진 원시인의 발자국은 시간을 초월해서 그 원시인의 존재뿐만 아니라 익숙하지 않은 걸음걸이와 사회생활까지 우리에게 알려주는 지표다.

지표와 이미지

앞서 언급했듯, 이미지는 하나의 기호가 될 수 있기에 이제부터 이러한 기호를 이미지 기호라고 칭하자. 특정 조건에서 이미지 기호는 지표 특성을 지닌다. 인류는 긴 문화의 흐름에서 이러한 지표적 이미지에 주술 가치를 부여하고 그와 관련된 목적, 예를 들면 종교 목적으로 그 효과를 사용해 왔다.

이미지와 그 지표 특성은 매우 다양한 차원에서 이해될 수 있다. 좁은 의미의 영상, 즉 사진, 영화, 텔레비전, 온라인 미디어를 통해 볼 수 있는 촬영된 이미지는 빛의 자동 작용으로 필름(디지털카메라의 경우 센서)에 기록된 상이라는 점에서, 다시 말해 상과 그 대상이 빛을 매개로 한 인과관계로 연결되어 있다는 점에서 지표적 이미지라 볼 수 있다.

지표 특성이 없는 이미지가 지표 효과를 형성하는 경우도 있다. 기호로 작동하는 이미지와 그것이 가리키는 대상의 관계가 실제로 지표적이지 않음에도 불구하고 지표 효과를 염원하는 주술 행위가 그 경우다. 누군가를 저주하기 위해 그 저주 대상의 인형이나 이름과 같은 기호를 여러 가지 방식으로 해하는 것(활쏘기, 낙서하기, 태우기 등), 부처의 초상이나 성상을 숭배하는 행위 등은 이미지와 그것이 표현하는 존재 사이에 감정을 부여하고 그 관계를 지표적으로 이해한 결과다. 이처럼 지표적 이미지는 사람들이 이미지에 대해 믿음belief을 갖는 현상을 이해하기 위한 핵심 개념이다.

2) 도상

도상 기호iconic sign는 그 지시 대상과 형태적으로 '닮음'의 관계에 있는 이미지 기호를 말한다. 따라서 특정 대상을 묘사한 그림, 사진, 영화 등도 기본적으로 그 프레임에서 제시되는 표현물과 실제 대상이 외적인 유사성을 지녔다는 점에서 도상적 측면을 지닌다. 도상 기호는 지시 대상과 닮아야 한다는 전제 조건을 가지고 있어 문자나 언어와 달리 세계에서 범용적으로 사용될 수 있고 흡사한 도상 기호를 사용하는 국가도 다수 존재한다. 하지만 하나의 대상을 표현하는 도상 기호가 시공간을 초월하여 절대적인 하나로 존재할 수는 없다. 왜냐하면 기호와 그것이 지시하는 대상 사이의 닮음에는 늘 '관습' 또는 '자의성'이 개입되기 때문이다. 여기서 관습은 사회적으로 학습된 행위나 관념이고, 자의성이란 특정 대상을 가리키는 기호가 반드시 그것 하나여야만 한다는 절대성이나 필연성이 없다는 것을 뜻한다. 이로 인해 하나의 대상에 대해 시간과 공간, 문화에 따라 다양한 도상 기호가 존재한다.

도상 기호로서 그래픽 심볼

앞서 언급한 도상의 정의에 따르면, 상형 문자, 스포츠나 화장실, 비행기의 이착륙을 그래픽적으로 표현하는 픽토그램pictogram 또한 도상 기호에 해당한다. 이러한 그래픽 표현은 지시 대상과 닮은꼴을 유지하여 쉽게 의미를 전달하면서도 동시에 사회적 약속 체계에서 정확한 의미를 전달할 수 있다는 점에서 기호의 상징적 측면의 특성을 동시에 지닌다.

그림 3 다양한 올림픽 종목의 도상 기호(픽토그램). 1968년 멕시코시티 올림픽 픽토그램의 화려한 색상은 남미 국가의 문화를 연상시킨다. 2004년 아테네 올림픽 픽토그램은 고대 그리스 도자기에 그려진 그림의 스타일을 반영하고 있다. 픽토그램이 그려진 노란 바탕의 조각들은 그림이 그려진, 깨진 도자기의 조각들을 연상시킨다. 2008년 베이징 올림픽 픽토그램은 서예나 동양화에서 익숙한 붓의 획 느낌으로 표현되었다.

도상 기호로서 회화

도상에 개입되는 '자의성'으로 인해 하나의 주제(혹은 대상)에 대해 다양한 표현 방식의 회화가 존재한다. 그런데도 우리는 그 주제(대상)의 고유한 특징에 근거하여 그 회화가 무엇을 제시하고 있으며 시공간에 따라 어떻게 다른 방식으로 표현하는지를 인식하고 해석한다. 예를 들어 불교 조각 중 다양한 불상을 보며 머리와 몸의 장신구, 성별의 특징에 따라 보살상과 여래상을 구분하고, 중세 이후 서양의 종교 미술에 표현된 인물의 후광, 옷, 손에 쥔 사물, 몸짓 등을 바탕으로 어떠한 성자인지를 알아볼 수 있다.

위와 같은 과정과 체계가 바로 도상학iconography의 기본 원리라고 할 수 있다. 도상학은 회화에 나타난 다양한 표현 요소를 분석하고 이를 단서로 역사와 문화를 연구하기도 하며 작품의 제작 시기, 제작 환경, 진품 여부를 파악하기도 하는 미술사 연구 분야다(문학비평용어사전 참조). 도상학 연구가 가능한 것은 회화가 시대와 사회에 따라 촘촘하게 이미지 기호로서 구성된 도상

→ 그림 4 위: 르네상스기 이탈리아 화가 산드로 보티첼리Sandro Botticelli의 〈수태고지*The Annunciation*〉(1489). 아래: 한국 화가 운보 김기창의 〈수태고지〉(1952~1953). 서양 회화에서 자주 볼 수 있는 성모 마리아는 머리 주위에 후광(혹은 머리 중심으로 방사형으로 뻗어나는 선)을 지니고 있고 푸른색 옷이나 천을 입고 있다. 이러한 상징성은 김기창이 푸른 한복과 머리의 후광으로 표현한 여성을 성모 마리아로 이해할 수 있게 한다. 이 두 그림은 문화에 따른 도상 기호의 자의성, 그리고 문화를 초월하여 (사람들의 합의 없이) 변할 수 없는 상징 기호의 절대적 측면을 보여 준다.

그림 5 2018년 캐나다에서 열린 G7 정상 회의에서 같은 장소에서 촬영된 다른 사진들은 도상 이미지에 개입하는 문화적 관습과 자의성을 잘 보여 준다. 위는 독일 측 공식 보도 사진으로 독일 총리 앙겔라 메르켈Angela Merkel의 주도권이 강해 보인다. 가운데는 미국 측 공식 보도 사진으로 도널드 트럼프Donald Trump 대통령이 정상 회의의 핵심 인물처럼 느껴지게 한다. 아래는 프랑스 측 공식 보도 사진으로 손짓과 함께 적극적으로 발언하는 에마뉘엘 마크롱Emmanuel Macron 대통령이 대화의 주축인 것처럼 보인다. 이들 사진은 각각 해당 국가의 공식 사진 작가가 촬영했다.

체계를 지니기 때문이다.

도상 기호로서 사진

사진은 빛의 자동 작용으로 필름에 각인된 상을 기반으로 한다는 점에서 근본적으로 지표적 특성을 지닌다. 하지만 사진 속 인물이나 사건이 누구인지 '알아볼 수' 있는 방식으로 당대의 관습에 따라 촬영되었다는 점에서 하나의 도상이다. 그림 5의 경우, 같은 사건이지만 각국에서 판단하는 중요성에 따라 프레임이 달라졌다는 점에서 하나의 상징이기도 하다. 이처럼 하나의 사진은 지표적, 도상적, 상징적 기능을 동시에 수행한다.

3) 상징

상징 기호symbolic sign는 지표 기호나 도상 기호와 다르게 기호와 지시 대상 사이에 어떠한 연관성이 없이, 오직 사회 구성원 사이의 약속으로 특정 대상을 나타내고 의미하는 기호다. 언어와 숫자, 그리고 도상적 특징을 갖지 않은 이미지, 예를 들어 방사능 기호, 수학 기호, 교통 신호, 국기, 로고와 같은 각종 심볼 마크 등이 상징 기호의 대표 사례다.

각국의 언어를 표현하는 문자 체계는 그 언어를 사용하는 공동체의 약속을 인정하고 받아들이지 않으면 이해할 수 없다. 숫자는 인류가 발명한 가장 추상적인, 즉 사회적인 자의성과 관습이 배제된 상징체계다. 숫자는 보편적인 '수' 개념을 가리키고 있어서 가장 세계적인 동시에 과학의 언어로도 사용된다.

일반적으로 '상징'이라는 단어는 지금까지의 논의보다 훨씬 광의적이고 다양한 맥락에서 기호 일반에 적용되는 용어로 사용되기도 한다. 앞서 언급한 퍼스의 기호학적 정의 외에도 문학에서는 다중 의미를 지닌 문화적 기호, 깊은 인류학적 의미를 지닌 신화적 기호를 칭할 때 사용하기도 한다. 그러나 이 책에서는 이미지와 영상에 대한 분석적 이해를 위해서 퍼스가 정의

그림 6 방사능 기호(왼쪽)는 보이지 않고 냄새도 없으며 만져지지도 않는 방사능 물질의 실체와 아무런 관계가 없다. 그러나 약속을 통해 이 이미지 기호는 방사능 물질에 대한 경고의 의미로 작동한다. 이처럼 사회적 약속으로 통용되는 상징을 이해하면 (방사능 기호 모양의) 꽃을 따고 있는 아이의 모습을 담은 그래피티 graffiti(오른쪽. 런던/작자 미상)의 풍자도 이해할 수 있다.

한 지표–도상–상징의 관계에서 기호로서의 특성을 정의하기로 한다.

3. 미디어별 이미지 효과

1) 이미지–기호의 복합적 특성

기호로 작동하는 대부분의 이미지는 지금까지 언급한 세 가지 측면 중 배타적이고 절대적으로 단 하나의 속성만을 지니는 것이 아니라 이 세 가지 차원 중 두 가지 이상을 복합적으로 지닌다. 그 다른 차원들은 이미지가 생산되고 표현된 방식, 예를 들면 수작업으로 그린 그림인지, 자동 복제 기술을 기반으로 생산한 사진이나 영화인지에 따라, 그리고 감상 조건과 사용 의도에 따라 다양하게 결합한다. 몇 가지 사례를 들어보자.

봉화는 지표적이고 상징적인 측면이 결합한 기호로 작동한다. 멀리 산등성이에서 피어오르는 연기는 봉화가 켜졌다는 물리적 지표이기도 하지만, 여러 개의 연기를 사회적인 약속에 따라 피워서 적의 기습이나 중요한 사실

그림 7 아르헨티나 파타고니아와 산타 크루즈에서 발견된 리오 핀투라스 암각화의 일부. 약 1만 년 전 그려진 이 그림에는 동물과 사람, 그리고 손의 형상이 있는데, 이는 사냥과 관련한 장면을 그린 그림으로 추정된다.

을 알리는 장거리 신호 체계, 즉 상징이기도 하다.

선사 시대 동굴 벽화에 생생하게 표현된 동물들은 당대의 사람들이 생활에서 목격한 실제 동물을 알아볼 수 있게 묘사했다는 점에서 도상적 측면이 있다. 하지만 그 동물들에 사냥감으로 의미를 부여하고 사냥의 성공적이고 풍요로운 수확을 기원했다는 점에서 지표로 사용했음을 알 수 있다. 즉 지표 특성을 지닌 기호를 주술적으로 사용한 사례다.

이탈리아의 토리노 성당에 보관된 가톨릭 성물 토리노의 수의Shroud of Turin는 예수의 시신을 덮었을 것으로 추정되는 큰 천이다. 그 근거로 천에 남아 있는 가시 면류관 자국, 긴 머리카락, 수염, 핏자국 등이 거론된다. 1354년에 처음 발견된 이 천은 많은 과학자가 진위를 밝히기 위해 다양한 과학적 실험을 진행했음에도 종교인들에게는 여전히 중요한 성물로 여겨지고 있다(이성규, 2011; 김윤주, 2020). 사진의 지표 속성이 빛의 작용으로 필름에 각인된 상에서 비롯되는 것처럼 이 이미지 또한 실존하던 인물을 덮어 그 흔적이 각인된 것이라는 점에서 역시 사진과 동일한 지표 특성을 지닌다. 그 이유로 특히 가톨릭에서는 예수의 실재를 증명하는 매우 중요한 성물로 여긴다.

기독교인 사이에서 토리노의 수의가 실제 예수의 흔적이라고 여겨지는 또 다른 이유는 이 천에 담긴 이미지가 예수에 대해 서구 회화의 역사가 누적해 온 도상적 지식(그의 생김새, 십자가에서 입은 상처 등)과 다르지 않기 때문이

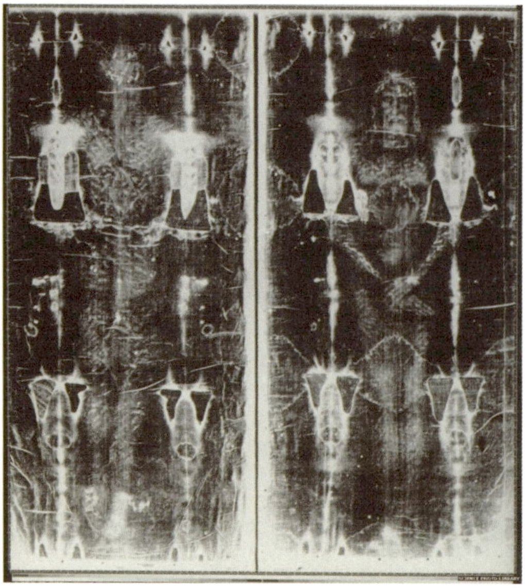

그림 8 X선으로 촬영한 토리노 의 수의.

그림 9 14세기 이탈리아 필사본 채식사인 니콜라 다 볼로냐Niccolò a Bologna가 책에 그린 〈결혼〉(1350).

다. 예수가 당시 중동 지역 사람으로서 지녔을 신체적 특징이나 짧은 머리, 작은 키에 비만한 신체의 예수를 떠올릴 수 없는 것은 바로 이미지에 대한 이와 같은 서구 중심의 문화적 학습 때문이다.

또 다른 예로는 서로 손을 잡은 한 쌍의 남녀를 묘사한 〈결혼*The Marriage*〉이라는 중세 유럽의 그림은 특정 행사 장면을 묘사했다는 점에서 도상적 측면을 지닌다. 하지만 예식 중에 결혼반지를 끼워 주는 것이 곧 부부의 성립을 의미한다는 사회문화적 합의를 바탕으로 중세 시대의 결혼식 장면임을 이해할 수 있다는 점에서 하나의 상징이기도 하다.

이처럼 하나의 이미지 기호는 미디어와 표현 방식의 차이에 따라 여러 기호의 차원을 복합적으로 지니게 된다. 특히 사진과 영화의 경우 미디어의 본질적 지표성(빛의 작용으로 인한 상의 각인. 사진 찍힌 대상이 '거기 있었음'에 관한 증거)과 도상성(사진 찍힌 대상과 매우 닮았음), 문화적 약속에 의한 상징성(내용과 미장센 mise-en-scène, 소품 등에 나타나는 사회문화적 상징 등)을 동시에 지닌다.

2) 미디어별 영상 효과

다양한 영상 미디어는 고유한 이미지 효과의 특성을 갖는다. 이를 지표, 도상, 상징의 분류법을 사용해서 비교해 보자.

회화와 사진

구상 회화와 사진은 그것이 표현하고 제시하는 이미지가 실제 묘사 대상과 닮음을 기반으로 탄생한다는 점에서 도상성을 공통적으로 지니지만, 미디어의 물질성 측면에서는 본질적으로 다르다. 즉 구상 회화는 본질적으로 도상이고 사진은 본질적으로 지표다.

처형 장면 또는 죽는 장면에 대한 그림과 사진은 서로 다른 감정 효과로 감상자를 자극한다. 프란시스코 고야Francisco Goya의 그림 〈1808년 5월 3일 마드리드*El tres de mayo de 1808 en Madrid*〉는 화가가 그린 역사적 사건에 대한 이해

그림 10 위: 프란시스코 고야가 그린 〈1808년 5월 3일 마드리드〉(1814). 아래: 자한기르 라즈미Jahangir Razmi가 촬영한 사진 〈이란의 사형 집행 부대〉(1979).

와 그 사건에 대한 화가의 관점에 대한 이해, 즉 맥락context에 대한 지식이 없다면 회화의 스타일과 기법 차원을 넘어서는 감동을 얻기 힘들다. 반면 보도 사진인 〈이란의 사형 집행 부대*Firing Squad in Iran*〉가 보여 주는 쿠르드 반군 처형 장면은 우리에게 전쟁의 증언과 학살 현장의 증거로 기능하면서 이 사진이 어떤 전쟁인지, 사진을 찍은 사람이 누구인지에 대한 이해와 상관없이 보는 이에게 잔인한 현실의 충격을 전한다. 이러한 이미지 효과의 차이는 본질적으로 회화와 사진의 미디어의 물질성 차이, 즉 도상과 지표라는 차이에서 비롯된다.

사진과 영화

사진과 영화는 모두 지표 속성을 지니지만, 사진은 움직이는 현실의 한순간을 포착한 정영상이지만 영화 이미지는 현실의 움직임을 여러 가지 표현 기법을 통해 표현하는 동영상이라는 측면에서 커다란 차이가 있다. 순간을 포착하는 사진이 사건과 현실의 핵심 측면을 하나의 장면으로 표현하는 축약법이라면, 영화는 이것을 행동action 중심으로 기술하는 자연주의적 서술 기법이라고 비유할 수 있다.

정영상과 동영상 모두 화면 프레임frame 내부에 표현된 대상 사이의 관계뿐만 아니라 프레임 내부와 현실 사이의 관계 때문에 독특한 공간을 생산해 낸다. 사진은 프레임 속의 요소들 사이의 관계에 의존해서 주로 의미를 생산하는 반면, 영화는 프레임 내에 표현된 요소들 사이의 관계보다도 프레임 내부와 외부와의 관계 때문에 독특한 영화만의 공간을 생산해 낸다. 두 사람 사이 대화 장면의 교차 편집은 관객을 매 순간 상대방의 시각에 놓이게 하고, 카메라의 움직임은 관객의 시점을 변화시킨다. 예를 들어 때로는 훔쳐보는 자의 시점에서, 때로는 전지적 시점에서, 때로는 주인공의 시점에서 영화 속의 공간을 탐험하도록 관객을 이끈다.

사진의 시간은 본질적으로 과거다. 사진은 과거 어느 장소에 존재했던 인물과 사물, 사건, 장소를 담고 있기 때문이다. 사진은 기본적으로 개인과 사회의 추억, 기억, 역사의 기록과도 같다. 영화의 시간 또한 물리적으로는 과거이지만 움직임을 표현하고 있다는 점에서 감각적 현실 효과reality effect가 사진보다 뛰어나다. 영화는 재생 속도의 느림과 빠름이나, 몽타주montage 등을 통해 현실의 시간을 왜곡시키거나 축약시켜 영화에 고유한 시간성을 생산해 낸다. 영화 관객은 영화의 장르 관습과 동영상 문법에 대한 문화적 학습을 통해 이러한 시간과 공간의 표현법을 익숙한 것으로 받아들이게 된다.

텔레비전과 온라인 미디어 생방송

텔레비전 미디어의 정수라고 할 수 있는 생방송은 사진처럼 도상적 특성을 갖는 동시에 생방송되는 사건이 현재 일어나고 있음을 확인해 주는 지표 속성을 갖는다. 텔레비전 생방송은 사건의 시간과 보도 시간의 동시성을 통해서 우리가 보고 있는 것이 실재함을 확인해 준다는 점에서 사진 미디어의 공간적 지표성에 시간적 지표성을 가중시켰다.

이 점에서 생방송 영상은 현존하는 영상 형식 중에서 가장 지표 속성이 크고, 그만큼 시청자에 대한 영상의 영향력도 강력하다. 생방송되는 스포츠 중계를 보면서 환호하거나 실망하고, 생방송되는 우주선 발사 장면이나 장례식을 보면서 감동하거나 슬퍼하는 것 모두가 이러한 텔레비전 생방송이 지닌 시간성이 가중된 미디어 지표성의 효과라고 볼 수 있다. 모든 나라에서 뉴스가 반드시 생방송으로 진행되는 것도, 직접 시청자의 눈을 바라보며 보도하는 앵커를 통해서 이루어지는 것도 이러한 생방송이 지닌 지표 효과를 통해 미디어의 영향력을 증가시키기 위한 장치들이다.

온라인 미디어도 마찬가지다. 특히 유튜브 등과 같은 온라인 미디어의 생방송인 실시간 스트리밍은 위와 같은 텔레비전 생방송의 특성에 강력한 상호 작용성을 추가하였다. 이로 인해 온라인 방송 시청자의 역할은 보고 듣고 느끼는 것에 머물러 있지 않다. 시청자들은 방송 진행자와 대화하고 함께 게임도 하며 선물을 주기도 한다. 이러한 특성을 이용해 시청자는 방송 진행자에게 특정 반응이나 행동을 요구하기도 하고 방송의 내용까지 변화시킨다. 즉 온라인 미디어의 생방송은 실제 사건의 목격이 아닌, 사건 자체에 참여하는 것이다. 소셜 미디어를 통한 참여는 실제 사건이 벌어지고 있음을 확인할 수 있는 가장 강력한 증거이며 따라서 지표성을 극대화한다.

디지털 이미지

컴퓨터의 등장으로 생겨난 디지털 이미지는 더 이상 이미지의 생산을 위해 빛과 피사체가 필요하지 않다는 점에서 전통적인 이미지들과 인식론적으로 완전히 구분된다. 카메라를 통한 영상 생산을 위해서는 피사체를 감지할 수 있게 하고 피사체의 상을 필름에 각인시키는 빛이 필요하고, 렌즈를 통해서 피사체를 바라보는 인간의 시선이 필요하다. 그러나 디지털 이미지, 그중에서도 컴퓨터 그래픽 이미지는 이러한 인간의 '보는 행위'를 분리하고 컴퓨터로 연산해 모델을 생성하고 움직이게 함으로써 이미지를 생산한다. 이러한 디지털 이미지는 인간의 눈과 '보는 행위'에 기초했던 기존 영상 표현의 한계를 크게 확장했다.

그림 11 미디어 파사드 영상 〈웨이브〉.

디지털 이미지는 기존에 우리가 눈으로 봐오던 사물이나 현상의 이치와 체계를 다르게 제시하면서 표현의 한계뿐만 아니라 대상에 대한 존재론적 상상력의 폭을 넓히기도 한다. 예를 들어, 미디어 파사드media facade 영상인 〈웨이브 *Wave*〉(District, 2020)를 보자. 별도의 동력 없이 수조에서 파도를 일으킬 수 없지만 이 영상은 파도 치는 깊은 바닷물을 조각처럼 떼어 낸 듯이 도심 한가운데에 3차원 효과가 나도록 설치하였다. 실재하는 대상의 고유한 본질을 변화시켜 도심 속의 바다라고 하는 초현실적 존재로 대상을 탈바꿈하여 제시했다는 점이 이 작품에 주목하게 한다.

4. 영상 언어의 영향력

살펴본 바와 같이 이미지는 도상, 지표, 상징과 같은 기호로서의 속성을 가지고 미디어와 형식에 따라 다양한 효과를 발휘한다. 이것은 바로 이미지는 물론이거니와 그것들의 결합으로 구성된 영상이 궁극적으로 언어로서 기능한다는 것을 뜻한다. 이 시각적 언어는 이해와 지식 축적과 밀접하게 연관되어 있을 뿐만 아니라, 보이는 것을 믿게 하는 설득의 기능까지 발휘하며 다양한 영향력을 형성한다.

1) 영상 커뮤니케이션 체계

감각, 인식, 이해 등 다양한 정신적 작용에 시각적 이미지가 결부되는 경험은 우리에게 매우 친숙한 것이다. 인간은 이해를 위해 무언가를 보지 않는 상황에서도 마음속으로 시각적 심상을 사용한다. 또한 시각적 메시지가 반복적으로 보일 때 인간의 감정과 결합하여 더욱 효과적으로 기억(각인)되기도 한다. 특히 시각 이미지는 그 감정적 자극의 특성으로 인해 특정한 목적(예를 들면 정치적, 상업적 목적 등) 달성을 위한 설득 수단으로 사용되기도 한다.

시각 언어는 위에서 설명한 바와 같이 도상, 지표, 상징적 차원을 복합적으로 지니고 의미를 형성하고 전달하는 까닭에 그 메시지의 해석이 절대 단순하지만은 않다. 영상 언어가 이해, 탐구, 설득 등 어떠한 기능을 목적으로 우리에게 제시되고 있는가, 도상적·지표적·상징적 차원으로 의미를 어떻게 암호화하고 함축하는가 등을 이해하는 능력, 다시 말해 리터러시literacy 능력은 성장 환경, 문화, 교육, 연령 등 시청자의 다양한 배경에 따라 다르다.

영국의 소설가 올더스 헉슬리Aldous Huxely는 시각적 감각으로부터 시작되어 앎(지식knowledge)이라는 결과에 이르는 과정이 결국은 되풀이되고 점점 강화되는 순환 체계라고 말한다. 그는 감각sensing + 선택selecting + 지각perceiving = 보기seeing이며, 지식know 수준에 따라 보기의 수준이 달라지므로 결국 이 과정은 계속해서 이어지는 순환 구조를 이룬다고 보았다(Lester, 2006).

문화연구의 창시자인 스튜어트 홀Stuart Hall은 텔레비전을 통한 커뮤니케이션 체계와 관련하여, 송신자의 의도대로 표현되어 의미가 약호화encoding된 방송 콘텐츠가 수신자에게 일방적으로 전달되는 것이 아니라 수신자가 그것을 자신의 역량에 따라 다양한 방식으로 해석decoding하여 수용하며 이것이 다시 콘텐츠 생산에 영향력을 미친다고 보았다. 그는 텔레비전 콘텐츠와 관련하여 시청자의 메시지 해석 태도를 순응적/지배적 입장dominant/hegemonic position, 교섭적 입장negotiated position, 저항적 입장oppositional position 등 세 가지 유형으로 제시한다. 순응적/지배적 입장은 미디어가 제공하는 메시지를 약호화된 의도에 따라 그대로 믿고 순응하는 태도를 뜻한다. 저항적 입장은 수용자가 미디어가 전하는 메시지를 그대로 믿고 수용하는 것이 아니라 대안적 방식에 따라 메시지 수용을 거부하고 때로는 반대의 의미를 생산하는 경우를 말한다. 교섭적 입장은 수용자의 경험이나 이해도에 따라 미디어의 메시지를 재해석하는 제3의 태도를 말한다.

이러한 수용 방식의 다양성은 결국 방송 콘텐츠의 생산에도 영향을 미친다. 홀은 메시지가 송신자에게서 수신자로 일방향적으로 전달된다고 보았던 커뮤니케이션 모델을 부정하고, 미디어 콘텐츠의 생산production, 유통circulation, 배포distribution, 소비consumption, 재생산reproduction이 생산자와 수용자들에 의해 유기적으로 연계되어 이루어진다는 커뮤니케이션 모델을 주장하였다(Hall, 1973). 이 모델은 텔레비전 콘텐츠의 생산과 수용의 과정을 기반으로 제시된 것이지만 텔레비전만이 아니라 시각 커뮤니케이션 범위를 넘어 미디어 커뮤니케이션 전반에 해당한다.

2) 가상 세계를 믿게 하는 영상 언어

이미지 언어의 영향력 중 하나는 실재하지 않는 대상을 실재하는 것처럼 여겨지도록 한다는 것이다. 디즈니랜드의 창조된 공간과 캐릭터, 스토리 등은 모두 허구임에도, 우리는 그것에 감정을 이입하고 열광한다. 극사실주의적으로 재현된 디지털 3D 영상으로 만들어진 캐릭터는 실제 사람과 흡사한 모습으로 소셜 미디어를 운영하고 사람들과 소통하면서 인기 패션 브랜드 모델로 활동하기도 한다. 컴퓨터 그래픽으로 재현된 공간과 그 안에서 활동하는 나의 아바타는 또 다른 현실 속 자아로 기능한다. 이처럼 우리는 가상으로 구축된 세상과 그것을 구성하는 이미지를 현실에 존재하는 것과 유사하게 받아들이고 자신의 다양한 감정을 투사한다. 디지털 영상 기술과 소셜 미디어의 발전은 인간의 표현과 소통 가능성을 폭발적으로 향상시켰지만, 이러한 실재와 가상의 경계의 흔들림이 여러 윤리 문제를 발생시킨다.

사회학자이자 미디어 이론가인 장 보드리야르Jean Baudrillard는 이와 같은 현상을 시뮬라시옹simulation이라 일컫는다. 그리고 우리가 실재처럼 믿는 허상, 가령 위에서 언급한 디즈니랜드, 가상 모델, 가상 현실virtual reality과 아바타 등 허구의 이미지를 시뮬라크르simulacre로 칭한다. 시뮬라크르는 이러한 사례처럼 단순히 즐거움이나 유희 차원으로만 존재하는 것은 아니다. 그것은 상업적, 정치적, 사회문화적 의도에 따라 보다 복잡하고 무게감 있게 우리의 심리를 자극하고 생각과 생활을 지배하기도 한다(김현강, 2015).

이러한 현상을 실생활에서 찾는 것은 어렵지 않다. 우리는 생산된 제품의 본질 자체만이 아니라 그 이면에 실재하지 않고 사회관계에서 가치 부여된 상징적 측면을 함께 소비한다. 코카콜라를 통해 자유와 행복의 이미지를, 나이키를 통해 젊음과 가능성의 이미지를, 샤넬을 통해 품격과 부를 소비하고 과시한다. 문화 콘텐츠도 다르지 않다. 예를 들어 드라마나 영화에 등장하는 남자 주인공과 여자 주인공의 이상적 관계를 보며 현실에서 남녀 관계 또한 그와 같기를 희망한다. 유명인의 소셜 미디어에 게재된 사진들을 보며 그들의 일상이 게시물에서 보이는 바와 다르지 않을 것이라 믿고 심지어 그들의 패션 스타일은 물론 생활까지 모방하고 싶은 욕망을 지니게 된다.

결국 우리는 시뮬라크르에 의해 영향을 받는 시뮬라시옹 시대, 그것도 점점 더 시뮬라크르에 과몰입하는 더 깊은 시뮬라시옹 시대를 살고 있다.

그 원인으로 실재하지 않는 실체를 가시화하여 우리 앞에 그것을 제시해 온 영상 언어의 기능과 특성을 들 수도 있다. 하지만 영상 언어에 더 큰 힘을 실어주고 있는 변화, 이를테면 디지털 기술을 기반으로 가짜를 진짜보다 더 진짜같이 재현하는 영상 제작 기술, 온라인 네트워크 환경으로 인해 변화하는 미디어의 속성, 현실이 아닌 가상 공간에서 맺어지는 인간관계의 특성 또한 그러한 현상을 심화시킨 주된 요인 중 일부라고 보아야 한다.

앞서 언급한 영상 생산자들의 메시지 함축, 즉 약호화나 실재하는 현실을 덮어 버린 시뮬라크르 등을 제대로 해석하고 가려내지 못한다면 영상 콘텐츠 수용자는 순응적, 일방적 수용의 입장에 제한될 가능성이 크다. 결국 사회 전체에 해가 되더라도 영상 생산자들의 의도대로 메시지를 이해하고 메시지 생산자의 이익과 욕망을 따르는 결과를 초래할 위험이 있다. "아는 만큼 보인다"라는 말에 대한 이해와 공감대 또한 이러한 맥락 위에서 더 커질 수 있다. 영상 언어가 사회문화적으로 어떠한 메시지를 어떻게 전달했는가를 탐구하고 파악하는 것은 날이 갈수록 다양해지는 문화 형식과 메시지 그리고 큰 영향력을 지닌 영상 언어의 해석 능력을 배양할 것이다. 이러한 해독 능력을 키우는 것은 다시 메시지와 영상의 생산에도 긍정적인 영향을 미칠 수 있다.

REVIEW

- 그림 12는 법의학 인류학자인 리처드 니브Richard Neave가 2001년 BBC 다큐멘터리를 통해 공개한 이미지('갈릴리 남자 Galilean Man')다. 이것은 예수가 활동하던 시대와 지역, 문화, 예수의 인종에 대한 역사적 기록을 바탕으로 재현한 예수의 유사 연령대에 해당하는 당시 남성의 평균적인 얼굴형이다. 이 그림을 보고 예수의 실제 얼굴도 이와 닮았을 것으로 생각하는가? 머릿속에 떠오르는 예수의 얼굴을 이 그림으로 대체하는 것이 어렵다면 그 이유는 무엇인지 생각해 보자.

그림 12 갈릴리 남자.

- 가족사진 중 가장 오래된 사진을 꺼내 보자. 그 사진에서 받는 감동이 어디에서 온 것인지, 그 모습이나 장면이 사진이 아니라 그림으로 혹은 동영상으로 촬영되었다면 어떤 다른 느낌이 들지 상상해 보자.
- '사랑'이라는 개념을 떠올릴 때, 마음속에서 이 단어의 사전적 정의와 특정 이미지 중 어떠한 것이 우선하는가? 또한 떠오르는 이미지가 있다면 그것은 무엇이며 그 이유는 무엇인지 생각해 보자.
- 자신의 생활에 큰 영향을 미친 영화, 애니메이션, 광고, 브랜드 로고 등의 특정 이미지가 있는가? 그것은 무엇이며 그 이유는 무엇인지, 이 장에서 학습한 이미지 기호에 대한 이해에 기초해서 설명해 보자.

그림 13 VR 헤드셋을 착용한 러시아 축산 농가의 젖소.

- 인간 사회에서의 시뮬라시옹을 동물에게도 적용하려는 움직임이 있다. 가축 사육에 VR을 사용하는 사례가 그것이다. 러시아의 가축 사육 농가에서 VR 고글로 젖소에게 들판을 보여 주어 축사에 머무는 동안 소의 심리 상태를 안정시키고 우유의 생산성과 품질을 높이겠다는 취지다. 이는 가축을 위한 것인가? 인간을 위한 것인가? 이런 방식으로 생산이 증가한 우유를 거리낌 없이 소비할 수 있을까?

ZOOM IN

- 춘향전 원본을 읽고 난 후, 이 스토리를 현대판으로 재구성해 영화한다고 가정하자. 주인공인 이몽룡과 성춘향의 이미지(나이, 직업, 옷차림, 머리 모양, 체형) 등을 어떻게 설정할지, 어떤 배우를 캐스팅할지 생각해 보자.

- 마이클 무어Michael Moore의 〈화씨 9/11*Fahrenheit 9/11*〉(2004)을 보고 다음을 생각해 보자. 영화 도입부에서 9·11 테러를 최초로 소개하는 장면은 테러의 시각적 화면을 제거한 채 사운드로만 구성되어 있다. 영화 시작 후 13분 30초부터 14분 30초까지 검은 화면이 지속하는 동안 무언가가 빠른 속도로 날아와 어딘가에 충돌하는 굉음, 세계무역센터가 화염에 휩싸여 있다는 보도, 사람들의 비명과 절규로 혼비백산한 현장의 소리만이 뒤섞여 있다. 약 1분간 지속되는 이 암흑의 장면

을 보면서 이미 기억하는 테러의 화면이 자연스럽게 떠올랐는지, 아니면 이 장면에서 나오는 소리만을 감지했는지 생각해 보자. 또한 감독이 시각적 화면을 제거한 연출 전략은 무엇인지 생각해 보자. 우리에게 각인된 이미지(심상)를 떠올려 무언가를 기억하는 경험이 이미지를 다시 보면서 기억하는 경험보다 언제나 덜 강렬한 것인지에 대해 사유해 보자.

현실 인식과 영상 미디어
:〈트루먼 쇼〉

미디어를 통해 수많은 영상을 접하면 영상의 허구적 측면과 실제 현실 사이의 구분이 모호하게 느껴지는 경우가 종종 있다. TV 방송 콘텐츠의 경우 작가나 PD, 기자의 의도대로 연출된 상황을 마치 사실처럼 받아들이기도 하고, 몰래카메라와 같은 프로그램을 보며 연출된 상황에 유명인이 속아 넘어가는 모습을 보며 즐거워한다. 하지만 이러한 영상 소비 방식은 심각한 문제를 일으키기도 한다. 소셜 미디어를 통한 개인 방송에서 제기하는 음모론이 사실로 받아들여지고, 인공 지능이 만들어 내는, 실제 인물과 똑같이 생긴 이미지가 전하는 가짜 뉴스가 사회·정치적 혼란을 부추기며, 등장인물도 모르게 촬영된 불법 영상물의 확산으로 개인의 사생활이 침해당한다. 심지어 미디어 이용자는 미디어가 조작하는 왜곡된 사실을 믿고 이에 편승하여 (특히, 댓글이라는 형식으로) 특정 인물을 향한 폭력에 가담하고 결국엔 그를 자살에 이르게 하는 경우도 있다. 보이는 것을 믿게 만드는 영상 이미지는 현실을 허구로, 허구를 현실로 둔갑시키면서 사회에 큰 영향력을 행사하는 것이다.

피터 위어Peter Weir 감독의 〈트루먼 쇼*The Truman Show*〉(1998)는 SF 코미디라는 장르에도 불구하고 이러한 영상의 허구와 현실의 모호한 경계에 대해 진중한 질문을 던진다. 평범한 삶을 사는 30세 보험 회사원 트루먼 버뱅크(짐 캐리)는 생활 속의 모든 일이 누군가의 지시와 계획에 의해 일어나는 것처럼 느껴지기 시작한다. 결국 자신의 일상에 문제가 있음을 깨달은 트루먼은 '모든 것이 쇼'라고 했던 옛 연인의 말속에 단서가 있음을 직감하고 그녀를 찾기 위해 험난한 여정에 나선다. 〈트루먼 쇼〉를 통해 영상 미디어를 통한 허구와 현실의 인식, 그리고 그와 관련한 윤리 문제를 짚어 본다.

리얼리티 프로그램의 어두운 측면

영화 속의 텔레비전 프로그램 〈트루먼 쇼〉는 일반인의 일상을 그대로 전달한다는 측면에서 매우 현실적이며 그런 이유로 많은 시청자가 열광하는 프로그램이다. 실제로 평범한 사람들의 일상을 콘텐츠로 구성하는 리얼리티 텔레비전 프로그램은 이미 1940년대부터 방영되었다. 대표적인 초기작으로 1945년 미국 NBC에서 방영한 〈하루 동안 여왕이 된다면*Queen for a day*〉을 들 수 있다. 이 프로그램은 어렵거나 곤경에 처한 일반인 여성들의 사연과 단 하루 동안 여왕이 된다면 하고 싶은 일을 계획한다. 이를 바탕으로 시청자 평가를 거쳐 거액의 상금과 상품을 받을 여왕을 선정하는 프로그램이다. 여왕으로 선정되기 위해 출연자들은 그들의 어려운 삶을 더 치열하게 노출해야 했고 여성 비하적이며 모욕적인 내용이 전파를 타는 것을 감내해야 했다. 이런 형식의 프로그램들은 한동안 자취를 감추었다가, 1980년대 할리우드 작가들의 파업을 계기로 대대적으로 되돌아왔다. 즉 스토리 생산자가 없어지자 모든 일반인에게 자신의 경험을 이야기하도록 한 것이다. 당시 비디오카메라가 보급되었기 때문에 시청자들은 자신의 일상 경험을 비디오로 찍어서 표현하거나 프로그램에 직접 참여하는 리얼리티 프로그램이 세계적으로 확산되었다. 1990년대에 이르러 범죄 수사, 오디션, 패션 및 미용, 연애, 몰래카메라 등에 이르기까지 다채로운 주제의 리얼리티 프로그램이 등장하였으며, 1990년대 후반부터 2000년대에 이르기까지 다양한 포맷과 종류의 리얼리티 프로그램이 성행하고 심지어 프랜차이즈화했다.

이러한 대중문화의 흐름에서 〈트루먼 쇼〉는 (허구이긴 하지만) 강력한 리얼리티 프로그

그림 14 〈하루 동안 여왕이 된다면〉.

램의 형식을 보여 준다. 그 강력함은 주인공의 신생아 시기부터 가해진 가장 완벽하고 치밀한 형태의 사생활 엿보기에서 비롯된다. 당시 이 영화가 보여 준 사생활 엿보기의 충격과 환호는 곧 방송계로 이어졌고 실제로 이와 유사한 포맷의 프로그램으로 1998년 일본에서 〈나스비의 방〉, 2001년 한국에서 〈김한석의 유리의 성〉 등이 방영되었다. 그러나 두 프로그램 모두 사생활과 인권을 침해한다는 비판을 받았다. 특히 〈김한석의 유리의 성〉의 경우 일반 시청자와 시민 단체의 비난과 폐지 요구에 촬영 분량을 모두 방영하지 못하고 종방했다.

영상과 현실 구분의 모호성

영화 속 리얼리티 쇼인 〈트루먼 쇼〉의 시청자들은 그것이 연출된 영상이라는 것을 이미 알고 있다. 그런데도 각종 인공물은 물론 자연 현상마저 실제를 그대로 재현하고, 그것을 현실 세계라 믿고 살아가는 트루먼을 통해 영상 속 세상은 매우 현실적으로 느껴진다. 다시 말해 영화 속 시청자들은 허구임에도 현실로 구성된, 그래서 허구와 현실의 경계가 모호한 이 텔레비전 쇼에 몰입하는 것이다. 그리고 마침내 트루먼이 이 쇼에 맞서 싸우고 세트장을 빠져나가는 순간, 즉 연출에 없었던 현실이 이 쇼의 모든 허구 요소를 뒤엎는 순간, 시청자들은 이 최고의 리얼리티에 환호성을 지르며 열광한다. 그러나 이 진짜 리얼리티에 대한 열광도 잠시일 뿐, 트루먼이 세트장의 문밖으로 나가고 프로그램이 끝나자마자 시청자들은 또 다른 재미있는 프로그램을 찾아 채널을 돌린다. 방금까지 환호했던 현실도 방송이 끝나면 그저 여느 허구의 미디어 콘텐츠처럼 잊히고 또다시 미디어가 재현하는 허구적 현실에 젖어 들고 싶어 하는 것이다.

영상으로의 몰입에 따르는 이러한 현실과 허구의 모호한 경계는 〈트루먼 쇼〉를 보는 실제 관객들에게도 이어진다. 트루먼이 일상의 수상함을 감지하기 시작하는 여러 이상 현상 중, 특히 하늘에서 떨어진 조명은 트루먼의 일상이 세트장에서 촬영되고 있음을 뜻하는 완벽한 지표적 기호다. 그런데도 부서진 조명 이후 트루먼의 시선을 따라 곧바로 보여 주는 하늘은 결코 세트나 무대의 천장으로 보이지 않는 실제적 하늘, 즉 완벽한 도상적 대상이다. 영화에 자주 등장하는 이러한 장치는 트루먼이 느끼는 이상한 현상에 대한 의아함을 영화 관객도 순간적으로나마 같게 느끼게 한다. 결국 허구와 현실의 모호성에서 관객은 리얼리티 쇼의 관찰 대상으로 희화화된 트루먼의 일상과 실제 트루먼의 인간적 갈등 사이를 오가며 영화에 깊이 몰입하게 된다. 영화가 끝나면 관객들도 트루먼처럼 누군가에 의해 촬영당하는 삶을 사는 것은 아닐까 하는 의심을 품게 된다. 실제로 이러한 의심이 심해지는 증상을 일컬어 '트루먼 신드롬Truman Syndrome/Truman show delusion'이라는 (비공식적) 용어까지 생겨났다.

PICK

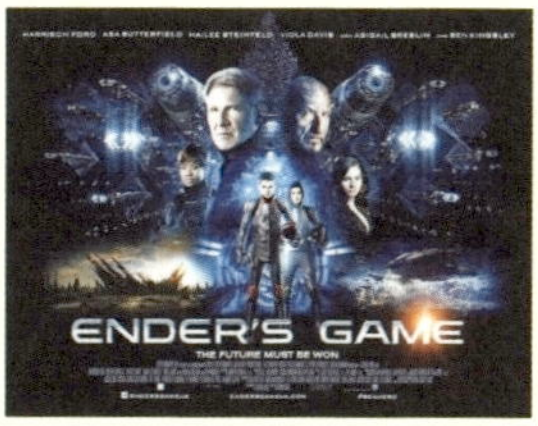

영상과 현실의 모호한 경계: 〈엔더스 게임〉

현실과 영상의 모호한 경계로 관객을 이끄는 또 다른 영화로 개빈 후드Gavin Hood 감독의 〈엔더스 게임*Ender's Game*〉(2013)을 들 수 있다. 오슨 스콧 카드Orson Scott Card의 동명 소설을 원작으로 한 이 영화는 훈련용 가상 현실 시뮬레이션과 현실의 경계를 다룬다는 점에서 타인의 사생활 엿보기를 다루는 〈트루먼 쇼〉와는 차이가 있다. 다시 말해 〈엔더스 게임〉이 보여 주는 현실과 영상 사이의 모호성은 가상 현실 미디어를 사용하는 과정에서 느껴지는 것이지만, 〈트루먼 쇼〉가 보여 주는 모호성은 전통적인 미디어인 텔레비전 프로그램이 생성하는 것이라고 할 수 있다. 이러한 차이에 기반하여, 같은 문제가 미디어에 따라 어떻게 달라지는지 두 영화를 비교해 보는 것은 의미가 있다.

엔더(에이사 버터필드)는 과거 지구를 침공한 적이 있는 외계 종족 포믹을 상대로 하는 가상 현실 전략 훈련에서 상대를 전멸시키는 등, 좋은 성과를 거두며 지휘관에 오른다. 하지만 곧 이 전략 훈련이 가상 현실 시뮬레이션이 아닌 실제 전투였고 자신이 생명체의 종족을 몰살시켰다는 사실을 알게 된다.

〈트루먼 쇼〉의 프로듀서, 크리스토프(애드 헤리스)처럼, 이 영화에도 주인공이 영상과 현실을 구분하지 못하게 하고 이를 통해 주인공을 이용하려는 인물인 하이럼 그라프(해리슨 포드)가 등장한다. 영상과 현실의 경계를 인식하지 못했다는 점에서 트루먼과 엔더는 닮아 있지만 트루먼의 경우 현실이라 믿었던 세계가 결국 허구였다는 점, 그리고 엔더의 경우 허구라고 믿었던 가상 세계가 결국 현실이라는 점에서 차이가 있다. 그런데도 트루먼이 자유를 찾아 나서며 30년간 이어진 집단 관음 행위를 무너뜨리고, 엔더가 자신이 말살한 종족의 마지막 생명을 위해 여정을 떠나는 마지막 모습은 비로소 영상과 현실의 모호한 경계에서 벗어나 올바르게 현실을 인식하고 문제를 해결하려 한다는 공통점을 보인다.

REVIEW

- 〈트루먼 쇼〉에서, 트루먼을 고립시키기 위해 여행의 위험성과 집에 머무는 것의 안전함을 강조하는 조작된 방송들이 등장한다. 미디어가 개인을, 나아가 사회를 통제하기 위해 이와 유사한 방식을 동원한 사례로 어떠한 것이 있는가?
- 〈트루먼 쇼〉에서 트루먼과 아내 메릴과의 잠자리는 중계되지 않는데, 이에 실망하는 시청자들의 모습이 매우 자연스러운 영상 소비 목적으로 묘사된다. 이와 같은 관

음증적 욕망은 합법적 영상물(텔레비전 프로그램, 극장 상영 영화 등)에서는 자연스러운 것이라면, 불법 영상물(불법 촬영물, 음란물 등)에서는 비윤리적인 것인가? 그 이유는 무엇인가?

- 〈트루먼 쇼〉 같은 생중계 쇼가 라디오, 신문, 잡지 등과 같은 비영상 미디어를 통해 전파되었다면 성공할 수 있었을 것인가? 현실과 허구의 모호함에서 시청자를 열광시킨 것은 다큐멘터리 영상 포맷이기에 가능했던 것인지 생각해 보자.
- 영상 미디어가 전하는 현실과 허구의 모호함에서 진실과 거짓을 구분하지 못해 혼란을 느꼈던 경험이 있는가?
- 2010년대 초중반부터 다양한 리얼리티 프로그램들이 성행하고 있다. 특히 육아 리얼리티 프로그램의 경우, 출연자가 어린이일수록 자신이 촬영된다는 사실도, 또 방송에 나간다는 사실조차 전혀 인지하지 못하는 경우도 있다. 이러한 프로그램과 영화 속 리얼리티 프로그램 〈트루먼 쇼〉의 공통점과 차이점을 생각해 보자.

3장

영상의 역사

현대의 일상에서는 다양한 미디어를 통해 영상을 접한다. 극장의 스크린이나 텔레비전과 같은 직사각형 형태의 전통적 스크린뿐만 아니라 머리에 착용하는 HMD(Head Mounted Display), 눈의 망막으로 직접 상을 투사하는 망막 디스플레이retinal display 안경 등이 이미 상용화되었다. 이처럼 다양한 미디어의 발전 이전에 이미지는 오랜 과거부터 동굴의 벽과 같은 원시적인 미디어, 또한 건물의 벽면에 부속된 것으로 그려지면서 그 기능과 목적성을 확대시켜 왔다. 이 장에서는 벽화에서 회화로 이미지가 독립하는 것에서부터 시작하여 현대 사회의 탈스크린화하는 이미지의 진화에 이르기까지 영상의 시대를 이끌고 변화시키는 이미지의 역사와 진화 과정을 함께 살펴본다.

1. 영상 시대를 이끈 이미지의 역사

1) 벽화에서 회화로

문자가 발명되기 이전, 선사 시대에 그려진 원시 동굴 벽화가 말해 주듯, 그림을 통한 인간의 생각과 감정의 표현은 문자보다 훨씬 앞서 시작되었다. 이미지는 오랫동안 동굴 안 혹은 건축물 내외부 벽면에 그림이나 부조의 형식으로 표현되었다. 시간이 흐름에 따라 교육이나 종교와 같은 중요한 목적 아래 제작되기도 하고 표현 도구 또한 변화하고 발전함에 따라 독립적인 회화로 존재하게 되었다.

원시 동굴 벽화의 주술 효과

2장에서도 살펴보았듯, 알타미라나 라스코 동굴의 원시 벽화에 표현된 동물들의 생생한 모습과 움직임은 단순히 사실적인 묘사를 위한 것이라기보다는 사냥감으로서 대상물의 성공적이고 풍요로운 수확을 기원하는 주술 효과에 그 목적이 있었다. 일부 4족 보행 동물을 묘사한 그림에서 동물의 다리를 네 개 이상 그려 넣은 것이 발견된다. 이는 흔히 인류가 (영화를 통해 비로소 실현한) 생동하는 대상의 움직임을 표현하려 한 것으로 본다. 정지된 그림에 움직임을 표현하고자 한 원시 시대 예술가의 욕망을 보여 준다.

원시 동굴 벽화는 그림의 영역을 명확히 구분할 수 있는 뚜렷한 경계가

그림 15 프랑스 쇼베 동굴에서 발견된 여덟 개의 다리가 그려진 들소 벽화 (약 3만 년 전).

없이 그려져 있다. 이는 그림 속 공간에 대한 특별한 이해나 의미의 재구성이 반영되지 않은 상태로, 아직 그림이 지식을 축적할 수 있는 의사소통의 도구로 기능하지 않았음을 보여 준다.

종교적, 문화적 교육 수단인 회화

고대와 중세 시대에 회화는 부조나 벽화의 형식으로 주로 건축물의 일부로서 존재했다. 고대의 이집트 벽화와 부조, 그리스 신전의 프리즈frieze 부조는 신과 영웅의 이야기를 표현한 것으로 신성시되었다. 중세 성당의 벽감niche에 설치된 부조와 조각, 벽면과 바닥에 설치된 모자이크 회화는 문맹인 신자에게 성서 내용을 전달하는 중요한 교육 수단으로 기능했다. 대부분 성당에

그림 16 파르테논 신전 프리즈 부조의 벽감 내에 설치된 조각. 파리 앵발리드(박물관, 교회 등의 연합 건물) 내에 있는 조각가 앙투안 쿠아즈보Antoine Coysevox의 작품(1706).

조각된 성인은 신자가 쉽게 알아볼 수 있는 얼굴과 몸짓, 그리고 성인의 상징적인 일화 속 모습으로 등장한다.

19세기 소설가 빅토르 위고Victor Hugo는 15세기 파리를 배경으로 쓴 소설 《파리의 노트르담*Notre Dame de Paris*》에서 주인공인 프롤로 주교의 입을 빌려 "인쇄된 책이 저 성당을 대체할 것이다"라고 예언한 바 있다. 다시 말해 인쇄된 가볍고 이동 가능한 성경책이 돌로 만들어진 부조와 조각으로 문맹의 신자에게 성서 이야기를 전해 온 성당 기능을 대체하리란 것이다. 성당이 단지 예배를 위한 장소가 아니라 각종 이미지를 통해 성서 내용을 전달하는 하나의 미디어였음을 알 수 있다.

건축물과 회화의 분리

그림이 건축물과 결합한 것은 반드시 종교적, 문화적 교육의 수단으로써만 아니었다. 건축물의 화려함을 돋보이게 하려는 장식의 목적으로 확장되면서 그 결합은 오래 지속했다. 17~18세기 바로크 미술기에 접어들면서 성당과 궁전에 그려졌던 프레스코 벽화는 건물 내부 공간의 일부 또는 그 확장으로 보이게 하는 하나의 시각 장치로 기능했다. 이는 공간을 더욱 화려하게 장식하기 위한 것으로, 조각과 회화는 궁전이나 성당 내부의 화려함을 극대화하는 장식물로서 완전한 조화를 이루었다.

건축물 일부였던 벽화에서 독립적인 회화로의 분리는 중세에서 15세기에 걸쳐 서서히 이루어졌는데, 이 전환기의 유물이 패널화다. 패널화는 여러 쪽의 나무 판에 그림을 그리고 그사이를 경첩으로 연결해 필요에 따라 접거나 펼칠 수 있도록 한 그림이다. 나무판 조각에 따라 구분되는 공간의 구획을 경계로 다른 메시지나 인물을 그려 넣었고 주로 성당의 재단에 설치해 평상시에는 접어 두고 예배 시에 펼치는 등 여전히 건축 요소를 간직했다. 패널화가 진화한 캔버스는 나무를 조립해 만든 사각형 프레임에 질긴 천을 팽팽하게 고정하여 그 위에 그림을 그릴 수 있도록 한 도구로 패널화에 필요했던 경비와 시간을 절약하는 효율성을 지녔다.

그림 17 오스트리아 멜크 성당에 파울 트로거Paul Troger(1698~1762)가 그린 천장 벽화. 프레스코화로 그린 바로크 시대 대표작으로, 천장에 그림을 그려 천상 세계와 건축물이 이어지도록 공간감을 확장하고 있다.

그림 18 16세기 플랑드르의 화가 캥탱 마시Quentin Matsys가 1511년에 그린 재단 패널화. 패널화는 장거리 이동 시에 가지고 다니며 예배에 사용되었다.

패널화는 장거리 이동 시에 가지고 다니며 예배에 사용되었다. 무게가 무거웠기 때문에 그 이동성이 보편적인 것은 아니었다. 캔버스에 그려지면서 회화는 천의 가벼움으로 인해 종교 행사에 깃발로 사용되기도 하고 값비싼 장식품이었던 태피스트리의 대체물로 사용되기도 했다. 드디어 보편적인 이동성을 지니게 된 것이다. 따라서 신전이나 성당, 궁전 등과 같은 고정된 건축물에서 해방되어 자유롭게 이동하면서 전시될 수 있었고, 회화가 결국 독립적인 작품으로 인식되고 광범위하게 유통되게 하는 계기가 되었다.

2) 원근법의 발명

이미지의 역사에서 가장 주목할 만한 인식론적 혁명은 르네상스 초기인 15세기에 이탈리아에서 이루어진 원근법의 발명이었다. 원근법을 간단히 정의하자면 단 하나의 시점으로 본 세상을 그려 내는 기하학적 기술이라고 할 수 있다. 원근법이 회화에 적용되면서 화가들은 하나의 시점이 궁극적으로 도달하는 소실점을 관찰자로부터 가장 먼 거리로 인식하고, 소실점으로부터 멀어질수록 관찰자와 가까운 거리로 인식하게 되었다. 즉 거리와 위치에

그림 19 이탈리아 화가 두초 디 부오닌세냐Duccio Di Buoneinsegna(1255~1319)의 〈마에스타*Maestà*〉(1308~1311). 중세 회화에서는 인물 중요도에 따라 그들의 위치와 크기가 다르게 표현되어 있다.

그림 20 16세기 이탈리아 화가 라파엘로Raphaello의 〈아테네 학당*School of Athens*〉(1509~1511). 성서 속 인물에서 탈피해 과학과 인문학을 탐구한 학자들을 원근법에 따라 실제적인 공간감과 크기로 표현했다.

그림 21 레오나르도 다빈치의 〈최후의 만찬〉.

따라 크기가 달라지는 공간과 입체를 표현하게 되었다. 이 원리를 따라 무언가를 관찰하지 않는 상황에서도 공간감과 입체감을 눈에 보이는 것처럼 떠올려 볼 수 있게 되었다. 이것은 곧 화가의 시각에서 볼 수 없는 것은 회화의 표현에서 배제한다는 원칙으로 이어졌고, 중세 시대의 미술이 간직해 오던 다중심적 화면 구조를 점차 사라지게 했다.

원근법이 발명된 인본주의 르네상스 시대 이전의 세상은 여전히 종교를 세상의 중심에 두었던 까닭에 회화의 기능과 역할 또한 현실적인 묘사보다는 종교적, 문화적 사건과 의미 전달에 더욱 큰 비중을 두었다. 회화에 표현된 한 공간에서 서로 다른 시간성의 이야기가 병치되기도 하고, 인물이나 사물은 공간적 원칙과 작가의 주관적 관점을 배제한 채 그 대상의 중요성, 의미, 가치 등에 따라서 묘사되었다. 즉 가부장, 왕, 성자, 신 등 당대 종교와 사회가 지정한 중요한 인물은 화면의 중심부에 크게 그려졌고, 하인, 일반 사람들, 자식 등 상대적으로 부차적이거나 종속적 인물은 화면의 주변부 공간에 작게 표현되었다.

이러한 회화에서 공간감은 뒤에 있는 묘사 대상이 앞에 있는 것에 가려진다거나, 빛의 작용을 기반으로 전경보다 원경이 더 낮은 채도와 약한 대비로 채색되는 등 원근법보다 단순한 기법으로 표현되었다. 이와 달리, 원근법은 인간을 중심으로 하는 인본주의 사상과 함께 사용되면서 보는 사람의 눈과 주관을 중심으로 모든 것을 재배치하는 르네상스 이후 서구 문명 특유의 시점을 탄생시켰다.

레오나르도 다빈치Leonardo da Vinci의 〈최후의 만찬*The Last Supper*〉(1495~1498)에서 가운데에 위치한 예수는 열두 제자들보다 더 크게 묘사되지 않았다. 또 천정과 벽에서 시작되어 창밖의 무한한 배경으로 이어지는 공간의 깊이는 예수의 머리 뒤로 고정되는 소실점을 중심으로, 즉 한 명의 관람자 시점을 기반으로 형성되어 있다.

원근법의 발명으로 회화의 세계는 원근법의 지배 아래 관찰자 시선의 위치를 기준으로 거리의 원칙을 적용하여 재구성된, 보이는 것만의 세계로 변화하게 된다. 원근법은 이러한 회화의 경향에 대한 변화뿐만 아니라, 수학적 원리로 눈에 보이는 자연을 해석하고 재현함으로써 과학 발전에도 큰 영향을 미쳤다. (이와 관련해서는 8장에서 좀 더 자세히 다룬다.)

3) 카메라 옵스큐라

그림 22 카메라 옵스큐라의 원리.

카메라 옵스큐라는 오늘날 우리가 사용하는 카메라의 시초로, 빛이 차단된 방의 한쪽 벽에 뚫린 작은 구멍을 통과한 피사체의 상이 그 맞은 편 벽면에 거꾸로 투영되도록 한 장치다. 이 장치는 사람들이 들어갈 수 있는 방에서부터 휴대하고 다닐 수 있는 상자에 이르기까지 다양한 형태로 제작되었다.

16세기부터 원근법의 원리를 더욱 깊게 연구하고 풍경이나 사물의 정확하게 그리고자 했던 화가들이 주로 카메라 옵스큐라를 사용하였다. 실내의 큰 벽면에 외부의 상을 크게 맺히도록 하는 이러한 원리는 큰 스크린으로 영상을 보는 등 유희의 목적으로 사용되기도 했다. 사진은 카메라 옵스큐라 원리로 맺힌 상을 감광 물질을 이용해 정착시킴으로써 탄생한 것이다. 사진의 발명과 발전사에서 감광 물질의 개발과 이를 통한 상의 고착 기술은 중요한 역할을 차지했다.

2. 영상 시대 부흥과 이미지 역사

1) 사진의 발명

1839년 프랑스의 발명가 조제프 니세포르 니에프스Joseph Nicéphore Niépce는 사진을 발명하였다. 그는 대상을 그리지 않고도 상을 얻어 내는 방법을 연구하다 사진을 발명한 것이다. 사진의 탄생으로 인간은 그림을 그리기 위해 몸의 많은 부분을 사용하고 움직여야 했던 신체적 구속에서 벗어나 오늘날에는 셔터를 누르는 손가락 동작 하나만으로 이미지를 생산할 수 있게 되었으며, 그것을 대량으로 복제할 수 있게 되었다. 이로써 드디어 2장에서 정의했던 '영상,' 즉 빛의 자동 작용과 각인을 통해 찍혀진 대상이 '그곳에 있었다는 사실'을 확인해 주는 지표 기호로서 이미지가 탄생하게 된 것이다.

사진이 발명된 19세기에는 그 기술 자체만으로도 신기한 것으로 받아들여져 대중에게 빠르게 전파되었다. 물론 사진의 빠른 전파는 신기함 때문만은 아니었고, 당시의 여러 사회적 측면이 반영된 것으로 볼 수 있다. 여러 측면은 다음과 같이 정리할 수 있다.

첫째, 회화, 그중에서도 초상화는 19세기의 신흥 부르주아에게 있어 자신의 정체성을 표현하고 소유한 부를 과시하는 수단 중 하나였다. 반면, 사진은 값비싼 비용으로 화가에게 의뢰해야 했던 초상화와 달리 저렴한 가격으로 인물의 모습을 기록하고 영구화할 수 있었다. 당시에는 중산층 계급이 물질적 자산과 생활상을 회화로 기록하고자 했다. 당시 왕족이나 귀족이 초상화를 제작해 온 것과 비슷한 맥락이다. 이러한 과시용 이미지 노출은 사진의 형식으로 이어졌고 이는 오늘날 소유 욕망의 대상인 소비재와 라이프스타일의 이미지를 전달하는 광고 사진으로 진화하였다.

둘째, 사진은 지배와 소유 의식의 노출을 통해 강력한 힘을 과시하고자 했던 19~20세기 서구 제국주의의 욕구에 부응하는 것이었다. 식민지 지배를 통해 소유하게 된 새로운 영토와 문화, 그리고 피지배 원주민들에 대해

그림 23 위: 18세기 영국 화가 토머스 게인즈버러Thomas Gainsborough의 〈앤드루 부부*Mr and Mrs Andrews*〉(1748~1750). 아래 왼쪽: 19세기 왕가인 헤센 가족의 사진Hessian Family(Hills & Saunders, 1876). 아래 오른쪽: 가족의 이상적 생활상을 보여 주는 현대의 패션 브랜드 돌체 앤 가바나Dolce & Gabbana 광고(2014 봄/여름 시즌).

그림 24 영국의 식민 통치하에 있던 나이지리아에서 촬영한 사진. 중앙에 앉아 있는 세 인물 중 가장 오른쪽 인물이 이제브족(현재의 나이지리아 요루바족) 왕이다(촬영 시기 불명).

인류학적으로 기록하고 이를 과시하기 위해 사진은 적절한 수단이 되었다.

셋째, 사진은 당대의 과학적·사회적 발전을 도모하기 위한 수단으로 사용되었다. 16～18세기의 과학 혁명은 관찰과 실험을 통해 사실주의에 입각한 근대 과학의 기초를 성립했다(이에 대해서는 8장에서 더 자세히 살펴본다). 이를 바탕으로 19세기에 이루어진 과학 기술의 발전은 다양한 영역에서 기계를 사용해 산업화와 근대화를 이룩하게 한 핵심 요인이 되었다. 이 과정에서 사진은 움직임의 메커니즘을 밝혀내고 그것을 기계적 원리로서 객관화하기 위한 수단으로 사용되었다. X선이 발견되고 이를 사진으로 옮겨 새로운 의학적 발견이나 치료를 위해 사용한 것도 19세기 말의 일이었다(최성우, 2017). 산업화와 도시화 등 사회적 시스템의 혼란기에서 사진은 범죄자를 정확히 촬영

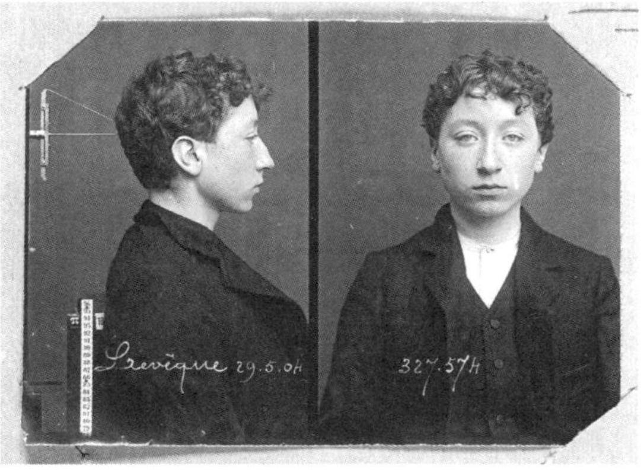

그림 25 19세기 후반 파리 경찰청 신원감식부에서 활약한 알퐁스 베르티옹Alphnose Bertillon은 범죄자 사진 머그샷mug shot을 촬영하는 과학적 방법을 창안했다. 사진은 베르티옹의 원리에 따라 범죄자를 촬영한 것이다.

하여 공개수사에 사용되기도 하였고, (현대에는 옳지 않지만) 범죄자, 정신질환자, 인종 등 특정 집단의 모습을 기록하고 그 특징을 일반화하여 구분하는 우생학에도 사용되었다(박상우, 2019).

2) 영화의 발명

영화의 탄생

그림 26 19세기 삽화 신문인 〈폴리스 뉴스 *Police News*〉 1면.

영화는 사진 기술 이전부터 존재했던 그림자극, 어둠 속에서 환등 기술을 사용하여 스크린에 각종 이미지를 투영하고 이를 즐겼던 유희적 모임, 그리고 1초당 24장의 사진을 연속적으로 촬영하고 영사하는 기술 등, 다양한 문화적 관습, 원리, 기술이 결합하여 탄생했다.

한 장의 사진이나 이미지로 표현할 수 없는 이야기를 여러 장의 화면으로 기술하는 방식은 이미 19세기의 신문 삽화들을 통해서 대중화되어 있었고, 어두움 속에서 빛의 작용으로 드러나는 환상적인 이미지를 보고 싶어 하는 대중의 욕망은 오래전부터 존재했다.

사진을 통해서 움직임을 기록하려는 시도는 사진 발명의 초기부터 이미 이루어졌다. 1878년 등장한 크로노포토그래피chronophotography를 예로 들 수 있다. 이것은 특수하게 제작된 카메라로 움직이는 피사체의 동작을 연속 촬영한 사진 기법이다. 움직임의 기계적 원리를 탐구하고 객관화하기 위해 사진의 기법이 동원되었다. 특히 움직임이 빨라 인간의 눈으로 감지할 수 없어서 상상력에 의존하여 표현해 왔던 순간의 동작을 사실적으로 확인하고 관찰할 수 있게 해 주었다.

그림 27　위: 에드워드 마이브리지Edward Muybridge가 개발한 크로노포토그래피로 찍은 사진. 아래: 에드워드 마이브리지의 〈움직이는 말〉.

1880년에 등장한 주프락시스코프zoopraxiscope는 연속 동작 이미지들이 둥글게 배열된 원반을 회전시켜 짧은 시간 동안 움직임을 재생하는 효과를 제시한 기술이다. 이는 낱장의 필름들을 빠르게 전환하여 동영상을 재생하는 기술이 되었다. 연속 동작 사진 〈움직이는 말*Horse in Motion*〉(1878)과 이 움직임을 사실적으로 제시한 동영상 또한 이러한 기술적 진보와 함께 등장했다.

1초당 24컷의 사진이나 필름을 빠르게 회전시켜 영사하는 방식에 관한 연구는 당시 프랑스, 미국, 영국, 독일, 러시아 등 여러 국가에서 동시다발적으로 진행되었다. 이러한 이유로 자신들이 영화 발명의 종주국이라고 주장하는 나라들이 있지만, 영화의 역사에서 공식적으로 인정되는 진정한 의미

그림 28 왼쪽: 파리의 그랑 카페에서 열리는 뤼미에르 형제의 영화 상영을 홍보했던 포스터(마르슬랭 오졸 Marcellin Auzolle, 1896). 오른쪽: 뤼미에르 형제가 공공장소에서 상영에 맨 처음 사용한 시네마토그라프는 장비의 탈착에 따라 영사기는 물론 휴대용 무비 카메라의 기능까지 제공했다.

의 영화는 1895년 프랑스에서 시작되었다. 당시 뤼미에르 형제Louis and Auguste Lumière가 한 편당 약 40초에서 50초에 이르는 열 편의 짧은 단편 영화를 입장료를 받고 공공장소에 해당하는 파리의 카페에서 상영한 것이 그 시작의 신호탄이 되었다.

이 공공 상영은 뤼미에르 형제가 완성한 휴대용 영화 카메라이자 영사기인 시네마토그래프cinematograph가 있었기에 가능했다. 그러나 이러한 기술적 측면에 더하여 영화의 진정한 의미를 성립시켰던 핵심 요소는 공공장소에서의 상영과 관람이라고 하는, 영화의 사회적 사용에서 찾아볼 수 있다. 이는 영화가 단순히 움직이는 사진이라는 기술적인 발명품이 아니라, 공공장소에서 대중에게 상업적으로 제공되는 여가의 한 형식이라는 특성을 충족해야 한다는 점을 시사한다. 이것은 하나의 미디어는 단순히 기술적 특성에 의해 정의되는 것이 아니라 그것을 사회적으로 어떻게 사용하느냐에 따라 정의된다는 중요한 사실을 말해 주는 것이기도 하다. 이 원칙은 디지털 미디어와 인공 지능의 시대에도 유효하다.

영화와 20세기

이렇게 탄생한 영화는 20세기의 도시 문명과 산업 사회에서 당시 사람들의 꿈과 현실을 반영하는 여가 활동으로 정착하면서 대규모 문화 산업으로 성장했다. 영화를 20세기적인 것이라고 일컫는 데는 여러 이유가 있지만, 무엇보다 20세기에 확산한 자유 민주주의, 경제 성장, 기업의 글로벌 진출 등으로 인해 서서히 높아지는 사람들의 꿈과 희망에 부합하는 문화 콘텐츠를 제공하고 산업적 시스템을 선보였다는 점을 들 수 있다. 특히 할리우드의 경우, 좁게는 한 편의 영화부터 넓게는 영화 산업 전반의 상업적 성공을 위해 대중의 영웅과 우상을 만들어 내는 스타 시스템을 개발했고, 이것은 오늘날 대중문화 스타 양성 과정의 전범으로 자리 잡았다. 스타들과 영화가 보여주는 화려하고 자유로우며 낭만적인 생활상은 영화를 꿈의 산실로 만들었고 이는 유행의 창출로 이어져 관객들의 소비 성향을 확대시켰다.

그러나 영화의 시대는 같은 세기에 등장한 텔레비전으로 인해 변화를 맞게 된다. 텔레비전이 영화보다 적은 비용으로 드라마나 코믹물과 같은 가벼운 프로그램들을 제작 및 방영하며 가정으로 접근한 것이다. 이에 맞서 메이저 할리우드 스튜디오들은 〈벤허*Ben-Hur*〉(1959), 〈클레오파트라*Cleopatra*〉(1963), 〈십계*The Ten Commandments*〉(1956) 등 가정용 텔레비전 화면이 도저히 따라올 수 없는 화려한 대형 서사극을 만들어 70mm 대형 스크린을 통해 상영했다. 이들은 계속해서 3D 입체 영화, 4D 영화, 돌비 스테레오 음향 등 실감과 몰입을 극대화하는 기술을 개발하여 텔레비전과는 다른 경험을 관객에게 제공하였다.

다양한 미디어의 등장과 확산으로 영상 산업이 큰 변화를 겪고 있는 오늘날, 영화와 텔레비전은 인력, 제작 시스템, 홍보와 유통 등 다차원적 측면에서 서로 협력하는 방향으로 발전하고 있다.

그림 29 〈클레오파트라〉(위)와 〈벤허〉(아래)는 다수의 출연자들이 동원되고 건축물을 비롯한 모든 공간적 요소들이 직접 제작되어 텔레비전 드라마가 보여 주기 어려운 스펙터클을 형성하고 있다. 〈벤허〉의 경우 관중은 필름 위에 그림을 그려 합성했다. 최근 영화의 경우, 이와 유사한 스펙터클은 주로 CG를 사용하여 재현한다.

3) 텔레비전의 등장

기술적 측면에서 초기의 텔레비전이 지녔던 영화와의 차이점은 필름의 인화 과정을 거치지 않고, 촬영 시 전기 신호로 전환되어 생산된 영상을 전파를 통해 원거리로 송수신한다는 점이었다. 또한 텔레비전이 제시하는 이미지의 수용이 앨범(사진의 경우)이나 어두운 방(영화의 경우)과 같이 특별한 공간이 아니라 일상생활이 벌어지는 가정이라는 점에서도 매우 차별화된다. 이러한 차이점으로 인해 텔레비전은 이전의 영상과는 미학적, 인식론적으로 크게 구별된다.

앞서 언급했던 영화의 경우와 마찬가지로, 미디어로서 텔레비전의 탄생 또한 기술적인 측면, 즉 전기 신호에 의한 영상의 송수신에 그 가치와 의미, 계기 등을 축소하여 생각할 수는 없다. 이탈리아의 발명가이자 전기공학자인 굴리엘모 마르코니Guglielmo Marconi가 무선 전신을 발명한 이후 문자와 그림의 원거리 무선 통신에 대한 대중적 관심이 크게 고조되었고, 19세기 말 영화의 발명과 마찬가지로 20세기 초 세계 각국에서 동시다발적으로 이미지의 송수신과 관련한 많은 연구와 실험이 이루어졌다.

그 결과 2차 세계 대전 이전의 몇 년 사이에 각국에서 영상의 원거리 송수신 기술들이 발명되었으나, 전쟁으로 지연되었다가 종전과 함께 많은 국가에서 텔레비전 방송국을 개국했다. 과거의 아날로그 컬러텔레비전 방식이 NTSC, SECOM, PAL 등의 방식으로 다양하고 주사선 수도 각기 달랐던 이유는 바로 이러한 서로 다른 연구의 과정 때문이기도 하다.

텔레비전의 사회적 사용

영상의 원거리 무선 송수신 기술이 발명되자 북미와 유럽 각국에서 이것을 사회적으로 어떻게 사용할 것인가에 대해 다양한 실험을 진행하였다. 영화처럼 공공장소를 이용해 다수 관객을 대상으로 영상 신호를 송출하거나 현대의 전광판처럼 거리에 텔레비전을 설치하는 것 등 여러 가지 사용 방식이 시도되었으나, 결국 보다 작은 단위인 가정의 텔레비전으로 브로드캐스트broadcast하는, 다시 말해 중앙에서 다수의 주변부로 방송 신호를 전파하는 형식으로 정착되었다.

영화가 도시인의 외출 문화와 밀접하게 연관된 여가 형식이라면 전통적인 텔레비전은 집에 머물며 가족 단위로 즐기는 여가 형식이다. 물론 주제별로 전문화된 방송 콘텐츠를 다루는 케이블 채널의 등장과 가정 내 복수의 텔레비전 소유 등 점차 과거와 같은 가족 단위의 시청 형태는 감소하였지만, 텔레비전은 여전히 저녁부터 밤까지 황금시간대prime time에 가정의 시청자들을 끌어모으는 가족 미디어로서의 성격을 유지하고 있다.

그렇지만 디지털 시대인 현대의 텔레비전은 전파가 아닌 인터넷을 사용하는 체계로 인해 개인적 미디어로서의 성격이 더욱 뚜렷해지고 있다. 디지털 시대의 텔레비전, 다시 말해 인터넷 텔레비전은 공중파와 케이블 채널의 프로그램 영상을 디지털 데이터로 변환하고 인터넷을 통해 송수신한다. 또한 인터넷 연결로 인해 유튜브, 넷플릭스 등 온라인 기반 영상 콘텐츠 제공 서비스를 사용할 수 있고 구글 등과 같은 검색 사이트의 이용은 물론 온라인 쇼핑까지 가능해졌다. 이러한 특징으로 인해 방송국에서 편성한 프로그램을 정해진 시각에 맞추어 시청해야 했던 아날로그 시대의 텔레비전과 달리 사용자가 얼마든지 자신의 취향에 따라 영상 콘텐츠를 탐색하고 선택하여 언제든 원하는 시간에 시청할 수 있는 개인성이 확대되었다. 이에 더해 핵가족의 구성원 규모마저 점차 축소되어 1인 가구가 2, 3, 4인 가구보다 많게 사회가 변화했다. 그뿐만 아니라 2020년 코로나바이러스 감염증(COVID-19, 이하 코로나19)이 불러온 팬데믹으로 인해 많은 이들이 집에 머무는 시간이 늘어나면서 텔레비전의 개인 미디어 성격은 점차 강해지는 추세다.

텔레비전 미디어의 특성: 생방송

이전의 영상 미디어와 구별되는 텔레비전만의 고유한 특성은 영상 콘텐츠를 생방송할 수 있는 미디어라는 점이다. 텔레비전 방송이 시작된 초기에는 아직 녹화 기술이 없었기 때문에 모든 프로그램은 생방송으로 송출되었다. 연속극 또한 당시에는 생방송으로 진행되었기에 드라마들은 다듬어진 영상 작품이라기보다는 사실상 텔레비전을 통해 생중계되는 연극과 같았으며, 오락 프로그램들 역시 극장의 쇼를 생중계하는 것에 가까웠다. 녹화 기술의 발달로 방송 사고의 위험이 늘 잠재했던 초창기 생방송 시절의 긴장감은 완화되었지만, 생방송은 여전히 '텔레비전의 꽃'으로 자리하고 있다.

생방송으로 진행되는 텔레비전 뉴스는 신문과 같은 미디어보다 신속성에 있어 우위를 차지한다. 속보, 국가적 차원의 행사, 국가대표가 참여하는 국제적 스포츠 등 각종 주요 사건의 생방송은 방송사의 정규 편성을 중단하거나 변경하며 중계되는 미디어 이벤트media event로서 큰 우선권을 지니고 있다. 생중계는 시청자가 사건의 현장에서 벌어지고 있는 일을 실시간으로 볼 수 있도록 한다. 이를 통해 시청자들은 실제로 그 사건 현장에 있는 것처럼 느낄 수 있고, 서로 다른 곳에 있음에도 불구하고 동시에 같은 내용을 시청하고 있다는 사실에서 발생하는 유대감은 가상의 공동체 의식을 형성하는 효과를 낳는다.

4) 비디오의 사회적 사용

아날로그 시절에도 텔레비전에서 방영되는 프로그램은 비디오 녹화기를 이용하여 기록하고 재생할 수 있었다. 방송 제작과 송출이 모두 디지털로 이루어지는 현재, 텔레비전의 방송 내용은 쉽게 저장되고 편집되어 인터넷을 통해 재유통될 수 있는 콘텐츠가 되었다. 이처럼 텔레비전과 비디오는 기술적으로 매우 가까운 관계를 맺고 연동되는 미디어다. 그러나 앞서도 언급했듯, 미디어는 단지 기술적 차원에서 정의 내릴 수 있는 것이 아니기에 사회적 사용이라는 측면에서의 검토를 추가한다면 텔레비전과 비디오는 뚜렷하게 구분되는 미디어다. 그 사용성의 차이를 가르는 중심에는 기록이라는 기능이 있다.

그림 30 VHS 테이프를 사용하는 VCR과 비디오카메라.

가정용으로 보급한 VCR(Video Cassette Recorder. 이하 녹화기)과 휴대용 비디오카메라, 은행이나 호텔 등 공공장소에 설치한 폐쇄 회로 화면(CCTV: Closed Circuit Television) 등, 기록을 기반으로 하는 비디오는 우리 일상생활과 매우 가까이에 존재하면서 사회 속 영상의 존재와 기능을 크게 바꾸어 놓았다. 특히 녹화기와 비디오카메라의 보급과 확산으로 영상의 생산과 소유는 소수 전문가의 전유물이 아니라 예약 녹화나 촬영과 같은 간단한 기기 조작을 할 수 있는 모든 사람의 것으로 대중화되었다. 녹화기의 가정 보급은 텔레비전 방송 시청에 따르던 시간적 제약으로부터 시청자들을 해방시켰다. 좋아하는 텔레비전 프로그램을 보기 위해 정해진 시간에 맞추어 수상기 앞을 지킬 필요가 없어진 것이다. 뿐만 아니라 비디오 대여점을 찾아 원하는 영화를 대여해 볼 수 있게 되었는데, 이는 국내에 개봉되지 않은 영화를 손쉽게 접할 기회를 제공했다. 1990년대 영상 세대의 등장과 한국 사회와 대중에 확산된 영화를 향한 관심과 열정의 기반에는 비디오 영화 대여점이 한몫했을 것으로 본다. 이러한 시스템은 디지털 시대에 이르러 DVD로 대체되었다.

휴대용 비디오카메라의 대중화로 가정의 일상을 기록할 수 있게 되었고, 텔레비전 방송 콘텐츠 생산에 대중이 직접 참여할 수 있게 되었다. 시청자가 가정에서 일어나는 재미있는 장면을 촬영한 영상이 텔레비전 프로그램으로 구성되어 전국에 방송되고, 갑작스러운 사건 현장을 휴대용 비디오카메라로 포착한 영상이 국제적인 통신사나 뉴스 채널을 통해 전 세계에 보급되었다. 방송국 기자들의 취재를 앞서는 풀뿌리 저널리즘citizen journalism의 신속성이 뚜렷하게 드러나기 시작한 것이다. 또한 옴부즈맨 프로그램 등 각종 시청자 참여public access 프로그램을 통해 미디어 교육 경험이 없거나 방송 분야와 무관한 평범한 시민이 제작한 영상이 지역, 국내, 세계 시청자에게 전달되는 것은 휴대용 비디오카메라가 대중화되면서 가능해진 일이다.

이러한 비디오의 대중화에는 이면이 있다. 공공장소는 물론 가정으로까지 설치가 확산되고 있는 폐쇄 회로 감시 카메라는 범죄를 감시하고 수사의 증거로 사용되고 있다. 이를 통해 시민 안전에 도움을 주기도 하지만 우리의 일상생활 자체가 감시의 대상이 되기도 한다. 이는 감시자의 위치와 존재를 인식하지 못한 채 당하는 감시, 즉 파놉티콘panopticon의 개념을 떠올리게 한다. (영상과 관련한 감시의 문제는 10장에서 더 자세히 살펴본다.)

5) 디지털 모바일 기기의 보급과 영향

디지털 시대를 맞이하여 세상에 큰 영향력을 미친 영상 미디어 중 하나로 디지털 모바일 기기를 빼놓을 수 없다. 스마트폰이나 태블릿 PC 등을 포함하는 모바일 기기는 영상의 생산과 소비에 대한 기존의 방식에 매우 큰 변화를 불러일으켰다.

첫째, 영상의 생산과 소비가 개인화되었다. 손바닥만 한 크기의 스마트폰에 탑재된 카메라 성능은 그보다 부피가 컸던 휴대용 비디오카메라의 기능을 능가하였다. 게다가 카메라 수동 조작 기능을 지원하는 앱을 설치하면 더욱 전문적인 사진과 동영상 촬영이 가능하다. 무엇보다 개별적인 카메라를 따로 챙기지 않고도 언제 어디서든 촬영할 수 있다는 점은 누구나 손쉽게 영상을 생산할 수 있게 한 주요 요인이라고 할 수 있다. 또한 가정 내 특정 공간에 고정되어 가족 구성원이 공유하는 커다란 크기의 텔레비전과 달리, 작은 크기의 화면을 통해 철저히 소유자 개인의 의지대로 시청이 이루어지면서 영상 소비의 개인성을 극대화하였다.

둘째, 디지털 모바일 기기는 영상 생산과 소비의 시공간적 한계를 허물었다. 촬영뿐만 아니라 영상 편집과 효과 적용까지 가능하고 이렇게 생성된 동영상 파일을 무선 인터넷으로 스트리밍할 수도 있다. 전문적인 장비와 스튜디오 등이 필요했던 이 모든 영상 생산의 과정이 어디든 휴대하고 다닐 수 있는 작은 스마트폰을 통해 이루어진다. 스마트폰의 간편한 휴대성과 이동 통신 업체들이 제공하는 무선 인터넷 서비스는 언제든 국경을 초월하여 영상을 생산 및 스트리밍하고 반대로 스트리밍된 영상을 다운받아 볼 수 있도록 하는, 제약 없는 영상 생산과 시청의 여건을 조성했다.

이러한 변화는 영상 활용의 주체를 넓히고 그 신속성을 높였으며 이에 따라 풀뿌리 저널리즘을 더 깊게 확산시켰다. 언제든 사건 현장을 촬영할 수 있는 모바일 기기의 카메라, 그리고 누구나 가질 수 있는 소셜 미디어 계정으로 인해 촬영한 영상이 세상으로 확산하는 속도는 과거 방송국 기자가 취재한 화면이 보도 프로그램을 통해 세상에 전파되던 것과는 비교할 수 없을 정도로 빨라졌다. 이러한 특성으로 인해 기존의 거대 저널리즘 미디어가 다루지 않던(혹은 다루지 못하던) 사건을 생생한 영상과 함께 사회적으로 이슈화하거나 기존의 저널리즘 미디어가 왜곡하는 진실을 바로 잡는 등 저널리즘 분야에 적지 않은 영향을 미치고 있다.

그러나 영상 미디어로서 모바일 기기가 긍정적 영향만 있는 것은 아니다. 위와 같은 특성으로 인해 가짜 뉴스, 사생활 침해, 온라인 폭력, 디지털 성범죄 등과 같은 부작용이 발생하기도 한다. (이는 10장에서 더 자세히 살펴본다.)

3. 영상 디스플레이 기술의 진화

미디어의 정의는 기술뿐만 아니라 사회적 사용을 고려하여 이루어져야 한다. 하지만 현대의 기술 집약적 영상 미디어는 그 종류와 성격이 다양하고 기술의 진화 속도가 빨라 아직 검증된 사회적 사용성을 논하기 어려운 점이 있다. LED 메시 스크린, 미디어 파사드, HMD, 스마트 콘택트렌즈Smart Contact Lens 등 새로운 영상 미디어는 우리 일상을 빠르게 파고들고 있다. 새로운 기술이 부여한 이들의 특성은 새로운 사회적 사용을 형성할 것이다. 따라서 기술 측면을 중심으로 이러한 미디어를 짚어 보고 이것이 어떻게 사회적으로 활용될 수 있을지를 고려해 봐야 한다.

1) 영상 디스플레이 기술의 진화가 불러오는 변화

새로운 영상 기술

영화관의 스크린이나 아날로그 텔레비전과 같은 전통적인 디스플레이는 투사된 빛이 스크린에 반사되어 나타나는 상을 보여 주는 미디어다. 영화관의 스크린은 그 맞은편에 있는 영사기에서 투사하는 빛을 통해, 그리고 브라운관 텔레비전 수상기의 경우 그 내부의 전자총이 쏘는 전자가 RGB 형광 물질이 있는 화면에 충돌하면서 나타나는 빛을 통해 우리에게 움직이는 영상을 보여 준다. CRT(cathode-ray tube)라고 불리는 형식의 텔레비전이나 모니터가 큰 부피를 차지하는 이유도 바로 이 전자총을 설치하기 위한 구조 때문이다. 이처럼 그 크기와 부피, 무게 등과 같은 물리적 조건으로 인해 주로 특정한 위치에 고정된 채 사용되었다.

이후 PDP(plasma display panel)에서 LCD(liquid crystal display), LED(light emitting diode)로 이어지는 디스플레이 기술 발전은 이러한 물리적 조건에 큰 변화를 가져왔다. 특히 이러한 기술은 텔레비전의 화면 크기를 크게 하면서도 그 두께는 얇게 하여 텔레비전의 전반적인 부피와 무게를 줄이고 더욱 선명한 화질을 제공했다. 또한 LCD 기술이나 LED 기술 등은 소형 빔 프로젝터의 탄생을 가능하게 했고 이는 가정, 교육, 사무 공간 등에서 극장의 영사기와 유사한 효과를 제공했다. 이러한 기술은 선반 위에 고정되어 있던 텔레비전

그림 31 아날로그 텔레비전(CRT 텔레비전)과 CRT 텔레비전의 내부 구조. 스크린의 반대편에 전자총이 설치된다.

을 벽에 걸기도 하고 책장 안에 두기도 하고 어두운 환경과 전원만 확보된다면 실내외를 가리지 않고 옮겨 다니며 극장과 같은 대형 화면을 즐기게 해주었다.

이와 같은 발전이 계속되면서 지금 영상 디스플레이 방식은 점점 전통적인 스크린의 형식과 개념을 벗어나게 되었다. 영상이 맺히는 스크린의 형태는 직사각형의 평면적 형태에서 벗어나 건축물의 외면은 물론, 내부의 벽면, 가구나 책과 같은 사물, 분수로 생성된 포말 등 다양한 사물의 외면이 스크린으로 변화하고 있다.

자체적으로 발광하는 소재인 LED 역시 전통적 스크린의 구조와 형태에서 이미지를 해방시켰다. LED를 그물처럼 엮은 LED 메시mesh를 구조물 위에 설치하여 입체적 스크린을 형성하고. 건물의 유리창 내에 LED를 이식하여 창과 전광판의 기능을 동시에 제공한다. 영상을 볼 때 화면을 펼쳤다가 전원이 꺼지면 화면이 말려 들어가는 롤러블 LED 텔레비전rollable LED TV도 이와 유사한 원리를 기반으로 한다.

이제 영상은 건물은 물론 도시와 자연 곳곳에 설치된 조형물 위에서 그 형태나 구조와 어우러지는 하나의 입체적 설치 작품이 되어 가고 있다. 영상은 전통적인 영화나 텔레비전과 달리 이야기나 플롯을 갖지 않아도 사람들이 감상할 수 있는 공공미술, 즉 문화·예술적 콘텐츠로 기능하는 것이다. 이러한 영상 디스플레이 기술의 목적은 공공의 상영에 가깝지만 이와 달리 영상의 개인적 이용을 위한 목적의 디스플레이 기술은 영상과 스크린의 관계에 큰 변화를 불러일으키고 있다. 스크린 없는 디스플레이screenless display라는 개념과 함께 영상이 탈스크린화하는 것이다.

이러한 예를 들면, 초소형 빔프로젝터가 설치된 안경을 통해 구현되는 망막 디스플레이retinal projection display 기술은 스크린에 반사된 상을 보는 것이 아니라 안구 내 망막으로 직접 투사된 상을 보도록 하는 기술이다. 이 원리는 1968년 첫선을 보인 후(Global data Technology, 2020) 가상 현실 체험에 사용되는 HMD, 일반 콘택트렌즈처럼 착용하여 증강 현실과 가상 현실을 볼 수 있는

그림 32 세계적인 빛 축제 비비드 시드니Vivid Sydney의 구조물로, LED 메시 스크린을 사용하여 터널 같은 형태의 구조물에 영상을 구현하였다.

스마트 콘택트렌즈 등의 개발에 적용되어 오고 있다.

시각 장애인을 위해 개발되어 이미 동물과 사람을 대상으로 임상 시험까지 진행한 바 있는 시냅틱 인터페이스synaptic interface는 보는 행위 없이도 보는 것을 가능하게 하는 기술이다. 초소형 카메라가 장착된 안경이나 외부 장치를 시신경과 연결하고 카메라로 촬영한 영상의 전기 신호를 신경에 직접 입력하여 빛을 통한 상이 눈을 거치지 않아도 보는 것 같은 효과를 낸다.

영화관의 스크린이나 텔레비전 등과 같은 전통적 영상 스크린은 화면의 영역과 그 외부 영역의 구분이 명확해 영상 속 세계에 몰입하다가도 빠른 시간에 현실 세계와 영상 세계를 구분할 수 있다. 그러나 스크린 없는 디스플레이는 화면 영역과 현실 영역의 구분이 없고 몰입도가 커서 우리가 보는 것이 현실인지 비현실인지에 대한 구분이 모호해질 가능성이 있다.

정보와 지식의 효율적인 습득, 영상의 실감 나는 몰입과 체험, 손상된 시력의 대체 등, 스크린 없는 디스플레이 기술이 지닌 긍정적 영향도 있다. 하지만 이것이 현실 인식의 모호성과 영상의 높은 몰입성 등 자극적 특성만을 앞세워 이 기술을 오남용할 경우 나타날 수 있는 부정적 영향 또한 생각해 봐야 한다. 그러한 여건에서 이 디스플레이 기술은 말초적 영상 콘텐츠와 결합할 가능성이 크기 때문이다. 이는 영상 분야의 첨단 기술 발전과 관련해 윤리적 검토가 필요한 이유이기도 하다. (이는 8장에서 자세히 살펴본다.)

2) 영상 디스플레이 기술에 따른 시청자의 위상 변화

영상 디스플레이 기술의 진화와 더불어, 영상을 시청하는 방식은 물론 영상을 수용하는 시청자의 위치와 상태도 변화하고 있다. 전통적 스크린 중 오랜 역사를 지닌 영화관 스크린은 관객과 먼 거리에 고정된 경우가 대부분이다. 영화관 스크린을 통해 영화를 시청하면서 관객 대다수는 주로 같은 곳(전면 스크린, 그리고 그 스크린에서 중요한 상이 맺힌 위치 등)을 응시하며 고정된 의자에 앉아 움직임이 제한된 자세로 영화를 감상한다

TV 보급은 관객과 스크린의 거리를 좁혔다. TV를 보면서 자신이 원하는 편안한 자세를 취할 수는 있으나 대개는 움직임이 제한된 자세로 영상물을 감상한다. 3D 고글과 같은 새로운 도구가 있어야 하는 3D 디스플레이 기술이 영화관 스크린과 관객, TV와 시청자의 거리에는 변화를 가져오진 못했으나, 영상물에 표현된 대상의 움직임에 따라 몸이 반사적으로, 혹은 의식적으로 작용하는 등 (제한적이지만) 동적인 시청 방식을 유도했다.

VR(Virtual Reality) HMD는 영상이 투사되는 곳과 시청자의 거리를 거의 접촉에 가까운 수준으로 좁혔다. 가상으로 구현된 공간에서 관객은 저마다 자신이 원하는 곳을 응시하며 자율적으로 때로는 반사적으로 신체를 움직인다. 스마트 콘택트렌즈는 관객의 신체와 스크린 사이의 거리를 없애고 있다. 이 렌즈를 착용하면 HMD를 사용하며 고개를 움직이는 동작보다 훨씬 섬세하게 눈동자를 움직이며 영상으로 표현된 3차원 이미지를 탐색할 수 있다. 또한 콘택트렌즈를 투과해 보이는 현실 세계와 렌즈로부터 망막으로 투사하는 영상이 더해지면서 영상과 현실의 구분은 더 모호해질 수 있다.

신체의 내부, 즉 신경으로 영상 신호를 입력하는 시냅틱 인터페이스는 비디오카메라가 포착하는 영상을 인식한다는 점에서 현실을 보는 것과 다름없어 보이지만, 카메라가 제공하는 화각, 화질, 색감, 초점 거리 등이 개입되고 무엇보다 전기 신호로 영상을 전달한다는 점에서 완벽하게 영상을 보게 하는 기술이다. 이것은 그 사용자들에게 영상이 곧 현실이고 현실이 곧

영상이 되는, 그야말로 영상과 현실을 구분하기 어려워질 가능성이 크다.

스크린 없는 디스플레이 기술이 불러오는 큰 변화는 전지적 시점에서 서술하던 전통적 스크린의 영화나 텔레비전과 달리 점점 시청자가 1인칭 시점으로 영상에 참여하고 그 세계를 탐색하는 주인공이 된다는 것이다. 이는 결국 영상이 제공하는 다양한 가치 중 스토리나 현실의 이해보다 경험과 체험의 측면이 강해진다는 것을 의미하며 실감과 몰입감을 영상 미디어의 큰 기능으로 내세우게 될 가능성이 크다는 사실을 보여 준다.

REVIEW

- 그림 33은 중세 미술에서 이탈리아 르네상스 미술로의 변화를 보여 준다. 그림 34를 보면 NHL 게임의 1991년 버전과 2020년 버전의 게임 그래픽을 비교할 수 있다. 그림 33에 나타난 변화와 그림 34의 변화는 닮았는가? 그렇다면 어떠한 측면에서 닮았는지, 차이점이 있다면 그것은 무엇인지 생각해 보자.

그림 33 중세의 모자이크 벽화인 이탈리아 성 비탈레 성당의 〈테오도라 왕후와 시녀들〉(위)과 르네상스 회화 〈아테네 학당〉.

그림 34 EA 스포츠의 아이스 하키 비디오 게임 NHL로 위는 1991년 버전 그래픽이고 아래는 2020년 버전 그래픽이다.

- 아침부터 저녁까지 일상생활의 궤적을 좇아가면서 감시용 카메라가 설치된 공간과 설치되지 않은 공간을 기록해 보자. 설치된 공간과 설치되지 않은 공간 중 어느 쪽이 더 많은가?
- 스마트폰으로 시청하는 영상과 집에 있는 텔레비전으로 시청하는 영상은 다른가? 다르다면 어떠한 차이가 있으며 그 원인은 무엇인지 생각해 보자.
- 영상에 대한 몰입과 실감 효과는 아이맥스 스크린, 3D 입체 영상, HMD 등과 같은 현대의 미디어 기술로 인해 더욱 높아지고 있다. 이러한 기술에 인간의 신체가 적응하여 긴장과 몰입이 무뎌진다면 그들을 극대화하기 위해 등장할 디스플레이 기술은 어떠한 형식이 있을지 생각해 보자.
- 스마트 콘택트렌즈처럼 신체와 결합하는 디스플레이가 사회적으로 올바르게 사용될 수 있는 사례와 잘못 사용될 수 있는 사례를 하나씩 떠올려 보자. 그리고 그 두 가지 측면 중 어느 것이 사회에 미치는 영향력이 더 클 것인지에 대해 생각해 보자.

ZOOM IN

- 인상주의 화가 클로드 모네Claude Monet의 〈일본식 다리*Japanese Bridge*〉(1899)와, 〈수련*Water Lilies*〉(1906) 등 많은 작품의 배경이 된 식물 정원을 2017년에 재현한 360도 VR 영상으로 보자. 4분 20초 동안 스마트폰으로 그 영상이 제공하는 인터랙션을 사용하여 처음부터 끝까지 감상한다. 감상의 주체로서 118년 동안 이미지를 보는 방식에 어떠한 변화가 생겼는지 생각해 보자. 또한 캔버스에 그려진 회화 작품을 볼 때와 VR 영상 작품을 볼 때 느껴지는 차이점과 유사한 점에 대해 생각해 보자.

그림 35 클로드 모네의 〈일본식 다리〉.

그림 36 모네의 그림을 360 VR 기법으로 재현한 영상 〈수련의 확장*Water Lilies Extended*〉(Gigoia Studios, 2017).

생물학적 기관을 지배하는 영상의 영향력
: 〈스트레인지 데이즈〉

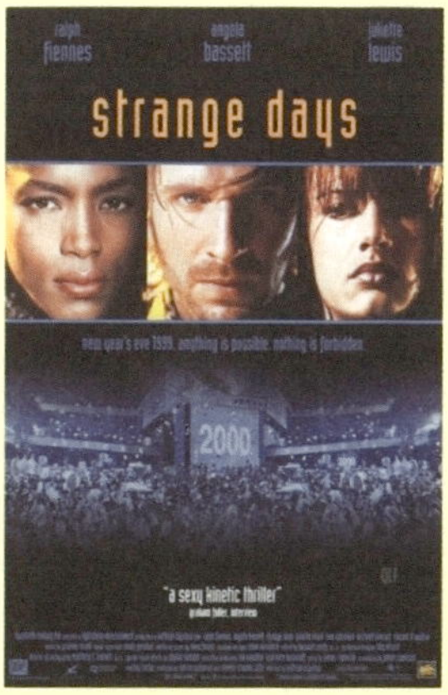

날로 진화하는 영상 디스플레이 기술로 인해, 눈을 통해 망막에 맺힌 상을 보는 것에서 나아가 영상 신호를 뇌로 직접 전달하여 이미지를 인식하는 시대를 맞이하고 있다. VR HMD와 같이 신체에 착용하는 영상 미디어를 넘어, 인간의 기관 중에서도 신체 내부에 있는 감각 기관에 결합하는 물리적 영상 기술이 등장하고 있다. 시력을 되돌리기 어려운 시각 장애인을 위해 이러한 기술은 긍정적인 잠재력과 영향력을 지닌다. 하지만 감각 기관을 직접 통제하는 이러한 기술에서 예상되는 문제는 그리 간단하지 않다.

캐스린 비글로Kathryn Bigelow 감독의 〈스트레인지 데이즈*Strange Days*〉(1995)는 인간의 생물학적 감각 기관을 지배하는 영상 및 기술로 인해 일어날 수 있는 사회 혼란에 대해 생각해 볼 수 있다. 전직 경찰 레니 네로(랠프 파인스)는 폭력, 살인 등이 난무하는 LA 뒷골목에서 스퀴드(Superconductor Quantum Interference Device: SQUID)라고 불리는 뇌파 신경 자극 장치로 사람들의 욕구를 만족시켜 주고 돈을 번다. 이 장치는 특정 장면, 특히 타인 삶의 한 부분을 기록할 수 있고 그것이 재생되는 동안 시청각은 물론, 후각, 촉각까지 동원되어 기록 장면을 실제처럼 체험할 수 있게 하는 불법 기기다. 레니 역시 이 장치를 통해 헤어진 옛 연인 페이스(줄리엣 루이스)를 보는 것에 중독되어 하루하루를 버틴다. 그러던 어느 날 그는 옛 연인의 친구가 남긴 스퀴드에 기록된 사건을 보고 경찰 재직 중 함께 일했던 동료들과 사건 해결에 나선다. 여기서는 〈스트레인지 데이즈〉를 통해 인간 신체에 결합하는 실감 미디어의 영향력과 윤리 측면에 대해 생각해 본다.

실감 미디어의 사용 영역

죽은 이와 만나는 이야기는 영화, 드라마, 애니메이션, 뮤직비디오 등 다양한 영상 콘텐츠에서 종종 다루어지는 소재다. 유령이나 귀신으로 등장하는 망자와의 조우, 서로 다른 시공간을 살아가는 등장인물들이 무전기나 라디오와 같은 미디어를 통해 우연히 연결되어 사랑에 빠지는 로맨스, 꿈속에서 죽은 아내와 생활하며 그것을 현실로 착각하는 주인공의 삶(혹은 꿈에서 깨어나지 않아 결국은 사후 세계에서 그 생활을 영위한 것일 수도 있는 열린 결말), 세상을 떠난 팝 스타와 그의 딸이 함께 노래를 부르는 뮤직비디오에 이르기까지 그 소재와 장르도 다양하다. 〈스트레인지 데이즈〉 역시 마찬가지다. 주인공은 이미 세상을 떠난 연인과 영상을 통해 매일 재회한다.

그러나 〈스트레인지 데이즈〉에서 주목해야 할 것은 바로 스퀴드라고 하는 실감 미디어의 사용을 통한 재회라는 점이다. 영화 속 시대 배경인 1999년에 실제로 영화가 그리는 사회가 현실화되진 않았으나 실감 미디어를 통해 욕망을 실현하고자 하는 요즈음 사람들의 모습을 예언하기라도 한 것처럼 현대 실감 미디어의 발전상과 그 사용 행태를 정확히 예측한다. 오늘날 실감 미디어에 해당하는 VR HMD, 모션 콘트롤러motion controller, 그리고 실제 레포츠 장비의 형태는 물론 물리적 움직임까지 그대로 재현하는 시뮬레이터, 심지어 전신에 착용하는 VR 슈트 등도 영화 속 스퀴드와 같이 시청각적 체험을 넘어 보다 많은 감각을 자극하며 실감 나는 체험을 가능하게 하기 때문이다.

문제는 이러한 미디어를 통해 과연 무엇을 체험할 것인가에 있다. 실감 미디어의 콘텐츠가 주로 현실에서 실제로 체험하기 어려운 것들을 다루어 온 까닭일까? 실제로 〈스트레인지 데이즈〉와 유사하게 실감 미디어를 통해 세상을 떠난 사람을 만나는 텔레비전 프로그램이 제작되었다. 2020년 MBC에서 병으로 세상을 떠난 어린 딸의 모습을 영상으로 재현하여 VR HMD와 글로브 등과 같은 실감 미디어를 착용한 엄마와 재회하게 하는 다큐멘터리 프로그램 〈특집 VR 휴먼다큐멘터리: 너를 만났다〉를 방영한 것이다(2020년부터 2022년 현재까지 모두 세 편을 방영했다. 2020년의 첫 방영 프로그램은 세상을 떠난 딸을, 2021년과 2022년의 프로그램은 각각 고인이 된 아내, 어머니를 가상 현실에서 만나는 내용을 그린다). 방송은 많은 이들의 관심을 집중시켰고 해외의 언론에서도 기사화되었다. 세 편의 프로그램 모두 실감 미디어를 착용한 출연자를 비롯해 그 모습을 지켜보는 가족들까지 눈물을 흘리고 마음 아파하는 모습을 그대로 보여 준다.

이 프로그램은 시청자가 출연자의 슬픔에 공감하도록 하는 것에는 성공한 것처럼 보인다. 그러나 이 새로운 실감 미디어를 통한 체험이 가족을 잃은 이들을 궁극적으로 위로하고 긍정적인 변화를 가져왔는지는 확실한 결말이 없다. 따라서 이러한 가상 현실 체험이 앞으로도 지속할 만한지에 대한 명확한 해답도 찾기가 어렵다. 마치 〈스트레인지 데이즈〉에서 레니가 스퀴드를 통해 페이스를 만나는 것이 순간의 위로에 그칠 뿐 그의 그리움을 해결해 주는 궁극적인 도구가 될 수 없다는 것을 보여 준 것처럼 이 다큐멘터리의 실감 미디어 역시 실질적으로 어떠한 가치를 가지고 궁극적으로 긍정적 영향력을 행사했는가에 대한 답은 묘연한 셈이다.

뇌와 결합하는 미디어 기술이 제기하는 윤리 문제

디즈니 애니메이션 〈코코*Coco*〉(2017)는 세상을 떠난 사랑하는 가족이 음악이라는 매개체를 통해 현실 속의 살아 있는 가족들과 언제나 함께하고 있기에 이제는 슬프지 않다는 희망적인 이야기를 전달한다. 반면에 앞서 언급한 다큐멘터리는 실감 미디어가 보여 주는 고인이 얼마나 사실적으로 재현되었으며 그로 인해 실감 미디어 사용자가 얼마나 효과적으로 감정적 자극을 받는가에 더 주목하는 것처럼 보인다. 이처럼 체험 중심의 사용성에 초점이 맞춰진 미디어, 다시 말해서 감각을 자극하는 하나의 방식으로 이미 현실화되어 뇌와 결합하는 미디어 기술이 제기하는 윤리 문제를 〈스트레인지 데이즈〉를 바탕으로 다음과 같이 성찰해 봐야 한다.

- 중독: 눈을 거치지 않고 뇌로 바로 전달되는 이미지 중 사실처럼 보이지만 현실과 동떨어진 환상을 유사 환각이라 칭하자. 그것은 과거를 기록한 영상일 수도 있고, 가상의 세계를 구현한 것일 수도 있으며, 당신의 욕망을 실현시키는 내용을 담은 영상일 수도 있다. 이러한 영상을 통한 유사 환각 상태의 반복은 중독으로 연결될 가능성이 있다.
- 현실과 허구의 구분 불가 상태: 생물학적 시력을 갖지 못한 채 태어난 사람이 뇌와 연결된 영상 미디어를 통해 누군가가 만들어 놓은 가상 현실 영상을 평생 동안 보고 생활하게 된다면 그것이 가상 현실이라고 인지하지 못할 것이다.
- 광고: 역사적으로 광고는 소비를 설득하기 위해 인간의 감성을 자극해 왔다. 보다 직접적으로 뇌와 연결되어 인간의 모든 감각을 자극하는 광고의 탄생과 개입을 사회적으로 수용할 것인지에 대해 성찰해 보자.
- 오작동: 감각 기관과 연결된 장치의 오작동과 그로 인한 부작용은 심각한 문제를 야기할 수 있다.
- 체험 산업 성행: 복잡하고 위험한 이식 수술을 통하지 않고 뇌와 컴퓨터를 연결하는 기기의 착용만으로 이 기술을 사용할 수 있는 시대가 온다면 이 체험을 상업적으로 제공하는 산업이 등장할 수 있다. 이 경우 사용될 수 있는 영상 콘텐츠는 윤리적인 것부터 비윤리적인 것에 이르기까지 매우 다양할 것이다.

• 관련법 제정: 위와 관련한 문제와 잠재성을 지닌 또 다른 여러 문제를 법적으로 통제하기 위한 입법 및 법 준수 관리 체계가 필요할 것이다.

PICK

신체와 결합하는 실감 미디어의 미래 :〈레디 플레이어 원〉

〈스트레인지 데이즈〉와 같은 문제를 제기하는 영화로 스티븐 스필버그Steven Spielberg의 〈레디 플레이어 원 *Ready Player One*〉(2018)을 들 수 있다. 이 영화에서도 메타버스 속 가상 세계에 몰입하기 위한 각종 실감 미디어 장비가 이야기를 이끌어가는 주된 소재로 등장한다. 그러나 〈스트레인지 데이즈〉에 등장하는 스퀴드와는 몇 가지 차이가 있다. 첫째, 〈레디 플레이어 원〉에 등장하는 실감 미디어는 스퀴드처럼 뇌와 결합하는 것이 아니라, 오늘날의 실감 미디어인 VR 헤드셋, VR 슈트, 시뮬레이터 등과 같이 착용하는 것을 위주로 한다. 둘째, 실감 미디어로 체험하는 가상 세계의 차이다. 〈스트레인지 데이즈〉의 스퀴드를 통해 몰입하는 가상 현실은 주로 사용자가 기록한 과거의 사건임에 반해 〈레디 플레이어 원〉의 각종 실감 미디어가 제공하는 가상 세계는 실제 인물을 대체하는 또 다른 자아, 즉 아바타들이 상호 작용하며 살아가는 현재 진행형의 메타버스다. 이러한 차이를 바탕으로 신체와 결합하는 실감 미디어가 앞으로 어떻게 사용될 것인지 다양한 측면에서 검토할 수 있다.

〈레디 플레이어 원〉은 2045년 황폐해진 세상을 배경으로, 현실에서 벗어나 자신의 아바타로 모든 것을 할 수 있는 가상 현실 세계인 오아시스OASIS를 둘러싸고 펼쳐지는 사건을 그린다. 오아시스는 사람들이 현실을 탈피해 머물며 안식과 삶의 즐거움을 얻을 수 있는 공간인 만큼 그 경제 가치는 이미 현실 세계를 능가한다. 오아시스의 창시자가 이 가상 세계에 자신이 숨겨둔 세 개의 이스터 에그를 찾는 사람에게 거액의 상금과 오아시스의 소유권을 주겠다는 유언을 남기자, 이를 찾으려는 주인공 웨이드 와츠(타이 셰리던)가 살인도 마다하지 않는 등 온갖 부당한 방법으로 경쟁하는 대기업 IOI에 맞선다.

〈레디 플레이어 원〉과 〈스트레인지 데이즈〉가 보여 주는 미래 사회의 모습, 사람들이 선망하는 대상과 가치, 실감 미디어의 특징, 가상 세계의 특성 등은 서로 다르다. 그러나 두 영화가 공통으로 제시하는 유사한 미래가 있다. 그중 하나는 사람들이 실감 미디어를 사용하여 현실을 탈피하고 가상 현실에 그들의 삶을 의존하려는 모습이다. 또 다른 하나는 가상 현실에서 '나'라는 주체를 망각하고 싶어 한다. 〈스트레인지 데이즈〉는 사람들이 스퀴드를 통해 타인의 경험을 즐기려 하고, 〈레디 플레이어 원〉은 현실 속의 '나'와는 전혀 다른 아바타로 가상 세계 속 삶을 살아간다.

두 영화가 제기하는 문제를 우리 시대의 기술적, 사회적 맥락에 적용해 보면, 현실을 탈피하고 나를 망각하기 위해 감각 기관을 지배하는 영상 미디어에 습관적으로 의지한다는 것은 약물 중독만큼이나 위험한 일임을 알 수 있다. 신체와 결합하여 체험의 몰입을 극대화하는 실감 미디어의 발전 방향에 대한 고려와 사유가 필요한 이유도 그 때문이다.

REVIEW

- 〈스트레인지 데이즈〉에서 아이리스가 잔혹하게 살해당하는 장면을 보면 스퀴드가 살인 도구로 사용된다. 시냅틱 인터페이스나 브레인 컴퓨터 인터페이스가 이와 같이 원래의 의도와는 다르게 비윤리적으로 사용될 수 있는 경우와 이를 막기 위한 방안에 대해 생각해 보자.
- 신체장애를 입은 이들을 위한 보조 기계 장치, 예를 들어 로봇 팔이나 로봇 다리 등과 시각 장애를 극복하기 위해 인간의 감각 기관과 결합하는 디스플레이 기술의 공통점과 차이점은 무엇인가?
- 〈스트레인지 데이즈〉와 〈레디 플레이어 원〉에 나오는 기술을 활용하는 체험 산업이 존재한다고 가정할 때, 상업적으로 가장 큰 성과를 거둘 콘텐츠로 어떠한 것들이 생각나는가? 그 콘텐츠는 윤리적인가 비윤리적인가?

4장

영상의 의미와 이데올로기

앞서 영상 언어와 역사를 통해 영상 미디어 발전이 일으키는 인식론적, 사회적, 문화적 문제가 어떤 것이고 향후 어떤 문제를 제기할 것인지를 살펴보았다. 이 장에서는 영상 미디어를 통해서 어떤 의미가 어떻게 전달되고 있으며, 그 사회적 영향은 어떻게 발생하는지를 알아본다. 우리 일상을 가득 채우고 있는 다양한 영상의 의미를 읽어 내기 위해 프레임, 환유, 은유 같은 영상의 수사법을 알아야 할 뿐 아니라, 이러한 영상 기호가 생산하고 유통하는 우리 사회의 지배 가치와 이데올로기, 신화를 이해해야 한다. 영상 효과가 큰 만큼 영상이 생산하는 불평등과 억압의 효과도 크다. 따라서 영상 기호 의미와 이데올로기 작동 방식을 이해하는 일은 영상 미디어 시대에 필요한 사고력과 표현력을 키우는 것이며, 영상 문화에 작동하는 권력 효과를 이해하는 것이기도 하다.

1. 영상의 의미 생산

1) 프레임과 의미 생산

회화든 사진, 영화, 텔레비전으로 보는 영상이든, 이들은 시각 커뮤니케이션의 원칙에 따라 의미를 생산한다. 그뿐만 아니라 그동안의 영상 경험을 통해서 익숙해져 있는 색, 형태, 대상의 상징성을 차용해서 의미를 생산한다. 카메라의 프레임frame은 현실에서 일정한 부분만을 '떼어낸다take a picture'는 점에서 원초적이면서 중요한 시각적 의미를 생산해 낸다. 카메라로 무엇을 포착하는가에서부터 영상은 이미 찍는 사람이 그 영상을 통해서 어떤 메시지를 전달하려고 했는지를 내포한다.

영화나 유튜브의 동영상은 시간적 전제에 따른 선적인 내러티브에 주로 의지한다. 반면 정지 상태의 예술 사진, 광고 사진, 저널리즘 사진 등의 정영상은 프레임 내부에 표현된 요소들 사이의 공간적 관계 때문에 주로 의미를 생산한다. 따라서 영화 중 한 컷을 사례로 다루는 것과 영화 자체를 분석 대상으로 삼는 것은 큰 차이가 있다. 정지 화면으로서 영화의 한 장면은 카메라의 움직임과 편집이 중요한 영화적인 동영상의 수사법과는 다르기 때문이다. (5장에서 좀 더 상세히 살펴본다.)

프레임의 효과: 프레임 속 세계와 현실 세계의 대비

사진은 지속적인 시간과, 공간으로 이루어진 현실에서 특정 시간에 특정한 공간 배치 상태의 현실을 특정 시각에서 카메라 프레임 내에 들어온 것만을 선택적으로 '잡아낸 것'이다. 우리가 현실을 이해하는 총체적 방법이 아니라 '하나의' 방법이다. 다시 말해서 프레임은 프레임 내부의 세계와 프레임 외부의 현실 사이를 단절시키는 원초적 사진 영상이 전달하는 의미의 기본 틀이다. 카메라의 프레임 효과가 가장 극명하게 드러나는 것은 사건 현장을 찍은 '저널리즘 사진'이다.

사건은 철저한 조사가 없이는 진상이 어떠하고 무엇이 진실인지 잘 알 수 없다. 사건 현장에서 사진을 찍는 기자들은 자신 앞에서 빠르게 전개되는 사건의 결정적 장면을 순간적으로 포착해야 하므로 사냥감을 쫓아 정확한 순간에 총을 쏴야 하는 사냥꾼과도 흡사하다. 다행히 기자는 여러 컷을 연달아 누를 수 있고, 그 결과로 찍힌 수십 장의 사진은 대부분 편집부가 그 신문의 논조와 가장 잘 어울리는 것으로 선택하여 지면에 싣는다. 이 과정에서 신문이 선호하는 의미를 전달해 주는 프레임을 지닌 사진이 선택되는데, 그 사진의 일부를 확대할 수도, 원치 않는 일부를 잘라낼 수도 있다.

이러한 저널리즘 사진의 프레임 작동 원리가 가장 잘 드러나는 것은 시위 현장 사진이다. 시위는 시위자와 이를 저지하는 경찰력 사이의 대립으로 벌어지기 때문에 신문이 어느 편의 대의명분에 동의하는가에 따라 서로 다른 사진을 게재할 수 있다. 현장에서 벌어진 행동 중 한 장면만을 우리에게 보여 주고 다른 부분을 보여 주지 않음으로써, 사진은 현실에 대해 이미 '선호된 해독preferred reading'이 내포된 의미를 전해 준다.

프레임 효과의 두 번째 작동원리는 클로즈업과 현실 사이의 의미 생산에 관한 것이다. 그것은 한 장면 안에서 한 부분만 클로즈업해서 프레임함으로써 알아볼 수 있다. 이때 영상의 의미는 클로즈업된 부분과 되지 않은 부분 사이의 관계 때문에 '선호된 의미preferred meaning'가 생산된다.

영상의 의미는 고정되어 있지 않고 다양한 방식으로 해석될 수 있는 여지, 즉 다의미성polysemy을 지닌다. 가능한 한 정확한 의사 전달을 위해 고안된 자연 언어나 모스 부호 또는 교통 신호 체계와 같은 일반 기호 체계와 달리, 하나의 영상은 관람자의 교육 정도, 계층 및 계급성, 정치적 성향, 미적 성향, 감식안 등 사회문화적으로 습득된 요소에 따라 서로 다르게 이해될 수도 있다.

2) 영상의 내러티브와 수사법

내러티브narrative란 사실이든 허구든 하나의 이야기를 연속된 장면으로 조직화시키는 장치, 전략 관습을 의미한다. 내러티브는 'A가 B를 만났다'처럼 더는 나뉘지 않는 단위로 이루어진 구성plot과 '옛날 옛적에 어느 마을에 착한 영감이 살고 있었다'처럼 그 내용이 관련된 방식인 서술narration로 구분할 수 있다. 내러티브라고 할 때, 우리는 동영상 미디어를 통해서 전달되는 이야기 구조만을 떠올리는 경향이 있다. 그러나 여러 장면으로 구성된 사진이나 만화, 움직이는 영상만이 이야기를 전달하는 것이 아니라, 하나의 정지된 영상 또한 이야기를 전달할 수 있다. 하나의 정영상은 과거 어느 순간을 포착하여 그것을 단지 하나의 순간, 혹은 하나의 현재인 양 우리에게 전달하지만, 그 순간 전후의 요소 또한 동시에 담고 있어서 그 정지된 영상으로부터 떠오르는 관념은 충분히 이야기 구조를 지닌다.

여러 장면으로 된 만화나 움직이는 영상만이 이야기를 전달하는 것이 아니라, 하나의 정지된 사진이 관람자의 상상력과 이야기를 추구하는 본능을 자극하기 때문에 훨씬 강렬하게 이야기를 전달할 수도 있다. 특히 광고 사진은 현재만을 보여 주는 정영상에서 수용자가 과거와 미래를 스스로 구성하도록 유도하는 영상 기호를 배치함으로써 수용자의 시선을 끌어들이는 경우가 많다.

하나의 영상을 지배하는 내러티브는 단지 시간적 선후와의 관계에서 형성될 뿐만 아니라 문화적 맥락과의 관계에서도 형성된다. 한 문화에 익숙한 장면이나 기억을 패러디하는 영상이 대표적 사례다. 서구 기독교 문화권에서 그리스도의 죽음은 수없이 많은 그림으로 그려졌으며 그 문화권에서는 누구에게나 익숙한 장면이다. 체 게바라의 죽음을 촬영한 사진과 에이즈 환자의 죽음을 담은 베네통 광고에서조차 무의식적이었거나 의도적으로 그 문화권이 가진 공동의 기억을 패러디하고 있음을 알 수 있다.

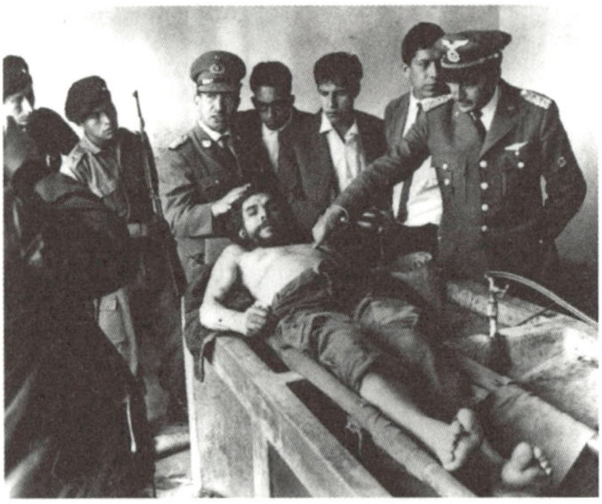

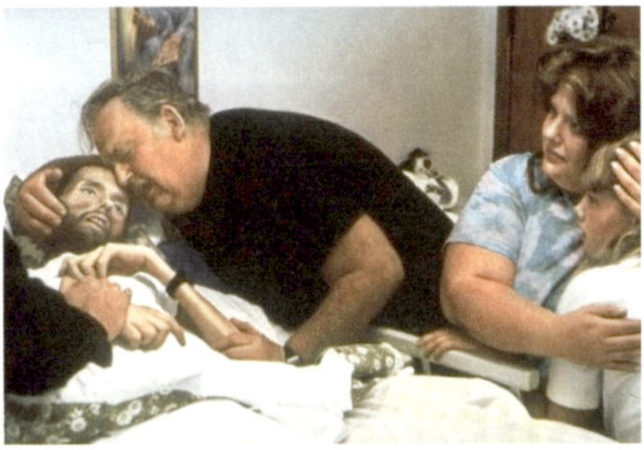

그림 37 위: 중세 시대 이탈리아 화가 안드레아 만테냐Andrea Mantegna의 〈그리스도의 죽음을 애도함*The Lamentation over the Dead Christ*〉(1490). 가운데: 1967년 10월 10일 볼리비아 발레그란데 마을의 마구간에서 군인들이 체 게바라의 시신과 함께 포즈를 취한 사진. 아래: 에이즈 환자의 죽음을 다룬 베네통 광고.

외연적 의미와 함축적 의미

페르디낭 드 소쉬르Ferdinand de Saussure의 구조주의 언어학의 영향을 받은 기호학자 롤랑 바르트Roland Barthes는 현대 사회에서 기호sign에 대한 일반 이론을 구상한다. 그는 기표와 기의로 이루어진 기호의 작용을 설명하면서 현대 사회의 신화와 이데올로기 분석의 방법론을 제공한다. 기표signifier는 기호의 의미를 전달하는 실체적인 것으로 컴퓨터 모니터로 보이는 디지털 이미지나 영상, 프린트로 출력된 영어 단어, 이어폰으로 들리는 소리 등을 뜻한다. 예를 들어 K팝 뮤직비디오에서 아이돌 그룹의 이른바 칼군무 퍼포먼스는 인간 신체가 도달할 수 있는 궁극의 매력을 상징하는 기표다. 마치 손을 이루는 손바닥과 손등의 그것처럼 기표와 기의signified 간 상호 작용이 바로 기호라고 할 수 있다. 기의는 우리가 기표를 보고 들으면서 생각하는 정서적 의미를 말한다. 또한 각 문화권마다 같은 기표를 대할 때도 문화권 나름의 정서에 따라 각기 다른 의미를 생각할 수 있다. 예를 들어, 우리 문화권에서 까치는 좋은 소식을 알리는 길조이지만 서양 문화권에서는 그렇지 못하다.

또한, 영상의 기호는 '밥'이나 '비'처럼 직접적이면서 객관적으로 사물을 지시하는 외연적 의미denotative meaning를 지니는 동시에, 그것을 간접적이면서 주관적인 의미로 해석하는 함축적 의미connotative meaning라는 2단계의 의미 작용 체계를 가진다. 여기서 외연적 의미는 기호의 표면적이고 지시적 의미를 뜻하지만, 함축적 의미는 기호의 표면적 의미를 역사적, 문화적, 사회적으로 재해석할 때야 비로소 발생하는 주관적 의미를 뜻한다. 예를 들어, 밥은 지시적인 의미로 쌀을 익혀서 먹는 음식을 뜻하지만, 우리 문화권에서는 직업과 생계라는 함축적 의미로 해석된다. 서양 문화권에서는 '밥' 대신 '빵'이 이 의미를 대신한다. '비' 역시 구름의 수증기가 응결해 물방울이 떨어지는 자연 현상을 지시하지만, 영화나 드라마에서 '비'가 내리는 것은 주인공이나 등장인물의 슬픈 감정을 의미하기도 한다. 디지털 사진 이미지의 의미 작용 체계 역시 살펴보면, 디지털카메라 렌즈에 포착된 '인물'이나 '숲'이라는 대상이 빛에 의해 반사되어 이미지 센서에 상이 맺혀진 결과라는 1차적 단계의 외연적 의미를 만든다. 이러한 디지털 사진 이미지의 외연적 기능에 2차적 단계의 함축적 의미를 만드는 것은 카메라의 위치와 초점, 구도, 각도, 조명 등 카메라를 매뉴얼 기능으로 조작하는 인간의 선택이 내포된 것을 알 수 있다. 예를 들어, 인물 사진을 보고 우리는 그가 누구인지 아는 외연적 의미를 알 수 있을 뿐만 아니라 그것이 예리한 초점sharp focus으로 찍혔을 때와 부드러운 초점soft focus으로 찍혔을 때 서로 다른 의미를 내포하고 있음을 알 수 있다. 이처럼 영상은 무엇인가를 찍었다는 점에서 반드시 외연적 의미를 전달하는 동시에 그것이 어떤 색, 움직임, 조명, 초점, 구도 등으로 처리되었느냐에 따라서 함축적 의미를 생산한다.

3) 영상의 환유와 은유

구조주의 언어학자인 로만 야콥슨Roman Jakobson에 따르면 환유metonymy와 은유metaphor는 의미를 소통시키는 두 가지 기초적인 양식이다. 따라서 영상 또한 환유와 은유를 통해서 의미를 전달한다. 환유는 어떤 것의 전체를 표현하기 위해 한 부분 또는 한 요소를 사용하는 것을 말하고, 은유는 잘 알려지지 않은 것을 알려진 것을 통해서 표현하는 표현법이다.

영상의 환유법

야콥슨은 환유를 소설 특히 리얼리즘 소설의 특징적 양식으로 본다. 리얼리즘 작가는 현실을 설명하기 위해서 모든 것을 설명하는 듯하지만, 실제 현실의 모든 것을 기술한다는 것은 불가능하고 현실 일부분만을 선택하여 설명함으로써 전체에 대한 시각을 전달하는 셈이다. 이러한 시각에서 볼 때 복잡한 현실 일부만을 택해서 전달하는 뉴스는 본질적으로 '환유적'이며, 도시 전체를 몇몇 무대 장치로 표현하거나 복잡한 인간관계를 유형화된 몇 가지 조합으로 표현하는 TV 드라마 또한 환유적이다.

환유는 부분만을 전달함으로써 전달되지 않은, 또는 표현되지 않은 전체를 수용자 스스로가 구축하도록 유도한다. 이것을 기호학적 의미 생산 과정에서 통합체 관계로 작용한다고 말할 수 있다. 여기서 통합체syntagm란 의미화가 된 전체를 구성하기 위해서 가능한 요소들의 집합인 계열체paradigm에서 선택된 단위들의 드러나 있는 조합을 말한다. 예를 들어 저널리즘 사진은 인물, 사물, 몸짓 등 시공간상의 여러 영상 요소가 조합을 이루는 시각적 통합체다.

뉴스의 전형적인 환유법을 볼 수 있는 것은 외신 보도다. 미국 행정부나 국회의 움직임에 대해 보도하면서, 또는 미국 대통령과 행정부 지도자들의 행보를 설명하면서 특파원은 자주 '백악관에서는'이라고 표현한다. 마찬가지로 '실리콘밸리'라든지 '할리우드'라는 지명이 IT나 영화와 같은 특정 산업의 동향을 지칭하기도 한다. 마찬가지로 프랑스의 소식을 전하면서 마이크를 잡은 기자는 내용과 아무 상관이 없는 개선문을 배경으로 보도한다. 이것은 시청자들이 잘 아는 지명이나 건물로 미국이나 프랑스라는 나라 전체를 지칭하는 환유법이다. 이러한 수사법은 뉴스 진행을 부드럽게 해 주기는 하지만, 정보의 주체 또는 행위의 책임자가 구체적인 개인 또는 책임 소재 관청으로 지적되지 않고 모호하게 백악관, 엘리제, 여의도라는 식으로 뉴스가 보도되어 책임 소재를 회피하게 될 수 있다.

텔레비전 드라마는 현실 속에 존재하는 다양한 가족의 모습, 인간 군상, 삶의 모습 중에서 특정한 계층, 직업, 성적 고정 관념, 가족 갈등, 장소, 행위 등을 집중적이고 편파적으로 보여 준다. 시청자는 이것을 통해 우리가 속한 사회구성원의 일반적인 삶과 가족관계를 추정하게 한다는 점에서 드라마 또한 환유적으로 작용한다고 볼 수 있다.

영상의 은유법

야콥슨에 따르면 은유는 시의 특징적 양식이다. '자식 농사를 짓는다'라는 은유적 표현은 한국의 가족 문화에서 '자식 기르기'가 차지하는 중요성을 농경을 중시하는 우리 문화적 언어로 표현해 거듭 강조할 뿐만 아니라 새로운 표현 이미지를 생성한다.

영상의 은유법에서도 '농사짓다'와 '자식을 기른다'처럼 두 가지 의미의 기호를 병치하거나 상호 삽입함으로써 새로운 의미를 창출한다. 예를 들어 '스포츠 러닝화'를 광고할 때, 그 러닝화를 신고 달리는 주자와 함께 레이싱 경기장의 코너를 민첩하게 돌아서 결국 우승하는 강력한 스포츠 경주용 차를 배치한다고 하자. 이 광고는 러닝화가 평범한 스포츠화가 아니라 달릴 때보다 더 강력한 기능을 가졌다는 새로운 의미를 창출하는 것을 목표로 한다는 것을 알 수 있다. 따라서 광고는 본질적으로 은유적이다. 광고는 광고하고자 하는 제품과는 다른 이미지의 영상 요소를 병치해 그 요소가 갖는 가치와 이미지를 그 제품도 같이 갖고 있다고 주장한다. 그 결과 그 제품만이 가진 독특한 이미지를 생성하는 것이다. 이것은 기본적으로 시청각적인 것이기도 하지만 무의식적인 기억과 이미지 연상 차원에서도 작용한다. 은유는 능동적일 뿐만 아니라 상상력을 갖고 이해해야 하기에 광고주는 광고에 사용된 은유법을 통해 수용자에게 보다 더 많은 협력을 요구할 뿐만 아니라 수용자에게 광고가 보여 주는 상품의 주장에 대해 더욱 민감하게 반응하기를 원한다.

4) 약호

약호codes란 한 문화의 구성원들 사이에서 명시적으로든 암시적으로든 의미를 전달하기 위해 합의된 규칙 혹은 약속을 말한다. 그 약호가 한 사회의 얼마나 많은 사람에 의해서 공유되느냐, 그리고 같은 약호를 지니게 되는 사람들의 집단(공동체)을 결정하는 요소는 무엇이냐를 연구하는 것은 약호뿐만 아니라 그 사회를 파악하는 데 중요한 일이다.

교통 신호와 같은 한 사회, 나아가 전 지구인이 이해하고 같게 해석하는 약속된 기호가 있는가 하면 국가의 국민, 특정 직업인, 또는 일정 수준의 교육을 받고 교양을 쌓은 사람만이 해석할 수 있는 기호가 있다. 이 사람들이 하나의 기호를 그처럼 동일하게 이해할 수 있는 것은 그들이 기호와 의미 사이의 약호를 알고 있기 때문이다. 다시 말해서 약호는 한 사회와 문화에서 여러 가지 기호를 통해 의사소통을 가능하게 하는 약속이다.

모든 문화 산물이 기호로 작용할 수 있듯이 약호의 종류와 영역은 이항약호binary code, 미학적 약호, 표시적 약호, 비언어적 약호, 기술적 약호 등 매우 넓다. 비언어적 약호의 예를 들어보자. 나라와 문화권에 따라 개인이 만나 인사하는 방법으로 악수, 허리 굽혀 인사하기, 볼 키스의 횟수, 껴안기, 코를 맞대기 등 각기 다르다. 또한 친근한 개인이 서로 대화할 때 갖는 적당한 거리 각기 30cm, 50cm, 70cm, 1m 등으로 다르다. 처음 만난 사람들 사이에서 유지해야 할 거리, 즉 모르는 사람과 어색함을 느끼지 않는 거리나 길거리에서 줄을 설 때 앞사람과 유지해야 하는 거리 역시 문화권과 나라에 따라서 서로 다르다. 이러한 비언어적 기호에 대한 약속은 그 사회구성원들이 의식하지 못하는 사이 학습되는 것으로, 이 약호가 깨지면 심한 불안 또는 위협, 의심을 품게 된다. 친한 사람들 사이에서 볼에 키스하는 문화권에서 친구가 악수만 청한다면 상대방은 그가 화가 났는지 의심할 것이다. 처음 만날 때 서로 1m 이상의 거리를 유지하며 대화하는 문화에서 50cm 앞으로 상대방이 다가온다면 불쾌감과 위협을 느낄 것이다.

그러나 모든 기호가 특정 사회에서 늘 같은 의미를 지니는 것으로 해독되지는 않는다. 그것은 우선 영상 기호가 지니는 필연적인 함축적 의미 때문에 영상이 정확한 정보를 전달할 수 없기 때문이다. 두 번째는 문화권 사이의 약호 차이만 존재하는 것이 아니라, 한 사회에서도 해독 약호의 차이가 존재하기 때문이다. 하나의 대상이 어떤 각도에서 찍혔느냐에 따라 함축적 의미가 달라지는데, 그러한 표현의 선택을 지배하는 약호를 모른다면 해독자의 이해는 사진작가의 의도와 매우 빗나갈 수도 있다. 따라서 영상 혼자서는 정확한 메시지 전달을 수행하는 것이 거의 불가능하다.

예를 들어보자. 에이즈를 광고에 이용하는 등 사회적 논쟁을 불러일으키는 광고 사진으로 유명한 베네통 광고(그림 38)를 보면 그 기획 의도가 잘 드

그림 38 인종적이고 서구 문화적인 스테레오타입이 잘못된 것임을 보여 주는 베네통 광고.

러난다. 미소 짓는 백인 어린이는 금발의 곱슬머리에 파란 눈으로 등에 날개만 달면 서양 회화나 영화에 등장하는 아기 천사의 모습 그대로다. 그러나 흑인 어린이는 굳은 얼굴에 머리 모양은 뿔이 쫑긋하게 솟은 악마를 연상시킨다. 여기까지만 해독한다면 이 사진의 의미는 명백하게 하얀 천사와 검은 악마라는 인종적이고 서구 문화적인 스테레오타입을 강조한다. 그러나 두 어린이가 꼭 껴안고 있는 모습은 바로 이러한 흑백 스테레오타입이 잘못된 것임을 주장한다.

영상으로만 정확한 정보를 전달할 수 없다는 것은 매우 중요한 사실이다. 특히 우리가 저널리즘 사진을 접할 때는 어떻게 사진의 제목이나 설명 텍스트가 그 사진의 다양한 함축적 의미를 하나의 뜻으로 고정하는가를 잘 살펴봐야 한다. 이처럼 문화권 사이의 약호의 차이만 존재하는 것이 아니라, 한 사회에서도 개인의 나이/세대와 같은 역사적 경험, 계층과 계급, 교육, 인종, 성별에 따라 서로 다른 약호가 작용하여 동일한 기호로부터 서로 다른 의미를 해독할 수 있다.

2. 영상의 이데올로기 효과

영상이 사회에서 궁극적으로 담당하는 신화myth와 이데올로기ideology라는 두 개념을 살펴보자.

1) 신화

롤랑 바르트는 함축적 의미로 표현한 기호의 이데올로기적 의미를 설명하기 위해 신화를 사용한다. 바르트에 따르면 신화는 관습과 약호 등이 감춰진 집합이며 어떤 특성을 공유하는 집단에 통한다. 신화는 보편적이면서도 우리 사회에 당연하게 주어진 것으로 이해되는 의미를 지닌 무엇이다. 따라서 신화는 특정 사물이나 영상의 함축적 의미가 특별한 역사적 시공간에서 만들어진 것임에도 모든 시대와 사회에 외연적으로 자연스럽게 보이게 한다.

또한 바르트는 신화를 '잘못된 믿음' 또는 고대의 세계 인식 체제 등을 지칭하는 것에서 분리해 '추상적 문제를 개념화하는 문화의 한 방식'이라는 인류학적인 의미로 대체하고, 이것을 대중문화에 적용하였다. 바르트는 함축적 의미를 기표 차원의 2차 의미로 이해한다. 또 신화를 기의 차원에 적용하는 의미 작용의 2차 단계로 이해하며, 이것을 통해서 문화의 구성원들이 특정 토픽이나 사회적 경험을 개념화한다고 본다.

애초에 구조주의에서는 특정 기호의 의미를 외연적 의미와 함축적 의미로 나누어서 설명하려는 경향이 있었다. 즉 의미 작용의 1단계로서 외연적 의미는 기호의 상식적이고 명백한 의미이고, 의미 작용의 2단계로서 함축적 의미는 기호가 사용자의 느낌이나 정서, 문화적 가치 등과 결합하여 발생하는 의미다. 그러나 바르트는 여기에서 그치지 않고, 의미 작용의 3단계인 현대의 신화 생성 과정을 강조한다. 그에 따르면, 신화의 생성 과정은 함축적 의미를 기표로 삼아 그 속에 숨겨진 사회문화적 함의를 찾아내는 과정이다.

바르트는 이미지의 내포적 의미와 관련된 문화적 가치관이나 믿음에 대해서 신화라는 단어를 사용한다. 그에 따르면, 신화는 특정 집단의 감추어진 규칙이나 관습이 신화 전체에 보편화하는 것을 뜻한다. 따라서 신화를 통해 특정한 사물이나 이미지에 내포된 의미가 외연적으로 드러나게 되는 셈이다. 바르트는 잡지 〈파리 마치*Paris Match*〉 표지(1955)에서 프랑스 국기에 경례하는 흑인 소년 병사의 이미지가 프랑스라는 국가가 인종에 상관없이 누구나 충성을 다해 봉사하는 위대한 다민족 공화국이라는 메시지를 발생시킨다고 보았다. 이 표지는 아프리카에서 프랑스가 지난 수세기에 걸쳐 자행했던 제국주의 역사를 지웠을 뿐만 아니라 식민주의를 더욱 확고히 한다고 본 것이다.

그림 39 프랑스 국기에 경례하는 어린 흑인 병사를 실은 〈파리 마치〉 표지.

한국의 사례를 들어보자. 2000년대 초반까지 초등학교 바른 생활의 보조 교재로 사용된 《생활의 길잡이》에 등장하는 가족 그림에는 무릎을 꿇고 앉아 있는 어머니가 갓 태어난 아기를 안고 있고 양반다리를 한 아버지가 그 모습을 바라보며 행복한 표정을 짓고 있는 그림이 등장한다. 이러한 삽화의 외연적 의미는 '가족'이고 함축적 의미는 '2000년대 이후 핵가족 시대의 행복하고 완전한 가족'이겠지만, 이 도상 기호는 이성애heterosexuality, 부부간의 역할 분담, 어머니다움, 가부장 등 우리 사회의 가족에 대한 고정 관념을 의심할 수 없는 신화 차원에서 재현한다.

그림 40 2019년 초등학교 《여름 1-1》.

한편 2019년 초등학교 1학년 1학기 여름 교과서에 표지 그림에서는 아버지로 보이는 남성이 육아 일부를 담당하는 모습이 보이기는 하지만, 여전히 어머니로 보이는 여성은 무릎을 꿇고 앉은 채 집을 상징하는 사각형의 돗자리 안에서 아이를 바라보는 것으로 표현한다. 1970년대 초등학교 사회 교과서에 등장하는 가족 그림처럼 한복 차림의 어머니와 아버지, 그리고 남자아이인 나를 포함해 세 명의 자녀까지 등장하지는 않지만, 반세기 가까이 지난 현재에 이르기까지 교과서는 피부색이 같은 양친 부모와 자녀로 구성되는 정상 가족 신화와 더불어 여성에게 여전히 일방적인 어머니다움을 강요한다는 사실을 알 수 있다.

2) 이데올로기

마르크스주의에 따르면, 이데올로기는 계급 사회에서의 지식과 의식을 모두 포함하는 사회관계 속 의미 작용을 뜻하며, 지배 계급의 이데올로기가 당대의 지배적 이념이 된다. 또 이데올로기는 지배 계급의 이데올로기가 대중에게 투사된 일종의 허위의식이다. 그러나 후속 연구와 역사적 경험을 통해서 자본주의가 지배하는 사회에도 자본주의를 정당화하고 존속시키는 지배 이데올로기만 존재하는 것은 아님이 밝혀졌다. 서로 대립하는 이데올로기, 즉 페미니즘, 마르크스주의, 하위문화처럼 대항적 이데올로기가 서로 투쟁 중이라는 것이다. 여기서 이데올로기는 사회에서 살아 있는 가치나 신념을 공유하는 시스템이기도 하다. 그 사회의 개개인들은 이것을 통해 그 사회의 규칙, 제도, 계급 구조 등과 관계를 맺게 된다. 따라서 이데올로기는 우리 사회의 반공 이데올로기처럼 특정한 생각, 가치가 우리 일상에 물이 스며들 듯이 스며들게 만드는 방식을 뜻한다.

마르크스주의와 정신분석학을 결합한 루이 알튀세르Louis Althusser는 우리가 무의식적으로 이데올로기에 의해 주체라고 느끼고 행동하도록 만들어진다고 본다. 이탈리아의 마르크스주의 철학자 안토니오 그람시Antonio Gramsci는 어떻게 지배 이데올로기가 항상 유동하면서 다른 가치와 경쟁하는지를 설명하기 위해 다음에 설명할 '헤게모니'라는 용어를 사용한다.

흔히 사람들은 이데올로기를 선전propaganda의 맥락에서 이해하곤 한다. 거짓 재현으로 사람들을 유혹해서 마치 그것이 자신들의 이익을 위한 것이라는 믿음을 갖게끔 만드는 과정으로 생각하는 것이다. 이와 같은 방식으로 이데올로기를 이해할 경우 이데올로기적 행동은 무지의 소산으로 간주하며, '이데올로기'라는 용어는 경멸적 함의를 갖는다. 그러나 이데올로기는 이보다 훨씬 더 보편적으로 모든 순간에 작동한다. 우리가 인지하건 못하건 간에, 이데올로기는 우리가 관여하는 평범한 일상 곳곳에 존재한다. 이데올로기를 사회 구조에서 다양하게 공유되는 가치관이나 믿음을 뜻하는 광의의 의미로 이해해야 한다. 예를 들어 자유, 진보, 가정의 소중함, 모성애, 연애 등 특정 가치가 일상생활의 자연스럽고 당연한 측면인 양 보이는 것은 그것이 이데올로기로서 우리를 이러한 가치의 주체로 끊임없이 생산하기 때문이다. 그리고 우리는 이미지나 미디어 재현을 통해 특정 관점을 공유하거나 특정 가치관을 갖도록 끊임없이 설득당하며 살아가고 있다(Sturken & Cartwright, 2001/2011).

3) 헤게모니

이데올로기가 주체를 구성한다는 알튀세르의 이론에 따르면 주체의 자율성을 상실한 인간은 스스로 사회를 변화시킬 수 없다. 이러한 이데올로기 개념은 경제적으로나 사회적으로 열등한 약자들이 어떻게 지배 이데올로기에 도전하거나 저항resistance해 왔는지, 저항할 수 있었는지 설명할 수 없다. 그람시의 헤게모니 개념은 지배 이데올로기에 대한 저항이 어떻게 가능한지를 설명해 주기 때문에 강력한 지배 이데올로기 상황에서도 어떻게 사회 변동이 가능한지를 설명해 준다.

그람시는 지배 이데올로기는 지배 계급이 지배하는 억압적 힘이 아니라 우리 주변에서 끊임없이 설득하는 힘이라고 말한다. 어떠한 집단도 절대적인 권력을 쥐고 있지 않으며 권력은 지배 계급과 피지배 계급 간의 투쟁에서 이루어지는 관계라고 그는 본 것이다. 헤게모니를 가진 계급은 지배 이데올로기를 아주 자연스럽게 작동시킬 수 있지만, 권력 변화에 따라 지배 이데올로기는 변할 수밖에 없다. 예를 들어, 박정희 대통령이 집권했던 시기에 반공 이데올로기가 어느 시기보다 강하게 작용했던 것을 알 수 있다. 그러나 시간이 흐르고 남북정상회담이 몇 차례 이루어지면서 지나친 반공 이데올로기보다는 상호 공존이 더 이롭다고 생각하는 대항 이데올로기로 어느 정도 자리를 잡게 된 것을 알 수 있다. 우리 사회의 전통적 성차별 이데올로기 역시 그에 대한 대중의 사회 인식이 개선되면서 양성평등 이데올로기와 같은 대항 이데올로기가 긴장감을 형성하면서 우리 사회의 문화를 재규정하고 있음을 알 수 있다. 헤게모니 개념은 결국 신화와 이데올로기가 고정되어 있지 않다는 점, 지배 이데올로기가 끊임없이 바뀌고 있다는 점을 강조하고, 그 과정에서 지배 이데올로기와 이에 저항하는 대항 이데올로기를 판별하고 분석할 수 있게 해준다.

예를 들어보자. 영화 〈돈 룩 업*Don't Look Up*〉(2021/넷플릭스)은 지배적 헤게모니와 대항적 헤게모니의 충돌을 미국 사회 도처에서 만날 수 있는 전형적 인물들의 패러디를 통해 표현한다. 영화는 우연히 인류의 멸망을 초래할 혜성의 궤도를 계산해 낸 두 과학자가 대중에게 진실을 알리고자 하는데 오히려 이를 정치적으로 이용하려는 미국 대통령, 이들을 희화화하는 각종 미디어, 심지어 혜성에서 경제적 이익을 추구하려는 기업가들을 냉정한 시각으로 담는다. 등장인물들은 그 직업의 희화된 스테레오타입을 잘 소화하여 지구 멸망을 담은 비관적인 내용임에도 세련된 블랙코미디가 되었다. 이러한 수사적 선택이 눈길을 끌지만, 영화는 정치인과 기업가 등이 시장 경제 논리로 무장한 채 그들의 지배 이데올로기를 전파하는 '돈 룩 업'파와 그저 하늘을 올려 보고 진실을 마주하길 바라며 대항 헤게모니를 상징하는 '룩 업'파의 대립이 핵심 주제다. 이들의 심각한

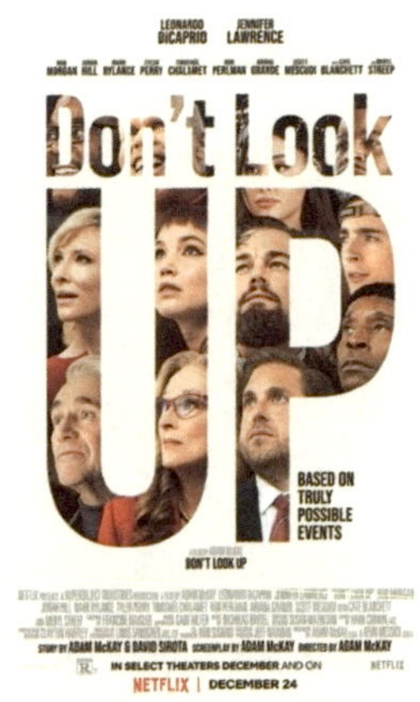

그림 41 〈돈 룩 업〉은 지배적 헤게모니와 대항적 헤게모니의 충돌을 미국 사회 도처에서 만날 수 있는 전형적인 인물들의 패러디를 통해 표현한다.

갈등은 페미니즘 논쟁이나 환경 문제 등 지금 우리가 마주한 수많은 갈등과 다툼을 성찰하게 하는 동시에, 이를 한편의 즐거운 스펙터클로 즐기게 함으로써 관객은 심각한 아이러니를 느끼게 된다.

3. 영상 이데올로기 분석

1) 영상의 이데올로기 효과

영상 기호는 어떻게 이데올로기적 효과를 발생시킬까? 영상은 기존의 그 어떤 표현 양식보다 강력한 동일시identification 기제를 이끌어 낸다. 정신분석학에서 동일시란, 어떤 인물이 또 다른 인물과 관계를 맺거나 다른 인물의 외모나 개성을 따라 하는 과정이고 그 과정을 통해 변화하는 것을 뜻한다. 가장 강력한 동일시를 생산하는 미디어는 관객이 편한 좌석에서 거대한 영상에 압도되면서 보는 영화다. 영화에서 동일시란 관객이 영화를 보면서 등장인물이나 내용을 보는 감독의 시점, 또는 카메라의 시점을 자신의 시점으로 여기게 되는 것을 뜻한다. 흥미로운 지점은 영화 역사의 시작부터 관객 자신과 같은 피부색을 갖거나 성이 같은 등장인물에 주로 동일시가 이뤄졌던데 반해 갈수록 관객의 동일시 대상이 점차 복잡하고 모호해진다는 것이다.

알튀세르는 이데올로기가 개별적 개인을 그 사회의 지배적 세계관으로 불러들여 주체subject로 형성하는 것이라고 설명한다. 이것은 우리가 길거리를 걸어가다 커다란 광고판 속의 모델 얼굴이 바로 나 자신에게 말을 거는 것처럼 느끼고, 나 자신의 결정으로 그 모델이 선전하는 물건을 샀다고 생각하는 작동 원리와 같다. 이데올로기에서 이처럼 개인은 주체로서 스스로 판단하고 결정하고 행동하는 것으로 느끼지만, 실제로는 사회의 이데올로기에 의해 주체로 구성된다는 설명이다. 이러한 영상과 나와의 관계는 광고에 국한되는 것이 아니라 모든 영상 영역에서, 서로 차별되는 메커니즘을 통해서 재생된다.

영상은 이처럼 이데올로기적인 표상representation을 통해 기존 사회 질서를 자연스러운 것으로 제시하며, 개인을 그 이데올로기의 자발적 지지자인 주체로 만든다. 이러한 과정을 반복적으로 생산함으로써 그러한 표상이 역사적으로 특수한 시점에 형성된 특정 계급의 이익에 이로운 이데올로기 체제가 아니라 자연스럽고 당연하며 탈역사적인 것으로 생각하도록 만든다. 바르트는 이러한 작용을 자연화naturalization 효과라고 부른다.

2) 영상 속 가부장제 이데올로기와 성차별

우리 사회에서 영상이 수행하는 이데올로기적 효과를 분석할 수 있는 좋은 사례가 가부장제와 여성의 젠더 스테레오타입gender stereotype이다. 가부장제에서 비하되고 왜곡된 여성의 역할과 정체성, 그리고 남성 중심의 사회에서 성적 대상화된 여성의 육체는 기존의 출판, 영상 미디어 외에도 인터넷 게임 등 새로운 대중문화의 수많은 영상을 통해서도 상업적으로 이용된다. 우리가 가장 많은 시간을 할애하는 텔레비전과 넷플릭스Netfilx와 같은 OTT 미디어 서비스Over-The-Top media service에서 가장 지배적 장르인 드라마는 영화와 더불어 우리 사회의 지배적인 가치관이 생산해 내는 여성의 정체성과 사회 및 가족 내 역할을 재현한다.

영화 속 여성은 남성의 시선에 노출된 성적 대상으로 구성된 역할에 충실한 경우가 대부분이며, 드라마 속 여성에게는 일일연속극이 표상하는 대가족제도나 가족중심주의에서 부인, 며느리, 할머니, 딸이라는 역할이 부여된다. 여성 개인이 이러한 역할 분담을 거부하고 일을 통한 개인적 성취나 이혼, 사랑 등을 추구할 때, 드라마는 종종 이들의 성격에 문제가 있다거나 도덕적으로 문제가 있거나 지나친 이기주의자로 묘사하는 경우가 많다.

그러나 최근 드라마는 여성의 사회 진출과 권리 신장이 활발한 현재 상황을 반영한다. 드라마 〈사랑의 불시착〉(2019. 12~2020. 2/tvN)의 여주인공을 분석해 보자. 한국의 유력 화장품 기업의 대표이자 재벌 2세인 30대 초반의 여주인공 윤세리는 극에서 주도적 역할을 한다. 하지만 결정적 순간마다 북한의 엘리트 군인인 남자 주인공이 등장해 위기를 해결해 주는 것은 기존 멜로드라마에서 보여 주던 구성 방식과 다르지 않다. 〈내 이름은 김삼순〉(2005/MBC) 같은 드라마에서는 가부장적 사회에서 남성의 선택에서 배제되는 30대 독신 여성을 주인공으로 전면 배치함으로써 가부장적 질서에 저항하는 젠더 담론을 생산할 가능성을 열어둔다. 하지만 결국 대중문화 산업의 상업주의 논리로부터 자유로울 수 없는 텔레비전 드라마는 우리 사회의 지배 가치나 이데올로기로부터도 벗어나기 어려운 태생적 한계가 있다(김훈순·김미선, 2008: 246).

〈사랑의 불시착〉에서 윤세리가 보여 주는 주체적이고 능동적 모습이 초반 가장 극명하게 드러난 장면은 패러글라이딩을 타고 하늘을 자유롭게 나는 것이다. 물론 자신이 운영하는 회사에서 강력한 카리스마를 발휘하지만, 패러글라이딩 장면은 해방 이후, 우리나라 초등학교 교과서의 그림에서 줄기차게 앉아 있기만 하던 가임기 여성이자 어머니의 이미지, 즉 여자가 조신해야 한다는 여성 신체에 대한 규범을 위반한다. 북한 인민군 장교이자 소대장인 남자 주인공 리정혁을 만나고 나서도 북한이라는 이질적이고 위협적인 공간임에도 주도적이고 활동적인 모습을 보여 준다.

두 주인공은 각기 자신이 사는 국가에서 가장 훌륭한 외모와 배경을 갖고 있다는 공통점을 찾을 수 있다. 그런데 윤세리에게는 따듯하게 자신을 품어줄 친구나 가족이 없다. 리정혁도 평생을 바쳐 사랑해 온 피아니스트로 사는 삶을 송두리째 빼앗긴 채 군복무 중 사망한 형의 대리 인생을 살고 있을 뿐이다. 이들은 공허감으로 인해 내적으로 극심하게 방황하던 중이라는 또 다른 공통점을 갖는다. 결국 누구에게도 자신의 본심을 드러낼 수 없는 상황에서 유일한 탈출구로서 두 사람이 만나게 된다. 이 드라마에서 체제가 다른 남북한이지만 여러 가지 공통점을 지닌 것으로 재현되었다. 화려한 평양의 백화점과 북한 상류층의 모습은 윤세리가 남한에서 살아가는 세계와 비슷하다. 남한이 돈과 자유에 대한 가치에 방점을 둔다면 북한은 그에 상응하는 권력의 위계질서를 강조한다.

이 드라마는 다음과 같은 동시대 한국의 가부장제 이데올로기를 거스르는 요소를 지니고 있다. 첫 번째, 여성의 연대를 들 수 있다. 처음 윤세리와 갈등을 겪었던 휴전선 인근 장교 사택 마을 여성들이 나중에 윤세리와 연대하며 가족 같은 친근한 관계를 맺는데, 이것은 남북 간의 분리와 긴장을 고려할 때 이런 이질감 극복이 가능한 연대를 맺을 능력이 있는 것이 여성이라는 매우 강력한 주장이다. 두 번째, 윤세리는 가부장 체제에서 권력을 지닌 아버지와 오빠들에게 순종적이지 않고 필요하다면 연을 끊을 정도로 독립적인 성격이라는 점이다. 세 번째, 체제와 국경을 넘어서서 자신의 사랑을 이끌어갈 정도로 주도적이고 강력한 의지를 지닌 여성이라는 점이다. 네 번째, 그 사랑은 결혼을 궁극적인 목표로 하지 않고 혼인 서약이라는 대안적 형태를 띠고 있다는 점이다.

이 드라마는 가부장제 이데올로기를 강화하는 내러티브도 보여 준다. 윤세리가 어려움에 빠져 있을 때마다 이정철이 나타나 구해 준다거나, 북한 최고위층인 리정혁의 아버지가 결정적 위기에서 아들을 구해 낸 것, 군 복무 중 의문사한 리정혁의 형을 등장시켜 전형적인 형제애와 가족애를 강조한 점 등을 들 수 있다. 또한 대그룹 회장인 윤세리 아버지의 권위와 친아들이라는 이유로 집요하게 윤세리를 위기에 몰아넣는 이복형제들 또한 이 세계가 가부장의 세계이고 가부장 질서에서 중요한 위치의 인물들이 권력을 쥐고 있음을 끊임없이 환기시킨다.

국내 방송뿐 아니라 넷플릭스로도 방영한 〈사랑의 불시착〉은 전 세계적 인기를 끌었다. 특히 일본에서의 반응은 폭발적이었다. 특히 기존의 한국 드라마 시청자인 중장년층이 아니라 20대 여성이 크게 호응했는데, 아직도 가부장제 이데올로기가 강력한 일본 사회에서 젊은 여성 시청자들은 사생활과 직업에서 자기주장을 관철하는 윤세리라는 여성 캐릭터에 열광했다. 전통적으로 가부장제 이데올로기가 강력한 한국 드라마가 역설적으로 여권이 높지 않은 전통적 국가들에서 큰 호응을 얻고 있다는 점이 흥미롭다.

지배 이데올로기로서 가부장제 이데올로기가 작동하는 또 다른 사례는 여성에 대한 성차별이다. 특히 광고는 여성의 신체에 대한 대상화와 상품화로 가득하다. 다리가 길어야 아름답다는 고정 관념은 '롱 다리'라는 천박한 유행어를 만들어 낼 정도로 우리 사회를 지배하고 있으며, 과도할 정도로 날씬한 몸을 보편적인 아름다움의 기준으로 삼은 결과 어린이 대상 애니메이션에서도 다이어트 장면이 등장할 정도로 전체 여성을 압박한다. 그뿐만 아니라 짧은 치마를 입고 눕거나 기댄 자세의 여성 모델 다리를 강조한 도발적인 사진들이 자주 등장하는데, 이것은 성희롱이나 성폭행이 여성의 도발적인 옷차림이나 행동 때문이라고 웅변하는 우리 사회의 지배적 성차별 시선의 다른 표현이다.

이러한 성차별적 전제에서 제작된 여성에게 억압적으로 작용하는 영상이 대량 생산, 유통됨으로써, 마치 여성의 신체와 인격은 이와 같은 남성 중심적 시각으로 보는 것이 당연하고 자연스러운 것처럼 유포된다. 이러한 성차별적 영상은 남성의 시각을 왜곡시킬 뿐만 아니라 이러한 영상 환경에서 교육받고 그 속에서 살아가는 여성마저 자신을 지배적 남성 시각에 적합한 정체성을 지니고 싶도록 만든다. 그러한 시각에서 여성에게 부여하는 역할을 수행하는 것이 이 사회에서 문제없이 살아가는 방식임을 여성은 어렸을 때부터 자연스럽게 학습하게 된다. 페미니즘 운동이 대중문화 영상에서 제공하는 여성상을 비판하고 새로운 대안적 여성상을 생산해 내는 것을 여권 운동의 중요한 실천으로 생각하는 것도 바로 이러한 영상의 이데올로기적 효과 때문이다. (여성을 향한 지배 담론 중 성차별 고정 관념과 연관된 문제는 6장에서 자세히 다룬다.)

REVIEW

- 이번 주에 일어난 주요 사건 중 사진이 실린 사건 뉴스를 골라 여러 포털 사이트나 일간지 사이트에서 그 사건에 대해 어떤 사진을 싣고 있는지 비교해 보자. 그리고 그 사진과 제목 달기를 통해 신문사의 입장이 어떻게 표현되는지 비교해 보자.
- 현재 방송 중인 일일연속극이나 드라마 시리즈를 시청하면서, 등장인물의 가족 내 역할, 직업, 교육, 나이, 성별 등을 기록하여 비교해 보고 왜 이러한 차이가 있는지 토론해 보자.
- 일간 신문의 인터넷 스포츠 섹션을 1주일간 모니터하여 보자. 스포츠 섹션에 등장하는 여성과 남성 체육인의 사진을 제시하는 방식과 사진 크기, 그들을 묘사하는 언어에서 어떠한 지배적 차이가 있는지, 또 우리 사회의 어떠한 신화를 강화하는지 분석해 보자.

ZOOM IN

- 다음을 읽고 영상의 의미 생산에 대해 좀 더 생각해 보자.
《현대의 신화》 | 롤랑 바르트 | 이화여자대학교 기호학연구소 옮김 | 동문선 | 1997 | pp.267~273
- 다음을 읽고 역사적으로 남성의 시선에 복무했던 여성의 신체, 즉 시각적 성차별에 대해 좀 더 생각해 보자.
《다른 방식으로 보기》 | 존 버거 | 최민 옮김 | 열화당 | 2019 | pp.53~77
- 다음을 읽고 영상의 환유와 은유에 대해 좀 더 생각해 보자.
《광고 크리에이티브 전략》 | 조지 팰튼 | 박재관 옮김 | 책과길 | 1999 | pp.389~393, 401~402

5장

영상과 현실 인식

이 장에서는 일상적으로 접하는 신문의 보도 사진이나 포털 뉴스의 사진이 재현하는 현실이 정작 우리가 현실을 인식하는 데 어떤 역할을 하는지 알아본다. 신문 구독자나 인터넷 포털 뉴스 구독자의 시선을 확 끌어당기는 스펙터클한 뉴스 사진이 정작 이미지로 담기지 못한 진짜 현실보다 더 우리에게 현실처럼 보이는 것이 아닌지 사려 깊게 살펴봐야 한다. 영상 이미지가 디지털화되어 얼마든지 조작이 가능한 시대가 되면서 우리가 눈으로 직접 보는 영상임에도 정작 그것이 진실인지 아닌지가 모호해졌다. 따라서 영상으로 보이는 모호한 진실의 시대를 헤쳐 나갈 우리 인식이 어떠해야 할지 그 판단 기준 역시 생각해 봐야 한다.

1. 영상과 재현

1) 사진 영상은 현실을 반영하는가

영상의 역사에서 살펴봤듯 사진이 현실을 반영하기까지는 상당한 기간 기술적 변천을 겪었다. 화가들이 현실을 보다 정교하게 묘사하기 위해 사용했던 카메라 옵스큐라를 기본 형태로 사진기가 탄생했다. 초기 풍경화나 초상화를 대신하기 시작했던 사진은 즉석 사진이 등장하면서 당시 신문에 쓰였던 삽화를 대신해 오늘날 뉴스 저널리즘에 쓰이는 보도 사진에 이르렀다.

포토샵 같은 컴퓨터 프로그램을 사진 이미지 생산과 처리에 사용하기 시작하면서 새롭게 생각할 거리들이 드러난다. 애초에 빛과 피사체가 있어야 하는 사진은 객관적인 사실로서의 사건 그대로의 모습과 지표적 진실을 전달한다. 따라서 사진 생산 과정에서 사진 촬영과 인화 과정 외에 손을 대는 모든 행위는 조작에 속하는 것이었다. 그러나 디지털 이미지의 세계에서는 손대기 그 자체가 주된 작업이므로, 이제 영상 결과물의 인위적 변형 과정은 조작이 아닌 단순한 기계적 처리 작업으로 간주하기 시작한다. 결과적으로, 여태껏 우리가 사진 영상에 부여해 왔던 신뢰 정도가 변하게 됨은 물론이고, 사진을 통한 현실 인식 방법까지도 큰 변화를 겪게 되었다. 여기서 문제는 그러한 조작을 대중이 윤리적·도덕적 차원이 결부된 주관적 가치 판단의 문제로 간주하지 않고, 단순히 기계적 차원의 처리 작업, 즉 기술 발달의 차원에서만 생각하려는 경향이 있다는 사실이다. 진실과 거짓의 구분이라는 근본 문제를 뒷전으로 한 채, 거짓이 얼마나 진실처럼 표현될 수 있는가 하는 기술 차원의 완성도에만 주의를 기울이는 경향이 강하다는 뜻이다. 디지털 기술의 급격한 발전은, 우리가 영상 인식의 진실성과 허구성에 대해 더욱 비판적으로 판단할 것을 요구한다.

2) 저널리즘의 현실 재현

저널리즘은 신문이나 텔레비전처럼 전통적인 미디어에서 인터넷 포털 사이트나 소셜 미디어 서비스에 올라온 뉴스나 기획 기사, 논설 기사 등을 포괄한다. 저널리즘에서 현실의 재현, 즉 현실 효과를 발생시키는 것은 바로 뉴스 미디어의 형식form 자체다. 신문을 다른 인쇄 미디어나 다른 글쓰기 장르와 구분하는 것은 결국 신문의 기술 방식, 즉 형식이다. 최초의 각종 소식지는 형태상 전혀 책과 구분되지 않았다. 면의 크기, 수식체 글자, 텍스트의 모양, 제목과 선간 간격이 없는 것 등 어떤 시각적 요소도 그것이 뉴스란 것을 드러내지 않았다. 이 점에서 볼 때 신문 용지의 대형화는 신문을 다른 인쇄물과 결정적으로 구분하는 중요한 변화였다. 신문 지면의 레이아웃은 매우 점진적으로 발전하다가, 도시 일상생활이 스펙터클화하고, 대중교통이 등장하고, 신문 간의 부수 경쟁이 과열되면서, 현재의 신문이 사용하는 각종 편집법이 개발되었다. 읽기 쉽게 하기 위한 이 기법들은 결국 독자에게 읽고 있는 내용이 뉴스라는 것을 의미하는 틀이다. 여기에서 굵은 활자로 된 제목의 첫 번째 역할은 뉴스의 내용 전달에 앞서 자신이 '정보를 전달하고 있음' 자체를 알리는 메타커뮤니케이션으로 기능한다.

텔레비전의 경우, 스튜디오, 앵커, 생방송 등으로 이루어진 뉴스의 기본 형태는 텔레비전 방송의 기본 문법으로서 비교적 빨리 자리 잡았다. 그러나 방송의 초기부터 이러한 형태로 뉴스를 전달한다는 일이 당연히 받아들여진 것은 아니다. BBC가 텔레비전 뉴스를 시작했을 때, BBC 라디오와 TV 사장인 존 리스John Reith는 뉴스에 전혀 영상을 싣지 말 것을 명령했다. 영상은 현실을 왜곡시킬 위험이 있으므로 현실을 보도하는 데 적합하지 않다는 것이 그의 신념이었다. 그의 머릿속에 뉴스와 정보의 형태란 시각적(글로 쓰인 것)이거나 청각적(말해진 것)이지 시청각적인 것이 아니었다. 이 에피소드는 사진이 신문에서 사용될 때 그랬던 것처럼, 텔레비전 영상 또한 처음부터 뉴스 시스템에서 현재와 같은 현실 효과를 얻지는 못했으리라고 추론할 수 있다. 수년간 실험 방송 이후, 각국의 텔레비전 뉴스는 대부분 영상 뉴스 화면과 함께 사회자가 스튜디오에 앉아 사건 뉴스를 읽고 있는 음성 또는 음성과 스튜디오 화면이 혼합된 형태로 자리 잡았다.

텔레비전 뉴스 형식이 정착되는 동안 시청각적 현실 효과의 발전은 영상과 대상 사이의 지표적 근접성을 추구하는 방향이 아니라 현실 효과를 하나의 장르로서 약호화하는 방향으로 진행되었다. 특히 시사적 사건의 시간과 장소 연출의 지시사deictic는 매우 특별한 방식으로 정착되었다. 특파원 뒤의 에펠탑이나 백악관의 모습은 환유적으로 보도 장소를 의미했고, 르포르타주가 실제 거리에서 촬영되었다는 인상을 주기 위해서 배경 소음을 덧붙이는 것이 불가피했다. 보도진은 보도 당시 소음을 함께 담는 것을 선호하며, 때에 따라서는 인공적 소음을 만들어 내기도 한다. 그 결과, 우리는 실제 보도 화면에서 아무 소음이 없을 때 그것을 소음이 있는 경우보다 훨씬 이상하게 느끼게 되었다. 이러한 경험은 뉴스의 장치가 얼마나 현실 효과를 위해 약호화된 것인지를 엿볼 수 있게 한다(홍석경, 1995).

일반 시민 또는 곳곳에 장치된 폐쇄 회로 카메라가 찍은 화면이 TV 네트워크를 통해서 전국, 나아가 전 세계로 확산할 수 있는 오늘날, 우리가 현실이라고 인식하는 내용을 구성하는 데 미치는 저널리즘 영상의 영향력은 막대하다. 영향력 있는 뉴스가 되려면 그만큼 충격적이거나 눈길을 끄는 영상이 필요해졌다. 세계적인 관광지인 프랑스 파리에서 일어난 테러가 서구의 영상 저널리즘이 취재하기 힘든 시리아의 한 도시에서 일상적으로 일어나는 테러보다 더 세계적 쟁점이 되는 것은 현실의 재현에 대한 영상의 막대한 힘을 반증해 준다.

세월호 참사의 항공 촬영 모습이나 어린이 인질범의 얼굴을 확인시켜 주는 은행의 폐쇄 회로 카메라, 영국의 전 왕세자빈 다이애나 스펜서의 최후 순간을 담은 화면 등, 오늘날의 중요한 시사 사건 뒤에는 항상 저널리즘에 사용되는 영상이 뒤따른다. 뉴스 구성의 원리를 거꾸로 뒤집어 보면, 저널리즘에 적합한 영상이 존재하지 않는 사건은 뉴스의 전면에 등장할 가능성도 적어진다는 설명이 가능하다. 우리가 영상으로 표현할 수 있는 문제, 즉 영상을 지니는 사건으로 존재하는 현실은 극소수에 불과하다. 여성 문제, 부당 노동 문제, 경제 위기, 국방 체계 문제 등 중요한 현실 사안은 거의 매혹적 영상을 제공하는 사건의 형태로 존재하지 않는다. 현대 문명이 지나치게 영상에 의존한 현실 인식을 지향할 때, 현실을 생생하게 느낄 수 있을지는 몰라도, 영상으로 표현될 수 없는 사회 구조 문제가 화려한 영상을 제공하는 스펙터클성 뉴스에 밀려갈수록 관심의 주변으로 밀려날 수도 있다는 위험을 인식해야 할 것이다(홍석경, 1999).

2. 저널리즘 속 영상

1) 영상의 정보 전달

영상 이미지가 신문이나 방송 뉴스나 인터넷 포털의 뉴스 시스템에서 정보 전달의 한 축을 담당하기 위해서는 어떤 기술과 기법이 사용되었을까? 미디어를 통해 전달된다고 해서 모두 정보를 전달하지 않고, 영상은 텍스트/캡션이 동반되지 않으면 정확하게 무슨 뜻을 지니는지도 명확하지 않다. 우리에게 정보 전달을 하는 뉴스 시스템은 '현실 효과'에 기대어 생산되기 때문에 독자와 시청자가 '뉴스'를 현실을 반영하는 정보로 수용하게 된다. 현실 효과란 바로 우리가 수용하는 것이 다른 담론이 아니라 '뉴스'임을 의미하는 각종 장치를 뜻한다.

삽화와 사진

신문에서 처음 사용된 영상은 판화를 이용한 여러 종류의 삽화였다. 신문은 피비린내 나는 범죄 사건들을 다루면서 판화나 회화를 사용했는데, 이러한 영상은 각 사건이 벌어질 때마다 새롭게 제작되지 않고 미리 정해 놓은 전형적인 삽화를 다양한 소식에다 사용했다. 이러한 사실은 초기의 신문이 현재와 달리 정확성, 진실성, 시사성을 중요하게 보지 않았다는 점을 시사한다. 삽화와 텍스트 사이의 관계 또한 다큐멘터리적 정확성과는 거리가 멀지만, 그저 독자에게 볼거리를 제공하는 수준에 그치곤 했다. 프랑스의 경우, 혁명기에 이르러서야 삽화가 시사적 사건들과 직접적인 연관성을 띠기 시작했다.

TWINKLES. 3

MRS. CHARLES BINGHAM PENROSE was, before her marriage, which occurred in this city three or four years ago, Miss Katharine Drexel, a daughter of Mrs. John R. Drexel of Madison avenue. Mrs. Penrose, who is a very beautiful and talented young woman, resides in Philadelphia, where she is a great favorite in society.

MRS. J. L. LAWRENCE.

MRS. J. L. LAWRENCE is one of the prettiest of the youthful society matrons. She is a daughter of Mr. and Mrs. J. Henry Work of No. 77 Clinton Place, and a cousin of George Work, Mrs. Burke Roche and Mrs. Cooper Hewitt. Mr. and Mrs. Lawrence have their home at Lawrence, L. I., and come to town as inclined for the winter's festivities.

MRS. HARRY PHELPS FOSTER of Hartford, Conn., was, until her marriage to Mr. Foster, who is a son of Mrs. James Phelps Foster, Miss Maria Amelia del Pino, daughter of Mrs. Marcos del Pino of this city. She was born in Cuba, and is related on her mother's side to the well-known family of Borrondo. Mrs. Foster is a brunette of the pure Spanish type of feature.

MRS. CHARLES BINGHAM PENROSE.

MRS. HARRY PHELPS FOSTER.

MISS ISABELLE PARKER is an extremely pretty and bright young woman. She is a daughter of Mr. and Mrs. Parker, of No. 22 West Eighty-seventh street. Miss Parker is considered so exceptionally attractive that she is continually being called upon to figure in tableaux and similar entertainments projected for charity.

WHEN an ordinary couple become engaged a question that is often asked by their friends and acquaintances is: "What do they see in each other?" This is a very difficult question to answer, and were you to ask the young couple themselves they would only be able to answer in a vague sort of way, "everything."

Love in the majority of cases does not come at first sight, and the couple have probably seen a good deal of each other before they actually discover they are in love, and therefore they have been able to find out many mutual good points to love and admire which others have had neither the opportunity nor desire to discover.

When we meet husband and wife totally opposite in disposition we wonder what such a clever, lively man can see in the quiet, almost dull, little wife he appears to adore so tenderly. Why this is so, it is impossible to say, but the fact remains, and also the question —what did the dull one see in the other?

"I GAVE up worrying to begin with," said a plump girl, "and then I began to grow fat. I drank milk and cream whenever and wherever I could get it. At breakfast, lunch and supper, when I went to a tea, when I stopped at a drug store, it didn't matter where. I devoured all the candy, sweet wines, starchy desserts that came within reach of my all-devouring appetite. I slept twelve hours, and never hurried or got excited, or ran or walked more than was absolutely necessary for my health and exercise. I ate nothing bitter or sour, lived on oatmeal, chicken, potatoes and vegetables."

MARRIAGE is considered as a very difficult and troublesome institution in Thibet. It only takes place in families which possess wealth. The eldest brother in a family marries, and his younger brothers are looked upon by the wife as so many junior husbands.

MISS ISABELLE PARKER.
(Photo by Davis & Sanford.)

그림 42 1897년 1월 3일 〈뉴욕 트리뷴*New-York tribune*〉 일요일 특별판에는 여러 사진이 실려 있다.

판화를 사용한 삽화는 사진이 발명된 이후에도 오랫동안 신문의 주된 영상 제재로 사용되었다. 그것은 단순히 기술 문제(순간 촬영, 대량 생산, 영상의 질)가 해결된 후에도 오랫동안 신문에서 지배적 영상 기술로 사용되었기 때문이다. 순간 사진을 찍을 수 없었던 시절에, 사진 기자는 삽화의 은유적 힘과 사진의 현실 효과를 교묘히 접합시켜 영상을 생산했다. 사진을 복제하는 것이 기술적으로 어렵거나 매우 값비쌌던 시절 동안, '사진에 기초한' 삽화가 널리 사용되었다(그림 26 참조).

이러한 삽화는 1890~1915년 사이에 절정을 이루었다가, 1차 세계 대전 동안 그 자리를 사진에게 물려준다. 유럽의 중요 신문들은 20세기 초부터 1920년에 이르기까지 서서히 사진을 받아들였다. 전선이나 전파를 통한 사진 송신 기술이 20세기 초기에 발명되었음에도, 사진이 삽화를 누르고 신문 영상 표현의 수위를 차지하기 위해서는 1차 세계 대전이라는 대형 스펙

그림 43 원거리 송신기 벨리노그라프.

터클이 필요했다. 사진의 원거리 송신기인 벨리노그라프Belinograph가 1925년에 발명되자, 삽화는 사진에게 자리를 내놓게 되었다.

이처럼 구기술인 삽화가 신기술인 사진보다 오랫동안 우위를 차지했던 이유는, 두 영상 기술의 정보 전달 능력에서 찾아볼 수 있다. 삽화는 대상물에 대한 정보를 분석하고 종합할 수 있으므로 사진보다 훨씬 많은 것을 알려주는 정보 전달적 미디어다. 사진이 각종 판화의 모델로 사용되던 시절, 삽화는 단순히 사진을 재생산하는 데 그치지 않았다. 삽화가들은 사진에서 보는 대상물을 모방한 위에, 사진의 내용을 더욱 풍요롭게 할 수 있는 인물이나 여러 세부 묘사, 분위기를 살리는 내용을 덧붙이는 매우 종합적인 작업을 했다. 이 작업은 사진이 보여 주는 죽은 풍경을 생생하게 되살아나게 해 주고, 사진이 담고 있는 대상물을 대중적 상상력에 맞도록 변화시켜 더욱 '현실적'으로 느껴질 수 있도록 만드는 일이었다.

사진은 선입견이 있는 인간의 불완전한 관찰력을 보완해 주는 것으로 여겨져 탐험형 여행이나 고고학 발굴 현장, 발견의 기록을 비롯해 과학 연구의 기본 자료로도 널리 쓰였다. 새로운 영상 기술이 대중적 활용에 앞서 과학 목적으로 먼저 쓰이는 것은, 그 후 활동사진이나 버추얼 영상, 입체 영상에서도 마찬가지다.

신문에서 사진 사용이 지연된 이유는 당시 저널리즘의 문제로 볼 수 있다. 당시 신문은 대상의 영상을 자동으로 담아내는 사진 영상의 지표적 현실 효과에 별 관심이 없었던 것으로 보인다. 신문은 사진 자체의 현실 효과보다는 삽화를 통해서 전달할 수 있는 사건에 대한 정보를 더욱 중시했다. 사진이 담아내는 사건의 지표적 현실 효과가 삽화의 설명하는 능력을 대체하는 과정은 매우 천천히 그리고 점진적으로 일어났다.

19세기 말 순간 사진의 등장은 사진에서 현실 효과의 몫이 증가함을 의미하는 중요한 저널리즘적 사건이다. 그렇지만 사진의 힘이 전반적으로 인식되려면 20세기 초반에 강력히 등장하던 현장 취재 저널리즘reportarism에 사진이 도입되고, 이데올로기적 인식 태도 대신 '관람자 의식spectatorial conscience'

이 발전해야만 했다. 관람자 의식은 현장 취재주의와 동전의 양면을 이룬다. '나는 현장에 있었고, 그것을 목격했다'라는 현장 취재주의는 신문 독자에게 곧 '여러분은 현장에 없었고 목격하지 못했으므로, 현장에 있었던 나의 눈이 잡아낸 이 사진을 보라'라는 관람자 의식을 자극하는 것이다. 사진은 사용 초기에 과학 수단 및 사회 통제 수단으로 쓰이다가 신문에 도입되면서 증언하는 눈으로서 자격을 얻게 된다. 다시 말해서 사진은 뉴스 시스템 외부에서 태어나고 발전되었지만, 신문에서 현실에 대한 지표로서의 힘을 전면적으로 발휘하게 되었다. 이어서 뉴스 시스템은 사진을 보도 재료로 삼음으로써 결국은 보도 자체의 발전 방향을 결정짓는 결과를 얻었다. 일단 현장 취재 저널리즘의 도구로서 신문에 도입되자, 사진은 급격히 발전해서 양차 대전 사이에는 종종 기사를 주도하는 역할마저 맡았다(홍석경, 1995).

사진과 캡션

사진이 신문에 도입된 후, 사진의 내용을 좀 더 구체적으로 설명하는 캡션caption(자막)이 추가되었다. 삽화에서 정보 전달을 더욱 풍부하게 하는 다양한 표현을 덧붙였던 것을 비교했을 때 보도 사진에서 캡션을 사용하는 것은 필수적이 되었다. 뉴스 사진에 추가된 캡션(자막)은 사진이 보여 주는 사실의 설명, 세부 묘사뿐만 아니라 은연중에 독자의 해석에 영향을 미칠 수 있는 감정적 내용을 전달한다. 뉴스 사진이 현실 효과를 가지고 있고 피사체와 지표적 의미 관계에 있기 때문에 독사에세 신뢰를 주기도 하지만 때에 따라 그 의미는 명확하지 않다. 따라서 뉴스 사진의 의미를 이해하는 데 캡션은 중요하다. 언론사는 의도에 따라 서로 다른 캡션을 붙여 사진의 의미를 조절할 수 있다.

신문사의 논조에 따라 같은 뉴스를 다룰지라도 다른 사진을 선택할 수 있고 그 선택에는 분명한 의도가 따른다. 그 의도를 더 명확히 하기 위한 캡션은 사진을 선택한 이유를 더욱더 분명하게 강조하고 있다.

2) 영상의 정치적 효과

영상 프레임과 뉴스 프레이밍

'구성된 현실을 보여 주는 하나의 틀'로써 프레이밍이나 프레임이라는 말이 혼용되어 쓰인다. 정치적 성향과 프레이밍에 관한 연구를 보면, 언론사의 정치 성향에 따른 뉴스 프레이밍이 작용한다. 문제는 한국 언론에서 언론사의 이념 성향 정도가 뉴스의 객관성과 공정성을 현저하게 저해할 때다. 통상적으로 언론사의 시각이나 주장을 싣는 사설 등 오피니언 기사의 의견을 전달하는 기능이 많은 만큼, 이념 성향이 크게 드러나는 것이 사실이다. 하지만 스트레이트와 박스 등 객관적이고 공정한 정보 전달 기능이 매우 강한 기사에서도 특정한 방향을 정해 편향된 텍스트를 담아낸 언론사가 적지 않다.

보도 사진에 적용된 각 언론사의 뉴스 프레이밍을 살펴보자. 2015년 3월 5일 발생한 마크 리퍼트Mark Lippert 주한 미국 대사의 테러 사건을 다룬 언론사의 보도 사진을 보면 이런 프레임이 작용한 것을 쉽게 발견할 수 있다. 2015년 3월 5일 〈조선일보〉 인터넷 정치면 기사 "리퍼트 주한 미국 대사, 괴한 공격 받아 부상당해"라는 기사에 배치된 사진에서 최대한 얼굴에 가까운 사진과 가해자의 검거 장면 사진을 자극적으로 보여 준다. 여기서 피해 당사자보다 오히려 가해자에 관한 관심을 더 표명하고 있다. 그 결과 자사 유튜브 채널에 가해자가 검거된 경찰서에서의 모습을 촬영한 영상을 편집해 올리기까지 했다.

같은 날 〈한겨레〉 인터넷 사회면 기사 "미국대사 피습… 흉기가 된 '극단적 민족주의'"에 게시된 리퍼트 대사의 사진은 손으로 상처를 가리고 문을 나서는 장면을 게시했다. 이 사진을 보면, 피해자의 피해가 가장 적게 보이는 사진을 선택한 것이 분명해 보인다.

그림 44 2015년 3월 5일 〈조선일보〉 인터넷판에 실린 리퍼트 주한 미 대사가 부상당한 장면과 가해자 검거 장면.

〈조선일보〉와 〈한겨레〉에서 다룬 이 보도를 살펴보면, 기사의 내용이 상대적으로 가해자의 극

그림 45 〈한겨레〉는 기사에서 가장 선혈이 적게 보이는 〈연합뉴스〉 사진을 선택해 게재했다.

단적 행동을 비판하는 내용으로 대동소이하다. 하지만 보도 사진을 보면, 더 자세하게 내용을 다룬 〈한겨레〉보다 〈조선일보〉가 각 사진의 캡션이 더 자세하고 사진 게재 수도 많았다. 〈조선일보〉는 가해자가 잡혀 있는 경찰서 내부를 촬영한 동영상까지 자사 유튜브 채널에 올려 이 상황을 더욱 자세히 보도했다. 드러난 가해자의 배경이 이념적으로 반대편에 가깝다고 판단했기 때문이다.

영상 시대의 텔레비전 정치

독일의 비판 커뮤니케이션 철학자인 위르겐 하버마스Jürgen Habermas는 기업적 이익 같은 사적 이해관계가 개입되지 않는 진정한 여론이 형성될 수 있는 이상적인 공공장소를 공론장이라고 설명했다. 현실적으로 공론장에 대한 비판이 있지만 그나마 공론장으로 여겨지거나 여론 형성 과정의 동력으로 간주할 수 있는 전통적 매스 미디어가 바로 텔레비전이다. 즉각적 전송이 가능

그림 46 1960년 케네디 상원의원과 닉슨 대통령 간의 생방송 TV 토론.

한 전자적인 전송의 물리적인 조건과 가정 영역 내의 상황 때문에 텔레비전은 집합적 공론장이라는 감각을 길러 내는 데 중요한 역할을 담당해 왔다.

1960년 존 F. 케네디John F. Kennedy 상원의원과 리처드 닉슨Richard Nixon 대통령의 대통령 선거 토론 생방송은 텔레비전이 실제 정치 상황에 영향을 끼치기 시작한 것을 알렸던 중요한 사건이다. 노련한 국제정치학자이며 정치계의 거물인 닉슨과 젊고 패기에 찬 케네디 상원의원 사이의 토론은 경험과 지식을 강조하는 노쇠한 닉슨 후보보다 긍정적인 이미지를 갖춘 케네디 후보에게 인기를 몰아주어, 결국 케네디 의원이 승리하는 데 이바지하는 전환점을 이루었다. 당시 라디오를 들은 사람들은 닉슨의 승리를 확신했다고 한다. 이후로 대통령 후보들 사이의 텔레비전 토론은 전 세계적으로 선거 승패를 좌우할지도 모르는 중요한 이벤트로 주목을 받게 되었다. 케네디는 집권 후 내내 텔레비전 생방송을 통해 자신의 장점을 적극적으로 활용했다.

고 노무현 전 대통령은 5공 비리 청문회 생방송 질의에서 두각을 나타

그림 47 2021년 1월 6일 미국 국회의사당 점거 폭동.

내면서 정치계에서 스타로 떠오르고 '노사모'라는 팬덤을 형성하기 시작했다. 텔레비전이 전달하는 정치인의 인간적인 매력은 자연히 팬덤으로 이어진다. (팬덤의 '팬fan'은 'fanatic'에서 온 단어로, 종교적인 비이성, 열광, 집단주의 등 부정적인 의미를 내포한다.) 미국에서 수년에 걸친 텔레비전 리얼리티 프로그램으로 정치적 영향력을 획득했던 트럼프 대통령이 재선에 실패하면서 팬덤의 부정적인 행태가 드러났다. 선거 패배 후 트럼프 전 대통령의 부정 선거 주장이 지속되었고 그 결과 트럼프를 지지하는 팬덤이 주동이 되어 국회의사당을 점거하는 사상 초유의 폭력 시위가 발생했다.

사실 텔레비전의 등장이 정치에 미친 영향과 여론 형성 과정에 어떤 방식으로 영향을 미치는지에 대한 연구가 많아졌다. 그 결과 선거와 여론에 민감할 수밖에 없는 정치인들은 자신에게 유리한 방식으로 텔레비전과 영상 미디어를 이용하려고 하는 것은 당연해 보인다. 그러나 텔레비전의 진정한 영향력은 이러한 단기적인 효과와 효율성 차원의 문제라기보다 텔레비전이

그림 48 대한민국 제20대 대통령 선거 1차 토론회 생방송(MBC, 2022. 2. 21).

정치 과정 자체를 영상 중심 시대의 원칙을 적용하여 변질시킨다는 점이다.

이제 대중에게 영향력을 행사하기 위해서는 책을 쓰는 것이 아니라 텔레비전에 출연해야 하며, 정치인으로 성공하기 위해서는 정당이나 단체의 대표로서 선출되는 것으로 충분하지 않고 여론 조사에서 선호도를 높이는 것이 더욱 중요해지고 있다. 각 정당은 인기 있는 변호사나 연예인을 입당시키기 위해 노력하며, 텔레비전의 논리에 익숙한 앵커 출신 당원을 대변인으로 선임한다. 또한 대중의 인기를 얻으려면 정치인이 텔레비전에 '잘 나와야' 하는데, 이것은 정치인으로서의 자질과는 상관없는 텔레비전이라는 미디어가 요구하는 특성에 얼마나 적합한가의 문제이므로 정치인에게는 불공평한 조건으로 작용할 수 있다.

그뿐만 아니라 정당의 일정과 정치인의 정치 활동 또한 텔레비전 보도 관행이나 일정에 맞도록 조정되는 경우가 많아서, 정치 자체가 텔레비전에 잘 나오는 형식을 취하도록 변화해 가고 있다. 전당 대회나 청문회는 극적인 재미를 추구하고 텔레비전에 생중계될 수 있는 시간과 무대 장치를 갖추어야 한다. 국회의원과 장관은 자신의 활동이 정기적으로 텔레비전 뉴스에 보도될 수 있도록 정치 활동에 신경을 쓴다. 이러한 점은 이념에 기초한 정치가 아니라 인기에 기초한 정치로의 변질을 의미하기 때문에, 전통적인 대의제 민주주의 체제의 위기라고도 지적된다.

인터넷과 SNS의 영향력 증대로 텔레비전의 영향력이 줄었다고 한다. 하지만 영상의 힘, 특히 정치 영역에서 텔레비전만큼 힘을 발휘하는 미디어는 아직 없다고 볼 수 있다. 여전히 방송사의 선거 토론 생방송이나 선거 결과 방송은 다른 미디어의 영향력을 압도한다.

3. 현실 영상의 허구성

1) 현실을 기록하는 영상은 무엇을 기록하는가: 〈북극의 나누크〉

우리는 현실을 다룬 사진이나 다큐멘터리가 현실을 담고 있다고 믿고 있다. 그러나 다큐멘터리 영화로 알려진 〈북극의 나누크*Nanook of North*〉(1922)의 제작 에피소드는 이러한 믿음을 흔든다. 어린 시절부터 캐나다 북부 지역의 철로 탐사 전문가였던 아버지를 따라다녀 에스키모의 삶을 잘 알고 있던 로버트 플래허티Robert Flaherty는 한창 떠오르는 미디어인 영화를 접하고 나서 전통적인 에스키모의 삶을 기록하고 싶은 열망에 빠진다. 1915년에 처음 에스키모의 삶을 촬영했으나 편집 중에 발생한 화재로 필름 대부분이 불에 타고 말았다. 이에 굴하지 않고 첫 로케이션 촬영에서 모자랐던 점을 보완하고자 재촬영을 결정한 플래허티는 다시 주인공 나누크와 그 가족을 찾아가 첫 촬영 때 찍었던 장면들을 모두 재연reconstitution하고자 했다.

플래허티는 당시 눈여겨보았던 극영화 촬영 방식을 도입해 화면 크기의 변화, 카메라의 이동, 클로즈업 등 숏 크기의 변화 등을 사용했다. 특히, 이

그림 49 〈북극의 나누크〉는 허구와 진실의 경계를 묻는다.

글루의 실내 촬영 시 이글루의 한쪽 면을 부수고 촬영에 필요한 자연조명을 확보하는 등 연출을 시도했다.

논쟁이 된 점은 이런 극적 연출과 재연이 가미된 영화를 다큐멘터리라고 부를 수 있는지다. 여기서 1915년 첫 로케이션 때 촬영한 필름은 다큐멘터리라고 할 수 있지만, 두 번째 로케이션 때 첫 촬영을 오롯이 재연한 필름으로 만든 영화는 다큐멘터리가 아니라고 할 수 있을까? 이 작품은 다큐멘터리에서의 재연이 과연 허구인가 진실인가라는 오랜 논쟁의 시발점이다. 또한 이 영화에서 사회적 배우이자 주인공이었던 나누크는 영화 촬영에 적극적으로 참여했을 뿐만 아니라 영화 촬영기나 편집 장비 등에 깊은 관심을 보였고 나중에는 장비를 수리할 수 있는 수준에 이르렀다고 한다. 그러나 플래허티는 이러한 내용을 영화에 삽입하지 않았다. 에스키모 전통문화의 기록이라는 자신의 철학과 맞지 않았기 때문이다. 〈북극의 나누크〉 사례가 보여 주듯, 영상이 현실을 기록하는 과정에서조차 허구성에 대한 논쟁은 피하기 어려운 문제다.

2) 모큐멘터리와 페이크 다큐멘터리

모큐멘터리는 '가장하다,' '조롱하다'라는 뜻의 mock와 documentary의 합성어로, 다큐멘터리의 외형을 갖추고 있으나 허구를 담은 것을 말한다. 이는 '페이크 다큐멘터리'라고도 부른다('비뚤어진 다큐멘터리'라고도 함). 모큐멘터리는 다큐멘터리 형식을 이용해 다큐멘터리가 사실을 얘기한다는 서사의 가정을 패러디하고 다큐멘터리가 갖는 약호와 관습이 가지는 문화적 위상을 조롱하는 것으로, 인터뷰, 핸드헬드 카메라 기법 등 다양한 다큐멘터리 약호를 통해 영상으로 재현되는 텍스트가 허구의 내용을 담을 수 있다는 사실을 수용자에게 제시하는 것을 목적으로 한다. 다큐멘터리의 장점인 리얼리티와 현장성, 극영화의 장점인 강렬한 메시지 전달을 가진 나름의 효과적 양식으로 발전하고 있다.

결국, 모큐멘터리를 만드는 이유는 '사실'만으로는 진실에 도달할 수 없어서 우회하는 것으로, 그럼으로써 가짜는 사실보다 더 큰 의미가 있게 된다. 모큐멘터리 제작자는 때에 따라 텍스트의 허구성을 더욱 명확하게 드러내기도 하고 혹은 의도적으로 숨기기도 한다. 수용자는 모큐멘터리를 보면서 '지금 보고 있는 영상이 진실로 믿을 수 있는 것인가' 하는 의문을 갖게 되고 그 진위가 의심스러울수록 모큐멘터리는 다큐멘터리 미학과 사실성, 객관성의 담론 사이의 관계를 파괴하여 그 임무를 완수하게 되는 것이다(김진욱, 2016).

이러한 의도를 가진 선구적 시도는 〈시민 케인*Citizen Kane*〉의 감독 오슨 웰스Orson Wells가 했다. 1938년 그는 H. G. 웰스H. G. Wells의 소설 《우주 전쟁*The War of the Worlds*》을 라디오 드라마로 만들었는데, 그 드라마가 전파를 타자 외계인의 침입이 실제로 벌어지고 있다고 믿은 사람들이 길거리로 뛰쳐나오는 등 한바탕 소동이 일어났다. 그러자 오슨 웰스는 청취자들에게 이 사실을 밝히고 사과했다. 그 방송으로 인해 큰 혼란이 생겼지만, 미디어가 청취자를 속일 수 있다는 점이 분명하게 드러났다.

페이크 다큐멘터리 또는 모큐멘터리가 대중에게 가장 많이 알려지게 된 계기는 〈블레어 위치 프로젝트*Blair Witch Project*〉(1999)에 의해서다. 〈블레어 위치 프로젝트〉는 완전히 허구적으로 꾸민 각본을 바탕으로 만든 모큐멘터리다. 200년간 내려온 전설의 마녀 '블레어 위치'에 대한 다큐멘터리를 만들기로 한 영화학과 학생 세 명이 마을 주민들을 인터뷰하고 나서 마녀의 숲으로 들어간 이후 돌아오지 않는다는 내용이다(박인규, 2006). 약 2,200만 원으로 제작한 이 작품은 메이저 배급사를 거쳐 2,000억 원 이상의 막대한 수익을 거뒀다. 이후 할리우드 영화 〈REC〉(2007), 〈파라노말 액티비티*Paranormal Activity*〉(2007), 〈클로버필드*Cloverfield*〉(2008) 등의 제작에 큰 영향을 주었다.

한편, 한국에서도 2003년 인터넷에서 〈목두기 비디오〉라는 이름의 다큐멘터리가 큰 논란을 불러일으켰다. 여관 몰카에 우연히 찍힌 영혼의 진실을 쫓는 내용의 이 영상물은 네티즌의 사이에서 실제냐, 아니냐를 두고 논란이 벌어졌지만, 밝혀진 진실은 모든 것이 허구라는 것이었다. 〈목두기 비디오〉는 국내에서 제작된 최초의 모큐멘터리다. CCTV와 같은 몰래 보기는 〈그것이 알고 싶다〉 등 여러 시사 프로그램에서 관습적으로 쓰이던 자막과 함께 이용되면서 기존 양식에 대해 관객이 지닌 인식을 이용하여 허구적 텍스트를 제시했다. 전문가 의견과 기록 문서 및 사진은 사실성을 검증받았다고 생각하는 전문적이고 객관적인 정보를 활용해 허구적 텍스트임에도 불구하고 신빙성을 부여해 줌으로써 다큐멘터리와 허구적 텍스트 간의 긴장감을 조성한다(손병우, 2014). 이후 실제 정신병원을 소재로 한 페이크 다큐멘터리 영화 〈곤지암〉(2018)이 화제가 되었다. 이 영화 역시 실제 출연자들이 촬영한 영상을 적극적으로 활용해서 사실감을 극대화했다는 평가를 받았다.

3) 재연

재연은 범죄 사실이 확인된 범인에게 현장에서 범죄 행위를 그대로 반복하게 함으로써 범죄 행위와 관련된 세부 정보를 확인하는 현장 검증에서 비롯된 용어다. 미디어가 재연 기법을 차용할 때는 정보 전달이 목표든 시청자의 눈길을 끌기 위한 홍보 차원의 선택이든, 현실을 가능한 한 정확하게 재생산하겠다는 노력에서 비롯된 것이라고 볼 수 있다.

넓은 의미에서 재연의 시초는 19세기 신문 지면의 삽화라 할 수 있다. 신문의 전성기였던 19세기 후반에, 사진은 긴 포즈 시간 때문에 생동감이 떨어지는 죽은 듯한 장면을 찍을 수밖에 없었고 사진 영상의 대량 재생산 비용이 높았기 때문에 쉽사리 대중 신문에 채택되지 못하였다. 반면 사건 현장에서 그려진 1차 스케치, 또는 사진을 보고 그린 스케치를 기초로 한 판화가 신문 지면에 사건과 함께 설명하는 삽화로 제시되었다. 삽화 과정은 사진 한 장이 절대로 수행할 수 없는 일, 즉 사건 이해를 위해 유의미한 요소를 한 장면 안에 배치할 수 있을 뿐 아니라 한 장면 안에 액션과 내러티브를 포함할 수 있도록 인물과 행위를 배치할 수 있다는 장점이 있다. 이와 동일한 이유로 20세기 초의 영화 뉴스도 현장 필름의 부족분을 메우기 위해서 시사 사건을 재연한 필름을 정규적으로 영사했다. 오늘날까지도 텔레비전 뉴스는 현장 화면의 부족을 메우기 위해, 또는 정보 전달을 수월하게 하려고 재연 시퀀스를 사용하기도 한다. 그러나 뉴스 시간에 재연 시퀀스는 보도 윤리 측면에서 금지 또는 부적절한 것으로 여기기 때문에 부득이한 경우가 아니면 사용을 자제하고 있으며, 반드시 화면 위에 재연 화면임을 밝히는 것이 저널리즘 관행으로 정착되었다(홍석경, 2011).

이렇듯 현실 효과는 현실 정합성이 아니라 장르 관습에 기인하며, 보여주기를 통한 정보/지식의 전달은 사진과 같은 현실 효과 미디어가 보증하는 현실 정합성에 의해서가 아니라 그것을 분석하여 '그럴듯함'의 차원을 첨가하는 허구적 재구성을 통해 가능하다는 것을 알 수 있다. 시사 사건의 다큐픽션과 재난 추측 다큐픽션의 재연 시퀀스는 이러한 두 가지 '그럴듯함,' 즉 허구 세계의 그럴듯함과 다큐멘터리의 현실 효과 관습을 모방함으로써 추구하는 그럴듯함을 미묘하게 섞고 있다(홍석경, 2011: 128).

리얼리티 프로그램 속 재연

재연은 1980년대 말 미국에서 시작하여 1990년대 초에 전 세계에 퍼진 1세대 리얼리티 쇼 프로그램 속에 삽입되어 텔레비전 문화의 전면에 부각되었다. 재연은 보통 사람들이 일상에서 벌어질 수 있는 사건에서 영웅 행위를 하거나 비현실적 유령의 경험 등에 이르기까지 다양한 실제 겪은 일을 초보적인 음향과 빛의 효과, 그리고 픽션적 정황 설명, 얼굴이 잘 알려지지 않은 배우들의 대역을 이용해 다시 재생한다. 재연된 내용은 목격자 또는 실제 경험한 사람들이 출연해 사실 정합을 확인해 주는 방식으로 이용되었다. 이때 시청자를 이야기 속으로 끌어들이는 요소는, 시청자가 공유하고 집단으로 알아볼 수 있는 문화적 요소다. 어두컴컴한 하늘과 긴장된 배경 음악은 나쁜 일이 벌어질 전조로 이해되고, 유령이 등장할 때는 반드시 보름달 아래 부엉이 울음소리가 들려오는 식이다. 이때 현실 효과는 매우 단순하다.

유령의 존재는 그림자의 빠른 움직임으로 충분하고, 희미한 영상 또는 세피아로 처리된 화면 등으로 간단하게 귀신의 등장을 알린다. 그리고 잘 알려지지 않은 배우들이 다큐멘터리의 약호를 흉내 내서 좀 '싱거운 듯' 연기를 한다. 다시 말해서 배우들은 다큐멘터리답다고 인식되는 메타커뮤니케이션의 약호를 흉내 내지 픽션적이라고 느껴지게 하는 잘하는 연기를 피한다는 것이다. 결국 현실 효과는 실재와의 닮음을 통해서가 아니라 다양한 재현 방식의 경험을 통해 발전된 '그럴듯함'의 약호와 관련된 것이다.

재연 화면은 애초에 리얼리티 프로그램에서 사용되기 시작했지만, 이제는 다큐멘터리나 뉴스에서도 이러한 재연 기법이 사용되는 경우가 늘어나고 있다. 현실 화면이 아닌, 현실의 재구성이라고 할 수 있는 재연 화면은 사건에 대한 정보를 효율적으로 전달할 수 있다는 장점이 있기도 하지만, 여러 가지 차원에서 저널리즘 윤리 문제를 야기할 가능성을 안고 있다.

저널리즘이란 객관성의 원칙에 따라 구축될 수 있는 개념이다. 즉 개인적 가치 판단을 최대한 배제하고 사실을 있는 그대로 전달할 때야 진정한 의미에서의 저널리즘이 성립될 수 있다는 말이다. 그러나 재연 화면의 빈번한 사용은 현실과 허구의 경계를 무너뜨리며, 어디까지가 진실이고 어디까지가 거짓인지를 관심의 뒷전으로 밀어내 버린다. 특히, 페이크 다큐멘터리 형식에서 볼 수 있는 것과 같은, 재연 화면임을 숨기는 거짓 다큐멘터리 화면을 사용하는 일은 윤리적으로 커다란 문제를 야기한다(홍석경, 2004).

한편, 관찰 예능을 표방한 〈나 혼자 산다〉(2013~/MBC), 〈우리 결혼했어요〉(2012~2017/ MBC), 〈발칙한 동거〉(2017~2018/MBC) 등의 일부 리얼리티 프로그램에서는 카메라의 위치가 미리 고정되어 있음을 알 수 있다. 이것은 미리 어떤 일이 일어날지를 예상하고 구성한 내용이라는 점을 시사한다. 사실 이런 영상은 리얼리티를 가장한 허구적 영상 구성물임을 알 수 있다.

저널리즘 속 재연: 진실성

뉴스와 더불어 현실을 사실적으로 표현하고 진실을 전달하는 것을 목표로 삼은 미디어가 다큐멘터리다. 뉴스와 다큐멘터리에는 영상 기술의 발전에 따른 여러 가지 인위적인 형식과 스타일이 도입될 수도 있지만, 이는 현실을 왜곡시키지 않는 한도 내에서, 최소한의 진실성을 담보하는 한에서만 행해져야 한다.

뉴스는 사건으로 이루어지고, 뉴스 영상은 사건 영상을 지향한다. 그런데 진정한 사건 혹은 사고, 즉 예고 없이 발발한 일촉즉발의 상황에 대한 현장 사진이 있을 수 있을까? 사건이 터졌을 때, 그 사건이 발발한 현장 사진은 있을 수 없다. 기자가 찍은 사진이 있다는 것은 그 사건이 이미 예정되어 있던 것임을 의미한다. 즉 기자가 이미 그 시간 그 장소에 먼저 서 있었고, 이렇듯 준비와 기다림의 과정을 통해서 찍힌 사건이 담보하는 사건을 진정한 의미에서의 일촉즉발의 상황으로 볼 수는 없다. 대부분 텔레비전 뉴스의 배경 화면이 사전에 녹화한 자료이거나, 영상 구성의 원칙에 따라 관습화된 장소인 것은 영상의 대상이 되는 사건 및 사고의 즉각적 포착이 불가능하다는 사실을 알려준다.

한편, 시의성 있는 사건 및 사고를 다루기 때문에 시간에 쫓기며 영상을 생산해야 하는 뉴스 영상 기자와는 달리, 다큐멘터리 제작자는 다소 충분한 시간적 여유를 가지고 특정 주제에 접근한다. 따라서 현실의 모습을 진실하게 전달하는 영상물의 제작을 위해서, 영상 표현에서의 진실과 허구의 인식 문제를 다시금 상기하고, 표피적인 사실이 아닌 근본적 사태의 심각성에 다가가기 위한 제작 과정상의 정직성과 성실성을 놓치지 말아야 한다. 다큐멘터리에서 이러한 정직성과 진실성은 다큐멘터리 작가와 제작자의 몫이다. 뉴스와 달리 사전 조사와 긴 준비 기간을 통해 스토리가 생산되고 그것을 가능한 작가의 개입 없이 담아내기 위한 노력을 통해서 좋은 다큐멘터리가 탄생한다. 좋은 다큐멘터리는 다다를 수 없는 목표인 현실에 대한 '객관적' 정보를 생산하는 것이 아니라 진실되고 정직한 사실을 담는 것이다.

새로운 영상 기술이 가져온 현실 재현의 문제

우리 시대 현실을 재현하는 영상 기술은 과거처럼 실존하는 대상을 지표로 포착하는 방식에서 벗어나 현실의 모습을 모방하거나 새롭게 창조하는 기술로 진화하고 있다. 컴퓨터 그래픽은 지구상에 존재하는 거의 모든 대상은 물론이고 우리가 한 번도 보지 못했던 먼 우주의 초자연적 현상마저 극사실적으로 재현해 낸다. 이는 정영상뿐만 아니라 동영상 형식으로도 이루어지며, 게임 영상의 경우 시청자의 상호 작용에 따라 달라지는 시각적 풍경과 사물의 움직임을 실시간으로 재현하며 새로운 시청각 경험을 제공한다.

허상을 현실보다 더 그럴듯하게 재현하는 영상 기술은 컴퓨터 그래픽 기술만이 아니다. 흔히 딥 페이크deep fake로 불리는 머신 러닝 기술인 적대적 생성 신경망(GAN: Generative Adversarial Network) 기술은 몇 장의 사진과 3~5분에 해당하는 짧은 영상을 이용해 원본 영상에 등장하는 인물의 얼굴과 음성을 사진 속 인물로 감쪽같이 바꾼다.

문제는 이러한 영상 기술이 재현하는 현실이 너무 사실적인 나머지 실제 현실과의 구분이 점점 어려워진다는 데 있다. 이에 따라 영상을 통해 현실을 조작하고 왜곡하여 허구를 사실로 둔갑시키는 행위는 더 이상 우려가 아닌 현실이 되었다. 가짜 뉴스는 물론 유명인이나 일반인의 얼굴로 둔갑한 딥 페이크 음란물 등 각종 비윤리적 영상 제작 사례가 증가한다. PC가 보급되고 이러한 영상을 생산하는 디지털 기술이 점차 용이해지면서 과거보다 더 많은 사람이 비윤리적 영상 제작에 참여할 수 있다는 점 또한 매우 심각한 문제다. 따라서 새로운 영상 기술이 가져올 현실 재현의 문제에 대처할 수 있는 제도적 보완과 영상 리터러시 배양, 영상 윤리 정립의 필요성은 아무리 강조해도 지나치지 않다.

4. 영상 저널리즘이 제기하는 윤리 문제

1) 사건을 만드는 영상

전 지구가 네트워크로 연결되는 현대 사회에서 영상은 현실이 사건화되는 데 결정적인 역할을 한다. 사고나 전쟁 같은 특정 시간에 발생하는 사건이 아니라 오랜 기간 지속하는 문제는 대부분 세계의 뉴스 시스템에서 사건으로서 주목받지 못한다. 그러나 이러한 비극적 현실이 대규모 난민이 발생하는 등 눈길을 끄는 뉴스 화면을 제공하는 순간, 세계적인 시사 현실로 부각될 가능성이 높아진다. 중동이나 제3 세계에서 일어나는 숱한 테러보다 프랑스나 유럽에서 일어난 테러로 발생한 사건이 세계적으로 더 주목받는 것 역시 이러한 영상에 의존하는 현대 뉴스 체제의 메커니즘 때문이라고 볼 수 있다.

뉴스 시스템 사이의 경쟁으로 인해, 좋은 뉴스 화면을 제공하는 것이 뉴스로서 주목을 받을 수 있는 우선적인 조건이 되고 있다. 뉴스 책임자는 같은 중요성을 지닌 사건 정보를 접수했을 때, 명백하게 '그림이 좋은' 사건을 뉴스화하고 나머지를 사장한다. 뉴스 가치보다 스펙터클 차원에서 점수를 얻은 사건을 앞에 놓는 경우도 있다.

이러한 메커니즘은 스포츠 분야에서도 발견된다. 텔레비전 중계가 전면화되면서 그동안 비인기 종목이었다가 훌륭한 텔레비전 영상을 제공한다는 점에서 체조, 피겨 스케이팅, 수중 발레 등이 주목받게 되었다. 결국, 정보 미디어에서 현실에 대한 영상의 중요성이 높아질수록, 좋은 영상을 생산하지 못하는 현실은 사건으로서 주목받게 될 가능성이 점점 낮아지게 된다.

2) 생명과 바꾸는 영상

뉴스 영상의 존재는 이처럼 상품화된 스펙터클 이상의 의미와 사회적 효과를 발휘한다. 현장 사진을 통해서 현실을 포착하려는 영상 보도 기자들은 두 가지 중요한 문제점에 봉착해 있다. 이들은 지구촌 곳곳의 현장에서 다음과 같은 윤리 문제, 결단의 순간을 경험하게 된다. 첫째, 아프리카 기아 현장이나 시리아 내전과 같은 전쟁터에서 난민과 부상자의 사진을 찍는 것은 카메라를 놓고 한 생명을 구하는 것보다 중요한 일일까? 둘째, 진실을 밝혀낸다는 이유로, 또는 독자나 시청자가 보기 원하는 내용을 제공한다는 이유로 피사체가 되는 사건의 주인공들이 원치 않는 영상을 찍는 것은 옳은 일일까?

첫째 문제에 대한 해답은 개인적인 결단을 요구하는 매우 어려운 문제다. 우리는 간혹 수해 지역에서 촬영하다가 물에 뛰어들어 사람을 구한 카메라맨의 미담을 접하기도 하고, 반대로 보스니아 내전에서 현장 사진을 찍다가 죽는 카메라 기자들에 대한 외신을 접하면서 그들의 휴머니즘과 투철한 직업의식에 찬사를 보내기도 한다. 기아로 죽어가는 아프리카 어린이를 업고 병원으로 달려가기보다 사진을 찍어 배포하는 전문 영상 기자들의 작업을 깎아내릴 수는 없다. 전쟁의 참혹함과 무의미함을 충격적으로 전달하는 사진을 찍어 직접 한 생명을 구하지는 못하더라도 궁극적으로 종전을 앞당기는 데 이바지해, 수천, 수만 명의 생명을 구할 수도 있기 때문이다.

두 번째 문제의 해답은 비교적 명백하다. 소비자는 알 권리를 지니고 있지만, 뉴스 미디어의 관심 대상이 되는 공인의 개인권 보호가 더 앞선다는 주장이 갈수록 힘을 얻고 있다. 대중이 알고 싶어 하는 욕망은 선정적이고 상업적 미디어에 쉽사리 이용당하기 쉽다. 파파라치에게 쫓기던 다이애나 전 왕세자빈의 자동차 사고는 역설적으로 현대 사회에서 정말 생명과도 바꿀 수 있는 영상의 문제를 제기한다.

3) 영상의 통제

빛을 이용한 복제 가능한 영상의 시대가 도래하기 이전에도, 모든 시대의 권력자들은 자신의 공적 이미지를 창출하고 통제하는 것을 중요한 통치의 수단으로 이해해 왔다. 군주가 대중 앞에 모습을 드러내는 공적 행사는 그 자체가 훌륭한 스펙터클이 될 수 있도록 화려하게 치장, 연출되었으며, 군주와 실력자들의 초상과 동상의 생산은 통치 행위의 중요한 일부였다. 요약하자면 오랫동안 이미지는 그것의 생산을 명령하고 지원하는 주인의 이해에 봉사하도록 통제됐다. 사진의 등장 이후에도 순간 사진이 발명되기 전까지, 사진의 주인공은 자신이 원하는 자세와 배경을 선택함으로써 공적 이미지를 스스로 통제하고 연출할 수 있었다.

그러나 순간 사진이 등장하자, 자신의 이미지는 더 통제가 불가능해졌다. 공인은 자신의 실수나 우스꽝스러운 모습을 잡아내기 위해 카메라를 들이대고 있는 수많은 영상 기자 사이에 자신을 방어 불가능하게 노출할 수밖에 없다. 이처럼 영상의 생산이 통제 불능이 된 것은 단지 개인 차원이 아니라, 크고 작은 모든 사건에 같은 조건이 되었다.

베트남 전쟁은 보도 영상이 현실에 대한 대중의 이해에 엄청난 영향을 미치고, 그것이 다시 현실의 전개에도 영향을 미친다는 사실을 권력자에게 인식시킨 계기가 되었다. 베트남전을 취재하던 프리랜서 기자들이 현장에 밀착해서 찍어 낸 전쟁의 참상은 미국 정부가 선전하던 것처럼 영광스럽거나 베트남 국민에게 환영받는 것이 아니라는 사실이 TV를 통해 미국 가정에 그대로 전달되었다. 이것은 당시 학생과 진보적 지식인 중심으로 이루어진 반전 여론을 전국으로 확산시켜 미국 정부를 압박했고 결국 베트남에서 철수하는 데 큰 영향을 미쳤다. 베트남전 이후로 세계 곳곳의 전쟁터에서 전쟁 당사자들은 영상 보도 기자들의 활동을 철저히 통제하기 시작했다.

이러한 경향은 공동 취재pool reporting 제도가 시행되었던 걸프전에 이르러 정점에 도달했다. 충격적인 현장 사진을 볼 수 있었던 1960년대의 베트남전과 비디오 게임을 닮은 1990년대의 걸프전 화면은 전쟁의 영상 생산 방식이 크게 변화했음을 보여 준다. 이러한 걸프전의 빈약한 영상은 '이미지는 없고 비주얼만 있다'라는 호된 비판을 받았으며, 영상 시대라고 불리는 영상

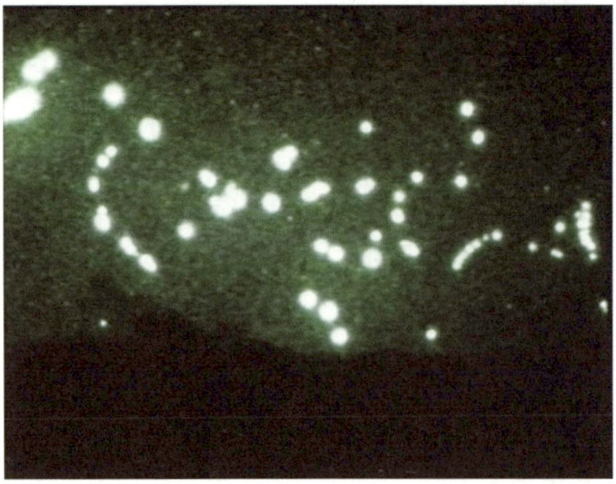

그림 50 CNN의 걸프전 생중계 화면.

풍요의 시대가 실질적으로는 정보를 담은 질적인 영상의 결핍을 겪고 있다는 문제를 드러냈다.

4) 새로운 저널리즘 영상 기술이 제기하는 영상 문제

현대의 새로운 영상 기술은 사건이나 현상을 효과적이고 효율적으로 보도하기 위해 저널리즘 분야에서도 활발히 사용된다. 공간적 제약을 허물며 더욱 거시적 광경을 (발각되지 않고) 포착할 수 있는 드론 촬영이 저널리즘에 사용되면서 드론 저널리즘이라는 표현까지 나타났다. 빅 데이터를 시각화하는 데이터 시각화 기술 또한 사실에 충실한 보도를 목적으로 하는 저널리즘 분야에 사용되면서 데이터 저널리즘이라는 용어가 생겨났다. 많은 사람이 선명한 화질과 간편한 이용법을 바탕으로 한 스마트폰 카메라를 활용하게 되면서 특정 사건이나 현상을 촬영하고 소셜 미디어로 확산시키며 시민 저널리스트가 되었고 시민 저널리즘citizen journalism이라는 분야도 탄생하였다. 과거처럼 중계차와 카메라맨과 기자가 사건 현장에 출동하여 취재하고 보도하던 방식과 완전히 다른 특성의 새로운 저널리즘 영상 기술은 현대의 저널리즘 형식과 영향력을 변화시키고 있다.

드론 촬영 기술은 은폐적, 거시적 특성을 가지고 시공간적 제약을 허물며 사람들이 직접 취재하기 어려운 사건이나 현상을 포착한다. 2022년 발발한 우크라이나-러시아 전쟁은 드론이 무기의 기능뿐만 아니라 저널리즘 영상을 위한 기술로도 매우 효과적으로 기능하고 있음을 확인하게 해 주었다. 드론은 취재진이 직접 촬영하기 어려운 적진의 공간과 상황을 포착하여 전술 전략에도 도움을 주고, 그 장면이 보도 자료로 이어지게 하는 역할을 했다. 데이터 시각화는 이해하기 어려운 빅 데이터를 도표나 다이어그램과 같은 정성적 이미지로 표현하여 쉽게 패턴을 찾아내고 특정 현상이나 사건의 인과성을 밝히는 효율적인 저널리즘 영상 수단으로 사용되고 있다.

9장에서 더 자세히 살펴보지만, 시민 저널리즘은 기존 매스 미디어 위주의 저널리즘이 다루지 못하던 국부적이고 미시적인 (그러나 심각한) 문제와 현상을 공론화할 수 있는 수단으로 그 영향력이 커지고 있다. 또한 취재진의 이동이 느리고 둔했던 전통적 저널리즘보다 현장에 있는 시민들에 의해 재빠른 취재가 이루어지면서 보도가 더욱 신속해졌다.

이러한 긍정적 효과 이면에 부정적 영향력도 존재한다. 드론 촬영은 사건이나 현상과 무관한 다수 사람을 함께 촬영하여 사생활을 침해할 수 있는 위험성이 있다. 데이터 저널리즘의 경우, 데이터를 수집하거나 생성에 기여한 주체가 누구인지에 따라 편향성을 가진 데이터를 사용하게 되어 현상이나 사건의 본질을 흐리게 만들 가능성이 있다. 특히 2011년 3월, 일본 도호쿠 대지진으로 인해 발생한 쓰나미로 피해를 입은 후쿠시마 원자력 발전소 관련 데이터를 예로 들 수 있다. 일본 정부가 공개하는 방사능 오염 농도 측정 데이터를 불신한 시민들이 '다라치네,' '민나노 데이터사이트,' '세이프 캐스트' 등 자체적으로 NGO 단체를 결성해 직접 방사능 농도를 측정하고 그 데이터를 공개하는 것이다. 방사능 문제와 관련하여 일본 정부는 이제 안전하다고 주장하고 있지만, 그 주장을 믿기 위해서는 일본 정부의 데이터만이 아니라 시민들 스스로가 데이터를 축적할 필요가 생겨났다.

REVIEW

- 다음 잡지 기고문을 읽고 자연 다큐멘터리 영상에서 현실성과 진실성에 대해 좀 더 비판적으로 생각해 보자. (2008년 3월에 방송한 KBS 〈환경 스페셜〉 '밤의 제왕 수리부엉이' 조작 파문이 있었다. 수리부엉이가 토끼를 잡는 야간 사냥 장면을 야외 세트에서 촬영했지만, 시청자에게 알리지 않은 것이 사단이 되었다.)

> '조작'이란 표현이 억울하더라도 '재연' 표기 안 한 것은 문제 있어
> KBS 〈환경스페셜〉, '밤의 제왕 수리부엉이' 조작 파문
>
> 유현석 순천향대 신문방송학과 교수
>
> …… 그러나 문제는 2부의 사냥 장면에서 먹잇감으로 사육된 동물을 사용하고, 이런 동물들을 묶어 놓은 과정에 대한 명확한 설명이 빠져 있었다는 점이다. 즉 수리부엉이가 다니는 길목에 카메라를 설치하고 기다리면서 사냥 장면을 찍고자 한다는 것은 당연히 먹잇감을 미리 세팅해 놓았다는 것을 전제로 한다.
>
> 그러나 대부분의 시청자들은 프로그램 안에서 명확하게 설명해 주지 않으면 이러한 장면이 내포한 의미를 그대로 지나치기 쉽다. 더욱이 이 다큐멘터리의 메이킹 과정을 다룬 2부에서 수리부엉이가 좋아하는 먹잇감의 종류, 먹잇감 세팅 방법 등 제작 과정에서 당연히 논의되었을 과정이 포함되지 않은 점 역시 석연치 않다. 즉 제작진은 문제가 된 먹잇감 세팅에 대해 그 사실을 완전히 숨긴 것도 아니고, 그렇다고 명확하게 알려준 것도 아닌 좀 애매한 입장을 보였다. 즉 알려지면 변명할 수 있는 거리를 만들어 놓고, 만약 그냥 모르고 지나가면 좋은 거라는 입장이었던 것 같았다. 만약 1부 방송 중에 사냥 장면에서 '재연'이라는 자막을 넣었다면 적어도 조작 논란과 관련한 비판은 피할 수 있었을 것이다. 그러나 다큐멘터리의 사실성에 대한 논란은 생각보다 다양한 측면을 고려해야 한다. ……

- 다음 2018년 8월 3일 〈중앙일보〉 인터넷 문화면 기사를 읽어 보자. "대역 재연 화면"이었다고 해명한 〈그것이 알고 싶다〉와 같은 시사 프로그램이나 뉴스에서조차 '재연' 자막을 넣지 않은 채 자극적인 내용의 인터뷰와 영상을 보여 주는 이유와 그 목적, 효과에 관해서 토론해 보자.

['그것이 알고 싶다' 측 1092회와 1130회. 이중 인터뷰 논란 해당 장면 비교: 두 편 모두 '재연' 자막을 넣지 않았다.]

…… '그것이 알고 싶다'의 1130회 '권력과 조폭 — 파타야 살인 사건 그 후 1년'에서는 성남지역 폭력조직 '국제마피아파'와 이재명 성남지사 간 유착 의혹을 제기했다.

이날 방송에 등장한 2015년 당시 태국 KTM커뮤니케이션에서 근무했다는 제보자와 PD의 인터뷰 장면은 지난 2017년 9월 9일 방송한 1092회 '누가 방아쇠를 당겼나 — 마닐라 총기 사건'의 제보자 영상과 같았다.

이와 관련 '그것이 알고 싶다' 측은 3일 "탐사 취재 프로그램은 제보자의 요청 시 신변보호를 위해 대역 재연이 포함되며 이를 자막으로 고지하고 있다"며 "때로는 음성 변조와 모자이크만으로도 제보자를 주변에서 특정할 수 있어 제3의 공간과 제3의 인물 화면으로 전면 대체한다"고 밝혔다. 그러나 중요한 제보 내용을 다루면서 과거에 사용했던 대역 장면을 재사용해 혼란을 야기한 점은 문제라는 지적이 나온다. ……

- 21대 총선 개표 방송에서 SBS의 투표 개표 방송은 출마자들의 캐리커처를 마치 게임 캐릭터처럼 보이게 했다. 과거 선거 개표 방송과는 달리 정치를 희화화하고 단순화한다는 비판을 받는다. 여기에 관해 토론해 보자.

그림 51 SBS의 21대 총선 개표 방송.

ZOOM IN

- 다음을 읽고 저널리즘에서 영상의 현실 재현에 대해 생각해 보자.
  《영상 저널리즘의 이해》 | 줄리안 뉴튼 | 허현주 옮김 | 누빛 | 2006 | pp.139~153
- 다음을 읽고 사진 영상이 현실을 반영하는지에 대해 생각해 보자.
  《사진, 매체의 윤리학》 | 주형일 | 인영 | 2006 | pp.127~128
- 다음을 읽고 모큐멘터리와 다큐멘터리에서 재연의 의미에 대해 생각해 보자.
  《다큐멘터리와 사실의 재현성》 | 최현주 | 한울아카데미 | 2018 | pp.121~151

영상 저널리스트의 윤리적 딜레마
:〈뱅뱅 클럽〉

영화 〈뱅뱅 클럽*The BangBang Club*〉(2010)은 현장의 사진 기자들이 겪을 수밖에 없는 딜레마를 다룬다. 이 영화의 제목은 1980년대 남아프리카공화국의 아파르트헤이트가 팽배한 혼란기 내전 상황에 모인 사진가들의 모임을 부르는 말이다. 그중 한 명이 퓰리처상을 받은 그 유명한 〈굶주림에 죽어가는 소녀를 바라보는 독수리〉를 찍은 사진 기자다. 영화는 그와 그의 친구들이 특종을 바라며 삶과 죽음의 경계를 오가는 과정을 그리며 사진 기자들이 절박한 현장에서 겪는 다양한 윤리적 딜레마를 표현한다.

남아프리카 공화국의 아파르트헤이트 정권 마지막 나날을 담기 위해 모여든 네 명의 젊은 사진 기자들(케빈, 주앙, 그렉, 켄)은 뱅뱅 클럽이라 불렸다. 우정을 나누며 열정적으로 촬영을 하던 이들은 흑인 차별주의로 악명이 높은 남아프리카 공화국의 상황이 부족 간 분쟁으로 치닫게 되자, 시시각각 삶과 죽음이 넘나드는 사지에 뛰어들어 마치 전쟁에 참전하듯 카메라를 찍어 댄다.

뱅뱅 클럽에 가장 마지막으로 참여한 그렉(라이언 필립)은 1990년 9월 15일 ANC 지지자들에게 불이 붙은 청년을 찍은 사진으로 멤버 중 가장 먼저 퓰리처상을 수상한다. 그렉의 성공에 자극을 받은 케빈(테일러 키치)은 취재차 수단에 갔다가 〈굶주림에 죽어가는 소녀를 노려보는 독수리〉라는 사진을 촬영해 클럽 멤버 중 두 번째로 퓰리처상을 수상한다. 그러나 케빈은 이 사진으로 인해 엄청난 윤리적 비난에 직면한다.

사진 저널리즘의 윤리와 기자의 윤리적 딜레마

그림 52 케빈 카터가 촬영한 〈굶주림에 죽어가는 소녀를 노려보는 독수리〉.

영상 저널리스트라 불리는 사진 기자를 비롯해 방송 카메라 기자, 다큐멘터리 감독은 사건의 현장에서 다양한 윤리적 딜레마를 겪을 수밖에 없다. 영상 저널리스트들이 선택한 렌즈의 길이, 앵글과 포커스, 화이트 밸런스, 조리개(아이리스), 셔터 속도 등이 적용된 정영상 프레임이나 동영상은 저널리즘의 파급력만큼이나 엄중한 윤리적 책임을 동반한다. 극한 경우, 생명을 구하기 위해 직접 현실에 개입하거나 그러는 대신 사진을 찍어 그 참상을 전 세계에 전해야 하는가 결정을 내려야 하는 것이다.

최근에는 신문 기자나 방송 PD가 직접 사진 기자나 카메라맨의 역할을 겸하는 경우가 많아졌다. 카메라를 든 모든 저널리스트는 영상의 윤리 문제를 고민하지 않을 수 없다. 이 경우, 사실을 알아야 할 공중의 권리와 사생활의 보호를 받아야 할 개인의 권리를 비교해 개인의 피해를 최소화하거나 이해 상충을 회피해야 한다. 또한 영상에 관여한 저널리스트와 영상 편집자는 저널리즘의 특성상 짧은 시간 안에 딜레마가 따르는 윤리적 결정을 내릴 수 있어야 한다.

영상 저널리스트가 겪는 또 다른 딜레마는 '저널리즘 사진과 그 밖의 사진을 어떻게 구분하는가'다. 사진의 조작과 아름다운 사진을 전달하기 위한 후반 작업은 어떤 기준으로 구분되는가? 처참한 현장 사진을 아름다운 구도로 전달하는 것, 이를 위해 후반 작업을 하는 것은 윤리적인가? 현장에서 사진을 찍으며 이미 사건을 프레이밍하는 것은 아닌가? 이처럼 크고 작은 문제들이 제기되는 현장에서 끝없이 성찰해야 한다.

영상 저널리스트, 즉 사진 기자의 관점에서 뉴스 가치가 있는 순간을 잡아내는 것은 중요한 자기 수양을 전제한다. 또한 사진 기자는 진실을 보도하도록 자신을 훈련해 나가야 한다. 이들은 일종의 영상 역사가의 역할을 하고 있다. 다음의 영상 저널리스트가 윤리적 결정 시 고려할 사항을 보자.

- 프레임 안팎에서 저널리즘적 진정성을 반드시 유지하라.
- 탁월한 포토저널리즘 작품은 정확성과 미학의 혼합물이다.
- 이미지와 스토리의 뉴스 가치를 파악하라.
- 수요자에 미치는 효과는 항상 당신의 지도 원칙 중 하나가 되어야 한다.
- '항상 켜져 있는' 시대에는 시의성이 핵심이긴 하지만 변명은 되지 못한다.

- 다른 사람과 (직업적으로든 임시적인 크라우드소싱을 하든) 협력할 때는 이미지와 그 이미지가 대변하는 더 큰 내러티브 간의 연관성을 파악하고자 노력하라.
- 구도 내 개개인, 그 개인과 가까운 사람, 그 주변의 공동체에 불필요하게 미치는 피해를 최소화하면서 저널리즘 책임을 극대화하라.
- 자신의 의사 결정 과정을 계속해서 실행하고 평가하라. 사전에 좋은 질문을 던져 보면 더 나은 윤리적 결정을 내리는 데 도움이 될 것이다.

(McBride & Rosenstiel, 2014/2015: 168~169)

이상과 같이 사진 기자, 즉 영상 저널리스트는 이 영화에서처럼 다양한 윤리적이고 비판적인 질문을 던지고 그 해답을 구하면서 자신이 선택한 사진이나 영상을 촬영하고 편집해야 한다. 때에 따라서 죽음의 고비를 스스로 무릅써야 할 때도 있지만, 때로는 누구보다 먼저 목격하게 된 사건의 진실을 드러내기 위해 끊임없이 노력해야 한다.

이제 뉴스 생산의 프로슈머로서 디지털 1인 미디어 시대에 접어들었다. 영상 저널리즘의 새로운 주체는 고해상도 카메라가 내장된 스마트폰으로 무장하고 모바일 소셜 네트워크 서비스(SNS)로 이미지를 전달하는 시민이다. 영상 저널리스트가 겪어야만 했던 윤리적 딜레마는 스마트폰을 든 전 세계의 시민 역시 고민할 때가 온 것이다. 스마트폰을 든 누구든 이른바 '특종 사건'과 마주칠 때 이 같은 윤리적 고민을 해야 할 시대가 되었다.

PICK

영상 저널리스트가 빠질 수 있는 치명적 유혹 : 〈나이트크롤러〉

포스트트루스post truth라는 말이 화두가 되며 가짜 뉴스가 이슈가 되는 현재 〈나이트크롤러*Nightcrawler*〉(2014)는 〈뱅뱅 클럽〉과는 다른 측면에서 저널리스트의 윤리성에 대해 성찰하게 한다. 로스앤젤레스에서 막연한 성공을 꿈꾸던 루이스(제이크 질레할)는 우연찮게 비극적인 교통사고 현장에서 비디오카메라를 들이대는 조(빌 팩스톤)라는 비디오 저널리스트를 만난다. 그의 작업 과정을 본 후 루이스는 순식간에 비디오 저널리스트라는 직업을 이해한다. 그는 비로소 자신이 그토록 원하던 성공의 냄새를 맡는다.

무작정 조를 흉내 내던 루이스는 차츰 비디오 저널리스트로서 지역 TV 방송사에서 인정을 받기 시작한다. 낮은 시청률로 곤혹스러운 처지에 빠진 방송사 뉴스 책임자인 니나(르네 루소)는 루이스에게 더욱더 자극적인 사건을 찾아오라고 요구한다. 루이스는 대중의 주목을 끄는, 즉 시청률이 높은 자극적 사건이 돈이 된다는 사실을 깨닫고는 자극적 사건을 연출하기 시작한다. 그의 영상이 높은 시청률을 이어가기 시작하자 저널리스트로서의 윤리적 딜레마 없이 자신의 계획을 극단까지 몰아간다. 결국 자신의 조수가 희생되고 검찰의 조사를 받지만, 증거 불충분으로 풀려난다. 루이스는 〈뱅뱅 클럽〉에서의 그렉이나 케빈같이 자신의 윤리적 사명과 책임에 고민하던 영상 저널리스트들과 달리 자신의 성공을 위해 영상을 거리낌 없이 연출하고 조작한다. 이처럼 극단적인 경우가 아니더라도 갈수록 매스 미디어는 단번에 그림이 되거나 영상화하기 쉬운 사건을 더 선호한다.

영국 BBC 방송사의 '영상 다큐멘터리 제작 지침'은 영상 저널리스트가 이러한 유혹에 빠지지 않도록 참고할 만하다.

> 첫째, 다큐멘터리는 사실적인 주제를 심층적으로 조사해야 한다. 다시 말해 단순히 현상을 보여 주는 데 그치지 말고 주제에 대한 해석이 있어야 한다는 것이다. 또한 주제에 대한 단순 정보만을 제공하는 것이 아니라 시청자가 좀 더 깊은 사고와 이해를 가질 수 있도록 관점을 제시할 수 있어야 한다.
>
> 둘째, 다큐멘터리는 스튜디오에서의 토론을 통한 간접적인 방법이 아니라 다루고자 하는 사실이 존재하는 현장에 카메라를 놓고 직접 사실을 비추는 직접적인 방법으로 주제를 제시해야 한다.
>
> 셋째, 다큐멘터리는 창조적인 것이어야 한다. 이런 창조적인 의무는 기획자나 연출자가 최종적인 책임을 진다는 것을 의미하며 그런 점에서 기획자와 연출자는 작가와 마찬가지로 프로그램의 창조자라고 할 수 있다. 또한 이를 위해 기획자, 연출자, 작가 간의 공조 체제를 갖추는 것이 바람직하다.
>
> 넷째, 다큐멘터리 프로그램의 연출자는 뉴스나 시사 프로그램의 연출자와는 달리 충분한 시간적 여유를 갖고 제작에 임해야 한다.
>
> 다섯째, 다큐멘터리는 매거진 프로그램 형식의 짧은 프로그램에서부터 몇 시간짜리 다큐멘터리에 이르기까지 다양하다.
>
> 여섯째, 다큐멘터리는 논의의 여지가 없는 사실에 초점을 맞출 수 있지만 때로는 상이한 의견을 가진 다양한 주제를 다룰 수도 있다. 그러나 어떤 경우든 허구적 사실을 이용해서는 안 된다.
>
> 일곱째, 다큐멘터리 연출자는 다큐멘터리의 본질을 해치지 않는 범위에서 시청자의 관심을 끌기 위해 그들의 감정에 호소하는 방법을 사용할 수 있으며, 이를 위해 영화적인 기법이나 저널리스트적 접근 나아가 드라마 기법까지 적용할 수 있다.
>
> (설진아, 2013)

REVIEW

- 〈뱅뱅 클럽〉의 소재가 된 〈굶주림에 죽어가는 소녀를 노려보는 독수리〉라는 사진을 보고 나서 5장의 '영상 저널리즘이 제기하는 윤리 문제' 부분을 다시 읽어 보자. 자신이 영상 저널리스트로 그 상황에 맞닥뜨렸을 때 과연 어떤 윤리적 관점으로 저널리즘적 선택을 할지 생각해 보고 토론해 보자.
- 〈뱅뱅 클럽〉 초반부에 처음으로 퓰리처상을 받아 자랑스러워하던 그렉이 남아프리카 공화국 출신 흑인 사진 저널리스트에게서 "백인을 위한 백인의 사진"이라 독설을 듣는 장면이 있다. 이 장면에 등장한 젊은 남아공 현지 사진 저널리스트의 입장에 대해 생각해 보고 정영상 프레임은 과연 누구의 시선을 대변하여야 하는가라는 관점에서 토론해 보자.
- 많은 종군 사진 기자들처럼 총알이 날아오는 상황에서도 물러서지 않고 시각적 진실에 접근하려 했던 그렉의 자세에 대해서 대중의 알 권리와 영상 저널리스트의 사명이라는 관점에서 생각해 보자.
- 뉴스의 재연이라는 관점에서 영상 뉴스의 연출이나 기존 장면의 재사용은 어디까지 정당한가? BBC의 다큐멘터리 제작 강령 중 여섯 번째 규칙에서 어떤 상황에서도 허구적 사실을 이용해선 안 된다고 적시한다. 이 규칙을 두고 〈나이트크롤러〉의 루이스가 저지른 사건 연출은 비디오 저널리스트로서 그가 지녀야 할 윤리와 성공만을 추구하는 미디어 사업가라는 정체성 사이에서 어떠한 문제를 야기하는지 생각해 보자.

6장

영상과 성 역할 고정 관념

4장에서는 영상의 의미와 이데올로기를 다루면서 우리 사회의 지배적 헤게모니와 이데올로기가 작용하는 과정을 알아보았다. 영상 문화에서 지배 헤게모니와 이데올로기로 작용하는 성, 인종, 민족에 대한 고정 관념도 살펴보아야 한다. 이 장에서는 집단에 의한 차별과 불평등에 대해서 알아보고 TV, 영화, 광고 등 영상 문화에서 실제로 재현되는 성 역할 고정 관념을 살펴본다. 더 나아가 K팝 아이돌이 주류로 등장한 한국 대중문화에서 성sexuality에 대한 왜곡된 시선 역시 비판적으로 다룬다.

1. 집단에 기초한 차별과 불평등: 성, 인종, 민족

집단에 기초한 차별과 불평등의 기원을 찾으려고 한다면 서구의 예로 기독교 구약의 창세기와 그리스 신화를 예로 들 수 있다. 인류의 탄생을 다룬 두 신화 모두 여성을 남성의 부차적 존재로 그리거나(하느님이 아담의 갈비뼈로 만든 이브), 남성을 위험에 빠지게 하는 사악하거나 나약한 존재(판도라의 상자)로 그린다. 결국 온전한 남성이 유혹에 약하고 사리 판단이 부족한 여성을 이끌어야 한다는 차별 인식이 아주 오랜 기간 서구 문화에 남았다. 유럽 중세를 휩쓸었던 마녀사냥처럼 정치나 종교 등 그 사회의 지배 집단이 만들어 내는 지배 이데올로기가 위협을 받을 때도 고스란히 그것을 사회적 소수자를 향한 혐오와 폭력으로 되갚았다.

2000년대에 들어서 남성의 취업 시 군 가산점이 위헌 판정을 받았으며 호주제가 폐지되었고, 여성가족부가 만들어졌다. 이전 시기보다 여성의 사회 진출이 활발해졌다. 하지만 IMF로 시작된 경제 불황이 장기화되면서 가부장제를 바탕으로 기득권을 유지하던 남성의 입지가 흔들리기 시작했다(홍지아, 2017). 일간베스트로 대표되는 인터넷 커뮤니티에서는 여성 혐오의 언어를 쏟아내기 시작했다. 이들 사이트에서 만들어 낸 '김치녀'와 '된장녀'는 한국의 미소지니Misogyny, 즉 여성을 대상화하는 혐오 표현의 대명사가 되었다. 2016년 강남역 화장실 살인 사건은 우발적인 사건이라기보다는 이러한 혐오의 과정이 반복돼 무의식에까지 작용한 결과다. 어느 시기나 성gender, 인종, 지역, 국가를 망라해, 집단에 의해 행해지는 소수자나 사회적 약자에 대한 불평등과 차별, 혐오는 지배적 헤게모니가 위협받을 때마다 기계적으로 되풀이된다는 사실을 알 수 있다.

2. 대중문화 속 젠더 스테레오타입

1) 스테레오타입이란 무엇인가

스테레오타입은 원래 출판 용어로, 자주 쓰이는 구문을 빠르게 찍어내기 위해 미리 고정된 활자틀을 말한다. 한편 사회적으로 쓰이는 스테레오타입이라는 말은 그 사회구성원이 공유하는 고정 관념을 뜻한다. 그 고정 관념은 지배적인 헤게모니와 결합해 사회역사적 변화에 따라서 같이 변화하고 다시 대중문화에 영향을 미친다. 특정 신화와 이데올로기에 기초한 고정 관념은 영상 미디어에 담겨 대중에게 즉각적으로 영향을 끼친다.

이 책에서는 스테레오타입과 고정 관념을 함께 사용한다. 이미 4장에서 스테레오타입에 관해 설명했지만, 두 단어 사이에는 미묘한 차이점이 존재한다. 스테레오타입은 젠더와 인종, 계급과 같은 구체적 차원이 동시에 작용해서 만들어진 재현들에 사용하고, 고정 관념은 여러 스테레오타입화된 재현을 포괄한 보다 일반화된 현상을 지칭한다. 영화나 드라마 등의 매스 미디어에서 개인의 특성을 인정하지 않고 일반 범주를 동원해 개인을 평가하는 것이 고정 관념이다. 예를 들어, 남자니까 밖에서 일을 해야 한다거나, 여자니까 당연히 육아나 살림을 해야 한다든지, 요즘 젊은이들은 일도 안 하면서 편한 일만 찾는다고 하는 것, 개성이 강한 청년 세대의 문제를 논하면서 20, 30대는 이렇다 저렇다라고 표현하는 것 등이 모두 개인을 고정 관념을 통해 단순화되고 차별적으로 이해하는 방식이다. 한편, '춤 잘 추는 흑인'이 긍정적인 스테레오타입이라면, '의지박약하고 폭력적인 흑인'은 부정적 스테레오타입의 사례다. '김치녀'나 '된장녀' 같은 말은 여성에 대한 혐오를 조장하는 부정적 스테레오타입이다.

2) 매스 미디어 속 성 역할 고정 관념

드라마나 영화 같은 매스 미디어는 우리 사회 통념상 자주 쓰이는 고정 관념을 사용한다. 그것은 더욱 쉽게 시청자나 관객이 인물이나 상황에 몰입하게 하기 위해서다. 매스 미디어에서 가부장제를 통한 남성적 기득권 유지라는 지배적 헤게모니를 담은 성 역할 고정 관념gender stereotype이 작동하는 이유 역시 같은 맥락이다.

예를 들어, 앨프리드 히치콕Alfred Hitchcock은 영화 〈새*The Bird*〉(1963)에서 의도하지 않았음에도 독립심이 강한 여성을 단죄한다. 여성은 의존적이며, 수동적이어야 한다고 몰아붙인다. 감독은 단순히 호러 영화를 만들었다고 하지만, 독립심이 강한 여성에게 눈살을 찌푸리는 보수적인 가톨릭 문화의 영향을 받았음을 인정할 수밖에 없다. 그의 영화가 주는 메시지는 독립적인 여성이 문명에 위협을 준다는 것이다. 히치콕은 성(젠더)에 대한 보수적 전통

그림 53 히치콕의 〈새〉. 히치콕은 남성의 역할을 여성이 함으로써 위기가 발생한다고 묘사한다.

주의자로서 무의식적으로 자신의 가치관을 영화 속에 투영한다. 그는 당연히 영화를 그렇게 만들어야 한다고 생각했고 남성이 여성을 비롯한 모든 것을 지배해야 한다고 믿었다. 결국 자의식이 강한 여성도 기존 남녀의 역할 분담을 수용해야 한다고 주장하기 위해, 히치콕은 남성 역할을 여성이 함으로써 많은 위기가 발생한다고 묘사한다. 그림 53에서는 아버지가 부재한 가족의 어머니가 장남 대신 중요한 전화를 걸고 있다. 이것은 감독이 보기에 정상적인 장면이 아니다. 영화 후반부 아들이 아버지 역할을 이어 가부장으로서 가족을 보살피는 것으로 위기를 극복한다(Ryan & Lenos: 2019).

이러한 가부장제 유지라는 지배 헤게모니에 문제를 제기한 것이 페미니즘의 시초다. 시몬 드 보부아르Simone de Beauvoir는 《제2의 성*Le deuxiem Sexe*》에서 제1의 성인 남성보다 제2의 성인 여성은 태어나는 것이 아니라 "만들어진다"는 문제를 지적한다. 보부아르의 문제 제기를 바탕으로 페미니즘에 의해 제시된 젠더gender라는 용어는 생물학적 성에 반하는 사회적 성을 뜻한다. 원래 젠더란 프랑스어를 비롯한 유럽의 많은 언어에서 명사의 성(남성/여성/중성)을 구분하는 용도로 쓰였다. 20세기 중후반, 양성평등의 가치가 높아지면서 남녀의 생물학적 구분을 뜻하는 성sex에 반하여 양성 차이에 대한 성찰이 지속적으로 이루어졌다. 그 결과 가부장제 지배 이데올로기가 주입된 사회적 교육과 성 역할 고정 관념이 성 역할의 차이를 만들어 낸다는 사실을 표현하기 위한 용어로 젠더가 쓰이기 시작했다.

여성은 태어나면서부터 가정과 학교 등 다양한 교육 기관에 의해 남성과 여성의 역할이 구분된다고 배우며 길러진다는 것이 사회적 성, 즉 젠더가 뜻하는 바다. 이 과정에서 여성은 가족의 재생산을 위해 출산, 육아, 가사 등의 헌신과 희생을 자연스럽게 받아들인다. 이는 근대 자본주의 발달에서 매우 중요한 과정이다. 노동 시장의 임금 격차와 취업 기회 및 승진 등 사회에서 여성의 노동을 동등하게 대우를 하지 않는다. 여성의 노동은 가정으로 국한된다. 이 노동은 끊임없는 돌봄과 자기희생이 요구되지만, 그 어떤 가치나 대가도 주어지지 않는다.

영상 미디어에서 여성을 남성보다 힘이 약하고 전문성이 떨어지며 모자란 존재로 그린다. 뉴스도 마찬가지다. 지금은 여성 메인 앵커가 등장하기도 하지만, 얼마 전까지도 여성 앵커는 연성 뉴스를 주로 담당했다. 가정에서 여성의 희생과 돌봄은 아주 자연스러운 일이며 여성의 가사 노동은 임금이 없는 노동이고 그것이 자연스럽고 당연한 것으로 재현된다. 결혼보다 자신의 경력을 중시하는 여성의 사회 진출이라는 사회 변동에도 불구하고 남녀 노동의 차이를 기초로 하는 성차별 이데올로기는 가부장제 자본주의가 가장 필요로 하는 이데올로기로서 가족의 재생산과 대가 없는 돌봄 노동에 끊임없이 여성을 고착시키는 재현을 생산한다.

드라마에서는 완벽한 맏며느리, 직업 있는 이기적인 둘째 며느리, 애교 넘치는 딸, 신경질적인 고학력 여성 등 스테레오타입을 생산한다. 무엇보다도 "여자는 훌륭하기보다는 몸매가 좋고 얼굴이 예뻐야 한다"는 성차별적 메시지는 오락 프로그램에서 교양 프로그램에 이르기까지 아나운서, 리포터, MC 등 여러 분야에서 여성의 역할 분담과 내용에 스며 있다.

이처럼 스테레오타입화를 넘어서서 고정 관념에 반하는 여성 인물이 등장하는 이야기에서 일종의 복수를 행사하는 상징적 폭력을 실행하기도 한다. 결혼한 여성이 가정을 '소홀'히 하고 자신의 커리어를 위해 직장생활에 전념했기 때문에 아이가 아프거나 가정의 행복이 깨지는 식의 흔한 '일한 대가' 이야기 전개가 여기에 속한다.

텔레비전, 신문, 영화, 광고, 게임 등과 관계없이 영상의 상징적 폭력이 가장 두드러지게 관찰되는 것은 여성 몸의 상품화다. 여성 인격을 시대적인 스테레오타입과 상품화된 미학의 결과인 날씬한 몸과 예쁜 얼굴만으로 환원시키는 영상의 재현은 어린이에게 그릇된 성 가치관을 심어 주고 젊은 여성을 과도한 다이어트로 몰아가는 폭력 효과를 낳는다.

3. 미디어에서 성 역할 재현

1) 미디어에서 보여 주는 현실은 재현이다

앞서 가부장제 이데올로기로 대표되는 지배적 헤게모니가 TV, 영화, 광고와 같은 매스 미디어를 통해 고정 관념을 전파하면서 미디어 소비자의 인식에 영향을 미친다는 것을 언급했다. 마치 현실인 것처럼 재현되어 미디어에서 보여 주는 이러한 장면들은 대부분 가부장제 자본주의에서 헤게모니를 지닌 남성, 부자, 백인 등 이른바 힘 있고 권력 있는 이들의 시각을 반영한다.

마리타 스터큰Marita Sturken과 리사 카트라이트Lisa Cartwright에 따르면 재현은 언어나 이미지를 사용해 주변 세계에 의미를 부여하는 것이다. 언어와 마찬가지로 눈에 보이는 이미지를 사용해 세상을 이해하고 묘사하거나 정의하는데, 이 과정에는 특정하게 체계를 갖춘 말word이나 영상audiovisual 같은 재현 양식이 동원된다. 이 재현 양식은 일상 언어에서부터 회화나 사진의 정영상 미디어나 영화, 텔레비전을 비롯한 여러 가지 동영상 미디어를 포함한다.

하지만 역사적으로 볼 때 세상을 볼 수 있도록 표현하는 재현 과정에서 주변 세계를 마치 거울에 비추듯이 그대로 반영할 것인지 아니면 이를 재구성해 새로운 의미를 부여할 것인지에 대한 논란은 계속됐다. 전자가 모방imitation이나 미메시스mimesis 이론이고 후자가 우리를 둘러싼 세상을 객관적으로 안다는 것은 불가능하고 특정한 문화적 맥락에서 물질세계에 의미를 부여한 것이 재현이라는 사회구성론적 접근이 있다. 사회구성론 입장에서 보면 우리가 살고 있는 물질세계는 재현 양식에 의해서 비로소 의미를 지니며 시각적으로도 '보일 수 있게seen' 된다. 따라서 우리를 둘러싼 세계에 대한 모습은 이미 존재하는 실제에 대한 단순 반영이 아니라 언어와 시각적 재현 체계를 통해서 감정과 이해가 절충되고 재구성된 것이다(Sturken & Cartwright, 2001/2011).

이렇듯 미디어에서 재현된 젠더 스테레오타입을 해석하는 일은 영상 미디어를 통해 성 역할의 고정 관념을 은연중에 드러내는 작동 방식을 읽어 내는 것이다. 미디어를 통한 재현이라는 말은 이미 존재하는 실제를 반영할 뿐만 아니라 사회의 다양한 이해를 반영하고 재구성하고자 하는 수단을 두고 하는 말이기도 하다. 여성이 주인공인 〈사랑의 불시착〉, 〈사이코지만 괜찮아〉(2020/tvN) 등 한국 드라마에서 여성 주인공이 부자이거나 사회 능력이 있는 등 변화도 보인다. 하지만 〈하나뿐인 내편〉(2018~2019/KBS2) 등과 같은 일일연속극에서는 여전히 가부장제를 중시하고 중년 남성이나 나이 든 노인의 결정을 마치 신화 속 현자의 결정처럼 이상화하고 일부 변형된 캔디나 신데렐라 스토리를 답습해, 가부장제 이데올로기에 따른 재현이 여전함을 알 수 있다.

2) 영상 미디어가 재현하는 여성상

영상 미디어에서 여성을 표현할 때 부정적인 스테레오타입을 담아낸다는 사실은 TV 드라마나 영화에 등장한 여성을 비판적으로 분석할 때 바로 드러난다. 대부분 드라마나 영화에서 표현된 여성은 주로 사소하고 개인적인 감정 변화에 좌우되는 인물로 그려진다. 예를 들어 남편의 외도나 무관심, 사춘기 아이의 반항이나 학교 문제, 시부모와 갈등 등이 주로 여성을 두고 다루는 소재다.

지배 이데올로기인 자본주의를 뒷받침하는 가부장제하에서 TV, 영화, 광고, 홈쇼핑에 이르기까지 여성의 가치는 남성보다 낮게 설정된다. 이는 여성이 주로 가사나 돌봄같이 보수를 주지 않지만 누군가 해야 하는 '보이지 않는 노동'을 무의식적으로 해야 한다는 고정 관념을 재현하기 때문이다. 예를 들어 드라마에서 여성이 주로 보이는 시간은 주로 아침, 저녁, 밤이며 공간은 집, 주방, 거실, 소파, 침실, 학교, 시장 등으로 국한된 경우가 많다. 반대로 회사, 사무실, 공장, 건설 현장, 자동차, 비행기 등 생산 현장이나 활동적 공간은 남성 인물이 등장하는 공간이다. 〈그녀의 사생활〉(2019/tvN), 〈사이코지만 괜찮아〉, 〈또! 오해영〉(2016/tvN) 등 인기 드라마에 등장하는 주요 캐릭터 중 어머니를 맡은 배우는 늘 밥상을 차리고 가족의 끼니를 챙기며 출가한 자식에게 반찬을 전달한다. 최근 드라마조차 이 같은 여성 노동에 대한 고정 관념에서 벗어나지 못하고 있다.

물론 점차 TV 드라마나 영화, 광고, 심지어 웹 드라마에 이르기까지 성 역할에 대한 차별적 재현은 많이 줄어들고 있다. 그러나 직접적인 성차별 표현이 줄었을지 모르지만 성차별로 인한 다양한 사회 문제를 도외시하거나 등장인물이 성차별에 대한 저항심을 지나치게 드러내면 주변에서 불안하게 여기도록 재현한다. 이 문제는 여성이 대항적 헤게모니counter-hegemony를 갖거나 성 역할에 대한 불평등을 바로잡고자 하는 노력을 무력화한다.

똑똑한 여성, 돈이나 권력 등 사회적 주도권을 쥔 여성을 가정적으로 불행하게 그리거나 상황을 불편하게 만드는 역할로 재현하면서 상대적 약자인 여성을 혐오하거나 폄훼하기도 한다. 이런 과정은 이야기에 녹아 너무나도 자연스럽게 표현될 뿐만 아니라 전업맘과 워킹맘과 같은 표현을 통해 가부장제라는 원인 제공자는 빠진 채 여성 간의 갈등을 유발하기도 한다.

드라마 〈힘쎈 여자 도봉순〉(2017/SBS)은 모계로만 이어지는 슈퍼 파워를 숨기고 살던 여자 주인공 도봉순(박보영)이 여러 사회적 제약과 여성에 대한 편견을 극복하고 영웅의 길로 들어선다는 이야기다. 그러나 남자 주인공들과의 관계에서 강한 남성에게 사랑받기 위한 나약한 여성이라는 전형적인 스테레오타입을 재현한다. 도봉순은 모계로 이어진 슈퍼 파워를 가지고 여성을 무시하거나 무례한 남성을 혼내고 여성에게 범죄를 저지르는 범죄자를 척결하는 슈퍼 히어로로서 여성 시청자에게 카타르시스를 준다. 반면 남자 주인공인 안민혁의 회사 사무실이나 그의 집에서 도봉순은 모성 결핍인 그를 달래야 하는 엄마 역할뿐만 아니라 나중에 그에게 기대야 하는 연약한 여성상까지 선보여야 한다. 평생 자신의 힘을 숨기고 살아야 했던 힘쎈 여자 도봉순은 결국 젠더 스테레오타입을 이겨내고 영웅의 길에 들어서지만 초반부 형사인 인국두(지수)를 향한 도봉순의 모습 역시 강한 남성에게 보호받아야만 하는 작고 귀여운 여성이라는 젠더 스테레오타입을 그대로 재현한다.

TV 광고나 홈쇼핑 채널만큼 적나라하게 남성과 여성을 불평등하게 그려 내는 곳은 없다. 잡지 광고와 TV 광고의 이미지는 잠재 소비자의 관심을 끌기 위해 여성을 종종 성적 대상화하여 보여 준다. 또한 홈쇼핑 채널은 강력하게 여성에게 소비자 정체성을 부여한다.

2019년 방송된 국내 광고를 분석한 자료에 따르면(《미디어오늘》, 2019. 11. 23), 아이를 돌보는 사람은 100% 여성이었다. 육아를 제외한 가사 노동 역시 여성이 85%와 남성이 15%로 여성의 비율이 압도적으로 높았다. 일해서 돈 버는 사람은 여성이 32.7%, 남성이 67.3%로 남성이 두 배 더 많았다. 상품을 설명하는 사람은 여성 42.7%, 남성이 57.3%인데 반해 상품을 소비하는 사람은 여성이 59.8%와 남성 40.2%로 나타났다. 이는 남성은 상품을 설명하는 사람으로, 여성은 상품을 소비하는 사람이라는 긍정과 부정의 스테레오타입을 강화한다. 아울러 '김치녀'나 '된장녀' 같은 부정적인 혐오 표현을 지지하는 메커니즘으로 작동한다. IT 광고에서는 여성이 40%, 남성이 60%, 화장품 광고에서는 여성이 68.7%, 남성이 31.3%로 제품의 기능에 따라 적합한 성별이 따로 있다고 재현해 성차별을 강화한다.

이처럼 여성의 사회 활동이 증가하지만 광고는 여전히 여성을 어머니, 주부, 아내로서 고정 관념적 임무를 행하는 모습이나 성적 매력을 지닌 대상으로 그려 낸다. 이러한 이미지는 수용자에게 기부장제 가치관을 내면화하도록 강화하는 역할을 한다. 즉 광고는 여성의 육체만을 부각함으로써 여성의 사회 지위를 격하시키고 성차별적 고정 관념을 정당화한다. 라이프스타일이 변화하면서 남성이 요리하거나 주방 기기를 광고하면서 부엌이라는 전통적인 여성의 공간에 등장하는 일이 늘어나고 있다. 하지만 하이테크 주방 기기와 함께 남성이 등장하거나 요리하는 남자의 섹시함을 드러내는 광고는 있지만 여전히 남성이 돌봄 노동의 주체로 재현되지는 않는다.

이러한 성별 역할 분담이라는 성 역할 고정 관념은 매우 세밀한 재현에 영향을 미친다. 여성의 키가 남성보다 크게 나오는 프레임은 거의 없다. 남성은 주로 첨단 상품을 제시하고 신뢰감을 주는 외모에 육체적으로 활동적이고 사회적으로 능동적이지만, 여성은 외모를 가꾸거나 물건을 손으로 어루만지고 쓰다듬는 역할을 주로 하는 낮은 직책으로 묘사된다. 여성은 심지어 침대에 눕거나 기대는 자세로 나오는 경우도 많다.

3) 영상 미디어가 재현하는 남성상

기존 영상 미디어에서 재현하는 전형적 남성상은 앞서 영상 미디어에서 여성상의 재현에서도 알 수 있듯이 여성보다 긍정적이거나 활동적이고 새로운 것을 알리며 남녀 관계에서도 주도적 역할을 하는 것을 알 수 있다. 주로 판검사, 의사, 교수에서 재벌 2세에 이르기까지 외모나 경제적, 사회적으로 매우 강력하고 완전한 캐릭터를 그리는 편이다.

그러나 21세기 영상 미디어가 재현하는 남성상에서 두드러지는 점은 우리 사회에 대두된 페미니즘의 영향력을 반영한 듯 보이는 여성성이 강화된 남성상의 등장이다. 이른바 강한 남자에서 예쁜 남자, 부드러운 남자, 여성의 배려가 필요한 남자로 변화하고 있다. 1980~1990년대까지 TV 드라마나 영화에서 남성적 이미지가 극히 강했던 남성 주인공과 비교해 보면 2000년대 이후 등장한 남성 주인공의 외모는 극히 섬세하고 여성적이며 연하인 경우가 많다. 다만, 이들이 간혹 등장하는 상반신 노출 장면에서만큼은 단단한 육체와 복근을 드러내는 반전을 보여 준다는 점은 주목할 만하다. 과연 21세기에 새롭게 등장한 이들이 페미니즘의 영향력을 반영한 것인지 아니면 여성스럽고 섬세한 얼굴이라는 가면을 쓴 채 근육질의 건장한 육체를 갖고 있거나 그에 상응하는 물질적 힘을 가진 가부장적 캐릭터인지 좀 더 두고 볼 문제다.

〈힘쎈 여자 도봉순〉의 재벌 2세 안민혁은 잘 나가는 게임회사의 천재성까지 가진 CEO로 등장한다. 가히 현대의 완벽한 남성이다. 그러나 그에게 없는 단 하나 약점인 신체적 능력을 여성 슈퍼 히어로 도봉순을 보디가드로 채용하면서 완성한다. 그러기 위해 그는 자신이 가진 사회, 경제적 자산인 게임회사 CEO라는 지위를 이용해 도봉순을 기획팀 정직원으로 채용할 것을 약속한다. 그뿐만 아니라 그는 도봉순이 슈퍼 히어로만큼이나 힘이 세다는 사실을 알고 있지만 비정규직 보디가드인 그녀에게 꼬박꼬박 명령한다. 이러한 설정은 한국 사회에서 여성 개인의 슈퍼 파워는 남성이 지닌 사회적, 경제적 지위에 미치지 못한다는 사실을 여실히 드러낸다. 안민혁은 이 드라마의 또 다른 남자 주인공인 인국두와 보이즈 러브 라인을 살짝 드러내지만 결국은 전통적인 헤게모니 남성성과는 구별되는, 힘보다는 매력을 장착한 새로운 헤게모니 남성성을 재현하는 셈이다.

오히려 〈힘쎈 여자 도봉순〉에서 주목해야 할 남성상은 여성 복장과 풀 메이크업을 하며 여성적 액세서리로 무장한 게임회사 팀장인 오돌병이다. 오돌뼈로도 불리지만 그/그녀는 게임 아이템을 알아보는 통찰력을 가진 인물이다. 다만 자신이 흠모하는 안민혁이 좋아하는 도봉순을 무척 질투하며 못살게 구는 캐릭터다. 간혹 보이즈 러브를 선보이는 안민혁과 인국두 같은 꽃미남류와는 판이하게 다른 개성적 캐릭터이기도 하다.

〈힘쎈 여자 도봉순〉에는 IMF 이후 사라지는 가부장적 권력을 여성 혐오로 대치하는 극악무도한 남성 사이코패스가 등장한다. 폭력적 신자유주의가 도래한 후 우리 사회의 병리 현상으로 두드러진 것이 여성에 대한 남성의 이유 없는 혐오와 폭력이다. 이 캐릭터는 최근 두드러지는 여성을 대상으로 하는 혐오 범죄를 극대화하여 재현한다.

트랜스젠더 캐릭터인 오돌병까지 등장시키는 남성 캐릭터들의 전위성 역시 주목해야 한다. 기존의 한국 드라마에서 서사의 중심이 되던 남성 주인공 캐릭터인 형사, 조직 폭력배 두목, 재벌 2세, 기획실 실장, 빵집이나 카페 주인 등을 의도적으로 등장시킨다. 더군다나 그들을 다소 우스꽝스럽게 비틀어 재현한다. 따라서 이들이 주도하며 가부장제 이데올로기를 반영했던 기존의 서사 역시 가볍게 전복한다. 이 드라마에서 형사들이나 조직 폭력배들은 죄다 오합지졸이며, 조폭 두목은 낭만적이며 형사반장은 1970, 1980년대 〈수사반장〉 시리즈를 끼고 산다. 심지어 재벌 2세는 모성 결핍에 여성적인 캐릭터이며 슬며시 남성에 눈길을 보낸다. 이것은 이 드라마가 애초에 기획하고 표방했던 대항 헤게모니, 즉 탈가부장제 이데올로기의 또 다른 재현이다.

〈사이코지만 괜찮아〉의 남자 주인공 문강태는 복잡하고 다층적인 인물이다. 몸매 좋고 잘 생긴 정신병동 보호사인 강태는 자신의 감정을 잘 알지 못하는 동화 작가 고문영에게 탐나는 존재로 선택된다. 사실 강태는 부모 없이 발달장애를 지닌 형을 보살피고 있으며 형의 트라우마로 인해 1년에 한 번씩 도망을 가야 하는 햄릿형 캐릭터다. 그는 형 없이 자유롭게 살면 좋겠지만 하루하루 고통을 견디며 살아간다.

더군다나 강태는 기존 TV 드라마의 남성 주인공에게 있는 경제력과 사회적 지위가 없다. 이 약점은 강태가 누구보다 외모가 뛰어나며 태권도 유단자인 데다가 가난을 이겨 낸 신체적 자산으로 상쇄된다. 여기서 강태의 가난은 부자도 쉽게 갖지 못한 새로운 아비투스habitus로 그려진다. 이 드라마에 등장하는 어느 캐릭터보다 눈물이 많다. '눈물'은 기존 영상 미디어 서사에서 여성 캐릭터의 전형적인 감정 표현이다. 또한 사회적으로 남성에게 금기시된 감정 표현이다. 기껏 TV 드라마나 영화에서 남성 캐릭터들이 잔뜩 고함을 치는 정도의 격한 감정을 표현하며 눈가에 눈물을 머금는 정도가 최선이었다. 그런데 강태는 후반부로 갈수록 더 자주 눈물을 흘리는데, 고문영이 보이는 차가운 눈물보다 그의 눈물은 뜨겁다.

여기서 강태가 흘리는 눈물은 얼핏 가부장제에서 기득권을 누렸던 남성이 이제 그 기득권을 내려놓아야 하는 것에 대한 좌절과 슬픔으로 보일 수도 있다. 다른 한편으로는 여성이 동등하게 능력을 펼쳐 가는 새로운 사회를 맞아 남성이 새로운 적응력을 선보이는 것으로 해석할 수도 있다. 그러나 부자들도 갖지 못한 아비투스와 근육질 몸매에 여성성까지 담은 꽃미남 외모, 그리고 여성의 눈물까지 전유한 전무후무한 새로운 가부장제 이데올로기를 장착한 남성상일 수도 있다. 그만큼 강태라는 캐릭터는 가부장제 이데올로기가 그 지배적 헤게모니를 놓치지 않기 위해 얼마나 발버둥치는지를 보여 주는 것일 수도 있다.

영상 미디어 특히 TV 드라마에서 재현하는 남성상을 살펴보았다. 여기서 제시한 드라마의 남성상들은 결국 헤게모니 변화를 나타낸다. 경제 능력이 없거나 여성보다 물리적 힘이 없는 남성상의 등장은 여성의 사회 지위가 향상되고, 남성이 가장으로 가족을 부양해야 한다는 우리 사회의 지배 가치 체계가 점차 변화하는 현실을 반영한 것이다. 그러나 미디어에서 재현하는 남성상의 변화는 성차별 요소를 줄여 가는 과정이라고 볼 수 있을 뿐 아직 갈 길이 멀다.

4) 재현 문화의 변화

한국 대중문화에서 보이는 이러한 새로운 남성성의 재현은 한국 대중문화가 전 세계에서 인기를 얻는 한류 현상과 더불어 세계에서도 부드러운 남성상soft masculinity의 사례다. 이는 기존의 지배적 남성상에 대한 대안적 남성상alternative masculinity으로 주목을 받고 있다.

2000년대 초반 동아시아에서부터 시작된 한류의 세계화 과정에서 눈에 띄는 특성은 한류가 '여성적'이라는 젠더 차원의 문화 현상으로 소통되고 수용되었다는 점이다. 먼저 한국 드라마의 동아시아 여성 수용자는 권위적이고 가부장적인 가정에서 압력과 협상하면서 한국 드라마를 시청해야 했다. 드라마 로케이션으로 여행, 음식, 패션, 한국식 성형 수술, 화장법 등등 드라마 한류가 촉발한 다른 소비 활동도 대부분 여성이 주된 행위 주체다. 동아시아에 뒤이어 한국 드라마를 수용한 서구 여성 수용자 역시 유럽에서 동아시아 드라마 시청은 넷플릭스와 같은 글로벌 콘텐츠 제공 플랫폼이 드라마를 전 세계에 서비스하기 전까지는 개인 컴퓨터에 붙어 앉아 수면을 줄여가며 보는 것을 의미했다. 이는 가족, 친지, 배우자와 때로는 갈등을 빚을 수도 있다. 또한 동아시아 남성 스타에 대한 팬덤을 유지하기 위해 여성 취향 문화의 독립성, 여성의 감수성과 욕망에 기반을 둔 문화 향유의 독립성을 주장해야 한다.

게다가 동아시아 아이돌과 미남 스타에 대한 열광적 반응은 서구 미디어가 만들어 유통한 기존의 지배적인 아시아 남성에 대한 부정적 스테레오타입를 뒤엎는 것이다. 서구 여성 팬이 열광하는 한국의 아이돌과 미남 스타는 잘 만들어진 근육을 과시하고 패셔너블하며 간혹 예능에 나와 무너지기도 하면서도 로맨틱한 이미지를 잃지 않고 춤추고 노래할 줄 아는, 과거 할리우드 스타에 버금가는 매력적인 존재다. BTS가 미국에서 몰고 온 인기 현상이 말해 주듯, 이러한 한류 팬덤은 아시아 남성을 한 번도 섹스어필한 존재로 대접해 주지 않은 미국 미디어 문화의 백인우월주의에 역행하는 것으로, 그 자체로 의미 있는 현상이다(홍석경, 2020).

여기서 더욱 흥미로운 것은 한류 남자 스타들이 서구의 대중문화에는 없는 새로운 남성상을 유통시킨다는 점이다. 한국의 연예인은 성형과 근육운동을 통해 메트로섹슈얼하면서도 과시할 근육이 있는 몸을 만들지만 이를 할리우드 스타처럼 남성적 우월성으로 포장하는 것이 아니라 여성 수용자들에게 즐거움을 주기 위한 무기로 사용한다. 또한 일본 여성 문화의 영향 아래 형성되어 동아시아 전체에 확산된 보이즈 러브 테마가 위에서 분석한 〈힘쎈 여자 도봉순〉의 사례처럼 다양한 형태로 가공되어 드라마(예를 들어 드라마의 각종 남장 여성 테마)와 연예 프로그램(아이돌의 반전 드라마류의 팬 서비스 시퀀스) 전체에 퍼져 있는데, 해외 여성 팬 또한 이러한 연출에 매우 민감하다. 또한 이 새로운 남자들은 BTS나 K팝 아이돌이 기꺼이 보여 주는 일상에서 인간적 취약함, 우울, 자신감 상실 등 전 세계의 팬과 많은 경험과 감정을 공유한다. 여성 수용자를 겨냥하는 대중문화 산물이 부족한 서구 미디어 환경에서 이와 같이 한류가 생산하는 새로운 남성상은 도덕적 평가 대상이 아니라 성 정체성 담론에 새로운 의미를 부가한다는 점에서 각 수용 국가의 문화 수용 속 권력관계를 맥락으로 하는 흥미로운 관찰 거리를 제공한다.

서구 여성 팬이 갖는 동아시아 스타를 향한 이러한 열망은 일차적으로 시각적 쾌락을 추구하는 외모 지상주의적이고 표피적인 것으로 보일 수 있다. 그러나 어떤 인간 유형이 욕구 대상이 되는 것은 결코 가벼운 일도 정치적으로 무의미한 현상도 아니다. 할리우드는 백인 스타들을 생산하여 백인의 미학적 표현 기준을 보편적인 것으로 구축함으로써 전 세계에 백인우월주의 헤게모니를 관철해 왔다(Dyer, 1997). 한국의 아이돌과 미남 스타에 대한 서구 여성 팬의 열망을 만들어 내는 한류 문화산업은 동서양 간 성 정체성 헤게모니 지형을 변화시키고 있는지 질문할 만하다.

서구 여성 팬도 아이돌 문화가 가져온 동아시아 연예 문화와 일상 속 외모 지상주의의 문제점을 잘 인식하고 있다. 또한 그들에게 동아시아 남성이 욕망의 대상이라는 점은 백인 여성의 이국적 취향이라거나, 백인 남성의 동양 여성 판타지에 비교되는, 부드럽고 정신적 카리스마를 지닌 동양 남성에 대한 백인 여성의 판타지라고 볼 수 있다.

한류 팬덤에서 아이돌 문화와 관련된 댓글에서 드러나는 또 다른 강력한 담론은 혼종성에 대한 갈망이다. 여성 팬들은 동아시아의 드라마와 연예 산업이 팬 서비스를 포함하여 대량으로 유통시키는 잘생긴 남자 배우와 아이돌을 소비할 뿐만 아니라 좀 더 많은 문화적 '혼혈/혼종,' 더 넓은 문화적 지평을 기원한다. 그렇다고 한국 드라마에 출연하는 동서양 혼혈 배우들이 보다 높은 인기를 끄는 것은 절대 아니다. 여기서 혼종은 문화적 상상력이지 외모로 드러나는 미학이 아니기 때문이다(홍석경, 2013). 한류가 단순한 대중문화 산물의 해외 인기 현상을 넘어서서 이처럼 젠더와 인종이 교차하는 새로운 상상력의 촉발이 가능한 대안적인 성 정체성의 자료를 제공한다는 사실이야말로 한류의 세계사적 의미다.

4. 한국 대중문화에서 성을 향한 왜곡된 시선

1) K팝 아이돌 영상 문화

K팝 그룹이 전 세계적으로 인기를 끈 데는 감각적인 뮤직비디오가 큰 역할을 했다. 춤과 노래, 멤버의 작곡 실력, 중성적이지만 돋보이는 외모 그리고 이 모든 것을 담은 감각적인 뮤직비디오를 지닌 K팝은 유튜브가 확산하면서 현재 가장 강력한 비영어권 문화로 부상하고 있다. 이와 같이 세계적 성공을 누리는 K팝 영상 문화는 한국 대중문화에서 나타나는 가학적 시선 등의 문제를 고스란히 안고 있다. 대부분 10대, 20대 초반인 여자 아이돌 몸을 카메라는 밀착해서 또는 클로즈업해서 비춘다. 이것은 미성년인 어린 여성의 몸을 성적 대상화하는 폭력적인 시선이 전제된 카메라워크다.

아이돌의 혹독한 노동 현실이 드러나면서(방희경·오현주, 2018: 85~87) 여러 차례에 걸쳐 아이돌 가수와 기획사 사이의 갈등과 법적 다툼이 있었다. 특히, 아이돌의 감정 노동은 기획사가 리얼리티 쇼를 아이돌의 홍보 수단으로 활용하고 V라이브와 같은 영상 커뮤니케이션 플랫폼이 활성화되면서 더욱 부각되었다. 기획사는 10대 아이돌의 인성 문제를 통제하고 억압하는 데 주력한다. 영상으로 보이는 인사 예절을 특히 강조하고 리얼리티 쇼에서 보일 예절과 겸손을 가르친다(김수경, 2017. 6. 24). 자신의 감정을 감춘 채 대중에게 끊임없이 좋은 인성을 지닌 아이돌로서 선행을 행할 뿐만 아니라 팬들에게도 지고지순한 감정을 보여야 하는 존재로 보이도록 연출한다. 대부분 팬 미팅 영상에서 아이돌은 팬들에게 미소를 띠며 한 명, 한 명 관심을 갖고 질문까지 해야 하는 감정 노동에 시달린다.

한편, 아이돌 그룹 문제는 그간 감추어졌던 그룹 내 왕따나, 데뷔한 멤버가 과거 학교에서 행한 폭력 등이 끊임없이 폭로된다. 대부분 왕따의 주체가 연예계를 떠나거나 소속사의 사과로 일단락되는 것처럼 보인다. 그러나 이 문제는 단지 관련 그룹만의 문제가 아닌 구조적인 것이다. 10대 초반

연습생 시절부터 데뷔를 위한 경쟁은 극도로 치열하다. 그러나 데뷔 후에도 멤버 간의 인기도에 따라 대우가 달라지는 등 정서적인 폭력 상황은 변하지 않는다. 이런 긴장은 아이돌을 압박하고 이를 해소하기 위해 내부의 약자를 찾아 정신적, 물리적 폭력을 행사한다. 이 지점은 한국의 아이돌 영상 문화가 가진 폭력성이 다다른 막다른 골목인 셈이다. (인터넷 악플과 같은 사이버 폭력에 대해서는 9장에서 좀 더 자세히 다룬다.)

한국의 아이돌 영상 문화의 폭력성은 유명 남자 아이돌의 범죄로도 나타났다. 자신의 인기를 이용해 여성들을 촬영한 몰카를 지인 단톡방에서 공유하는 성범죄를 저지르는가 하면, 엔터테인먼트 사업가 흉내를 내며 외국인 투자 유치라는 핑계를 대며 범죄를 저질렀다. 이는 어린 나이에 영상 문화에 힘입은 인기에 취해 자신을 성찰하는 인격이나 도덕성을 제대로 갖추지 못한 결과라고밖에 볼 수 없다.

2) 남자 아이돌과 여자 아이돌의 재현 차이

통상 한국형 아이돌의 시초는 SM 엔터테인먼트가 기획한 'H.O.T'라는데 의견 일치를 보인다. 이와 같은 판단에는 아이돌이란 개인보다는 그룹 중심이고, 자율적이라기보다는 기획사에서 사전 기획되고 관리되는 존재로, 그리고 10대 팬덤을 주요 소구 대상으로 하는 특정한 대중음악 스타를 가리키는 입장이 깔려 있다(나혀수 외, 2018: 7~8).

스타는 당대의 매력적인 여성상/남성상 형성에 기여하는 역할 모델로 기능한다. 스타가 생산해 낸 이미지와 행동은 대중에게 역할 모델 대상이 되며, 동일시 과정을 거쳐 실제 모방으로 이어지기도 한다. 따라서 미디어에 노출되는 스타의 몸 이미지는 중요한 의미를 내포한다. 1970년대에 프랑스의 철학자 장 보드리야르Jean Baudrillard는 생산-소비 구조가 점차 '육체'를 자본, 물신, 소비의 대상으로 취급한다면서, 육체를 '사회적 지위'를 표현하는 일종의 기호로 기능한다고 주장했다. 아이돌의 '몸'은 일종의 자본으로서 대중의 욕구에 부합하기 위해 끊임없이 훈련되고 관리된다. 아이돌은 몸, 섹슈얼리티, 이미지 등을 이용해 자신을 상품화하고, 어린 나이부터 지배 이데올로기를 체화한다. 이 때문에 한국 사회의 성에 대한 욕망이나 성 역할에 대한 인식이 아이돌에 투영되어 나타난다.

또한 청소년, 나아가 대중은 자신이 수행해야 할 역할 모델을 미디어에서 습득하는데, 아이돌이 그 대상이 될 가능성이 크다. 여전히 남성적 응시가 남아 있는 한국 대중문화 산업에서 아이돌은 대중의 젠더 모델 형성에 영향을 미칠 수 있다는 점에서도 중요하다. 아이돌 스타가 생산해 내는 이미지에는 당대 이데올로기가 내재해 있으며, 시대의 남성/여성의 이미지로도 대표되기 때문이다(방희경 · 오현주, 2018: 87).

2000년대 이후 한국의 아이돌 문화는 성 도덕적인 면에서 위와 같이 명백한 비판의 대상이라기보다는 좀 더 모순적이고 복잡한 담론을 생산하고 있다. 아이돌의 감정 노동 수행 방식에서 젠더 차이가 드러나는데, 보이 그룹에게는 비교적 자유로운 감정 표현이 허락되는 경향이 있다(양지혜 외, 2018). 애초에 걸 그룹의 주요 콘셉트는 '소녀다움'이었다. 노래에 따라 교복이나 세일러복을 자주 입고, 소녀시대에서 오마이걸에 이르기까지 아이돌 그룹의 이름까지 '소녀'나 '걸'을 넣고 있다. 그러나 점차 걸 그룹 간의 경쟁이 치열해지면서 순수하고 맑은 고전적 소녀의 이미지는 기본이고 이제는 자신을 충분히 치장하고 성적 매력을 갖출 것까지 요구받는다(이수안, 2014). 소녀와 걸 이미지를 전유하면서도 신체적으로는 성적 매력을 강조하는 것이다. 안무의 경우 기존의 성 역할 고정 관념이 고스란히 작동해서, 공연장에서 눕거나 자신의 몸을 남성의 시선에 대상화하듯 만지고 전시한다. 남성 아이돌 그룹의 사정도 크게 다르지 않다. 텔레비전 드라마에서 아이돌 출신 연기자나 꽃미남 배우들이 연기하는 연인들은 여전히 신체 접촉을 아끼고 첫 키스를 하는데 적지 않은 시간을 보내고 수줍어한다. 하지만 텔레비전 연예 프로그램에서는 미성년 아이돌에게 '도덕적으로 옳지 않은' 신체 노출을 요구하고 스트립 댄서를 연상시키는 무대 퍼포먼스도 용인된다. 남성 아이돌 그룹의 안무나 의상은 지배와 권력, 힘의 과시와 연관된다. 남성성을 과시하며 턱을 들고 시선을 내리까는 것 등이 그러한 몸짓에 속한다.

아이돌의 재현에서 팬덤의 영향력 역시 무시할 수 없다. 아이돌은 기본적으로 10대 팬덤을 대상으로 한다. 청소년은 영상 미디어가 재현한 아이돌의 이미지로부터 가장 직접적인 영향을 받는다. 이들이 매스 미디어를 통해 쉽게 접하는 아이돌 이미지는 섹시한 몸매와 작고 예쁜 얼굴이다. 누구나 아이돌처럼 생기지 않았는데 청소년은 자신을 그들에게 동일시하면서 다이어트와 성형 수술까지 고려하게 된다(김호영 · 윤태진, 2012: 53).

여기에 새롭게 성인 팬덤이 등장했다. 30대 이상의 팬덤이 등장한 것을 단순히 소비자로 볼 것이 아니라 문화 실천으로 보기도 한다(김수아, 2011). 성인 팬덤 또한 남성, 여성이라는 젠더 관계에 따라 그 양상이 달라지고 있다. 미성년 여성 아이돌 그룹에 대한 성인 남성 팬덤은 남성적 응시라는 성애적 욕망을 지우고 경제력을 강조하면서 삼촌이라는 가족주의적 개념으로 팬덤을 정의한다. 또한 이들이 자율적으로 팬덤으로서의 규율과 윤리를 지켜나가는 모습은 특기할 만하다(김수아, 2011: 33).

응시와 신체적 접촉이라는 성애적 욕망만으로 성인 팬덤을 이해할 것인지에 대해서는 좀 더 세밀하게 바라봐야 한다. 구매력 있는 성인은 10대 아이돌의 팬이 된 그들의 뮤직비디오를 계속 찾아보고 관련 굿즈를 사 모으며 팬클럽 활동을 왕성하게 한다. '삼촌 팬'들이나 '이모 팬'들은 영상으로 구현된 아이돌의 영원한 젊음을 갈망하며 응시한다. 여성 성인 팬덤과 남성 아이돌의 관계는 거리가 있어 안전한 것으로 보이지만 남녀 구분 없이 아이돌을 자신의 욕망과 동일시하고 물신화한다.

문화산업의 한 축인 연예 기획사 입장에서 강력한 경제력을 지닌 성인 팬덤은 어린 나이의 아이돌이 지속해서 생산되어야 유지되는 시장인 셈이다. 또한 10대 팬덤보다 더 많은 수익을 얻을 수 있다는 점에서 꾸준히 이들의 욕망에 맞는 새로운 기획을 내놓아야 한다. 결국 여성 아이돌의 신체는 상품화되어 그 팬덤의 욕망에 맞춘 재현을 위해 끊임없이 다이어트와 성형을 할 수밖에 없으며 더 자극적인 안무와 의상을 전시하게 된다. 남성 아이돌 역시 칼군무를 위한 안무 연습과 노래 연습 외에도 매끈한 몸매와 복근 키우기, 팬덤과의 끊임없는 SNS 소통, 여성 팬덤을 위한 동성애적 퍼포먼스 등은 마치 상품 기획의 산물로서 재현된 것이다.

이처럼 남자 아이돌과 여자 아이돌의 재현에서는 여전히 젠더 스테레오타입이 작용한다. 여자 아티스트들의 경쟁과 협업을 다룬 프로그램 〈굿걸〉(2020/Mnet) 중 "마녀사냥*Witch*"이라는 콜라보레이션 무대는 잘못된 시선으로 여성을 단죄하는 것에 대한 단호한 반대를 주제로 한다. 이 무대에서 주로 남성 아이돌들이 보여 줬던 무표정하고 도발적인 군무는 젠더 스테레오타입을 전복시킨다. 또한 지우는 크리스 브라운의 "Supremacy"라는 노래로 〈굿걸〉 단독 공연 무대에서도 여성 아이돌의 퍼포먼스와 거리가 먼 무표정한 응시와 역동적이고 남성적 퍼포먼스를 선보이기도 했다. 2021년 〈스트릿 우먼 파이터〉(2021/Mnet)는 그동안 화려한 아이돌 중심의 엔터테인먼트에 가려져 있던 여성 댄서들을 전면에 내세워 주체적이고 도발적인 여성상을 재현하는 데 성공하면서 그해의 가장 성공한 프로그램이 되기도 하였다.

그림 54 〈굿걸〉에서 장예은, 전지우, 제이미, 치타, 효연의 "마녀사냥" 콜라보 공연.

그러나 한국 대중문화에서 재현된 아이돌은 기획사가 대중문화 상품으로 기획한 상품을 넘어서기 힘들다. BTS가 힙합 아이돌이란 개념을 통해 스스로 작곡하고 프로듀싱하고 소통하는 아티스트의 정체성을 구축하려고 노력해 왔고, 4세대 아이돌이 BTS가 수립한 여러 기준을 수행하면서 K팝 아이돌 문화가 조금씩 변화하고 있다. 하지만, 기획사의 강력한 권력과 감정노동의 구조적 힘에서 벗어나기는 힘들다.

영상 미디어에서 아이돌은 광고만큼이나 당대의 젠더 스테레오타입을 고스란히 재현할뿐더러 가부장 이데올로기를 전파하는 이데올로기적 국가기구(ideological state apparatus: ISA)의 일부로서 기능한다고 볼 수 있다. 여기서 대항 헤게모니라는 개념 자체가 기획사의 입김이 강한 아이돌 문화에서 생겨나기 어려운 실정이고, 저항적 또는 대안적 젠더 재현 또한 상업적 필요에 따라서 생산되거나 사라지고 있다. 전 세계적으로 영향력이 커지면서 한국 아이돌의 재현 방식은 성애적 시선이든 가족적 관계이든 다양한 연령대와 성별을 넘어서, 그리고 아이돌의 다국적성을 통해 전 지구적 젠더 스테레오타입에까지 영향을 미치고 있다.

REVIEW

- 다음 여성과 남성이 같이 등장하는 광고를 보고 든 생각을 이야기해 보자.

그림 55 아르마니 광고와 보건복지부 광고.

- 여러 미디어에서 남성이 육아나 요리를 하는 모습이 증가하고 있으나, 남성을 주부나 아줌마로 표현하며 오히려 여성의 성 역할 고정 관념을 강화하는 것을 볼 수 있다. 이런 유사 스테레오타입 현상에 관해서도 토론해 보자.
- 〈아이돌 학교〉, 〈프로듀스 101〉과 같은 리얼리티 예능 방송에서 연습생을 향한 악마의 편집으로 해당 연습생은 시청자의 악플에 시달리는 경우가 있다. 이와 같은 영상 문화 속 시선의 폭력성에 관해서 토론해 보자.
- 영화, 드라마, 게임, 웹 드라마, 웹툰 등 다양한 영상 미디어에서 우리 사회의 지배적 성 역할 고정 관념과 젠더 스테레오타입에서 더 자유로운 장면이 있었다면 이야기해 보고 그렇게 느낀 이유에 대해서도 이야기해 보자.

ZOOM IN

그림 56　웹툰 〈며느라기〉.

- 웹툰 〈며느라기〉를 보고 여기서 재현된 가부장제 헤게모니와 이데올로기에 대해서 생각해 보자.
- 사회적으로 페미니즘 논쟁을 불러일으킨 소설 《82년생 김지영》이나 동명의 영화를 보고 한국 사회 논란의 원인과 맥락에 관해 토론해 보자.
- 다음 독립 다큐멘터리 영화를 보고 '시월드'에 대한 각자의 생각을 정리해 보자.

  〈B급 며느리〉(선호빈, 2018): 감독인 남편의 자전적 다큐멘터리 영화. 결혼 3년차, 평범하고 온순했던 자신의 어머니와 아내가 격렬히 싸우기 시작한다. 고래 싸움에 등 터진 새우 신세라는 남편은 자신을 갈아 다큐를 만들겠다는 엉뚱한 생각을 한다. 결국 이 영화에서 보이는 며느리, 시어머니, 남편의 현실적인 갈등은 관객에게 고부 갈등을 다시 생각하게 한다.

7장

영상과 인종 재현

세계화 바람이 불면서 한국 내 외국인 증가, 외국인과 결혼을 통한 다문화 가족 증가, 재외 한국인의 고국으로 이주 증가 속에서 이들의 한국 사회 속 수용/융화 문제가 드러나고 있다. 한국 영화와 텔레비전에서 보여 주는 외국인 및 다문화 가족에 대한 재현은 우리 사회가 당면한 인종 문제와 인종 감수성의 현 상태를 첨예하게 나타낸다. 이러한 영상 문화의 현실은 역으로 우리 안에 존재해 온 지역 차별, 장애인 등 소수자 차별의 재현까지 같이 드러낸다. 특히 영상 문화에서 재현된 특별한 사례를 들어 일반화하거나 마치 사실인 것처럼 현실에 대한 잘못된 이해까지 도출한다. 앞서 '가부장제 이데올로기'나 '성 역할 고정 관념' 같은 지배 헤게모니가 영상 문화를 통해 우리 의식에 영향을 미치는 과정을 살펴보았다. 이 장에서는 인종과 민족에 대한 고정 관념과 차별이 영상으로 재현되면서 지배 이데올로기화하는 과정을 살피는 한편, 인종에 대한 고정 관념 역시 성 역할 고정 관념과 같은 맥락에서 작동한다는 점도 탐구한다.

1. 인종 차별의 역사

1) 서구 인종 차별의 역사

할리우드 영화 〈300〉(2007/ 잭 스나이더Zack Snyder)은 그리스 도시 연합과 페르시아 제국의 전쟁을 그렸다. BC 5세기, 4차에 이르는 페르시아 전쟁은 이른바 동양orient과 서양occident이 맞붙은 최초의 사건으로 기록된다(김봉철, 2017). 특히 아테네인은 지중해 최고의 대제국을 물리친 후 그들의 민주주의가 얻은 승리에 크게 고무되었다. 전쟁에 패배한 페르시아인의 불안을 묘사한 아이스킬로스Aeschylos의 희곡 《페르시아인*The Persians*》은 현존하는 최고最古의 그리스 비극으로 이 작품이 발표된 이래(Said, 1978/2007), 그리스 비극에는 페르시아에 협력한 국가에는 여자에게 휘둘리는 남자답지 못한 인물을 내세워 동양과 여성에 대한 편견과 혐오를 함께 드러냈다(최혜영, 2008).

페르시아 전쟁 이후 많은 그리스 문헌에서 그리스 시민을 칭하는 헬레네스Hellenes와 외부인을 칭하는 바르바로이barbaroi라는 이분법적 구분이 등장한다. 또한 고대 그리스의 역사가 헤로도토스Herodotos는 《역사*The Histories*》에서 소아시아의 할리스강을 기준으로 서쪽을 가리킬 때는 '할리스강 안쪽,' 강의 동쪽을 가리킬 때는 '할리스강 너머'라고 표현한다. 이 두 구분은 그리스인의 관점에서 그리스와 이방인을 나누는 심리적, 공간적 기준을 재현한 것이다(김봉철, 2017). 고대 중국에서 중원을 중심으로 한 한족 이외의 이민족을 오랑캐라고 불렀던 것과 마찬가지로 서양에서 집단 정체성의 재현을 위해 나와 타자를 구분한 것이다.

서구의 나와 타자의 구분이 만들어 낸 두 번째 개념은, 동아시아인에 의한 위협을 표현한 황색 위험yellow peril이다. 이 말은 동양에 대한 서구의 막연한 공포를 뜻하는데, 그 기원은 유럽 대륙의 역사에 큰 영향을 미친 5세기 훈족과 13세기 몽골 제국의 침략으로 올라간다. 펠로폰네소스 전쟁에서부터 동양은 반유럽적 타자를 상징한다. 그들이 내부의 통합을 이루고자 할 때 이렇게 타자화된 동양이 불려 나왔다. 결국 오리엔탈리즘Orientalism이란 유럽이 스스로의 통합된 정체성을 형성해 갈 필요성에서 동양을 타자로 구성하면서 자신의 특성이 아니고 타자의 특징이기를 원하는 무수한 고정 관념의 집합이라고 할 수 있다(주재홍, 2009).

이 같은 타자의 재현은 대항해 시대를 거쳐 식민지를 건설하는 19세기 유럽 식민주의의 이론적 토대가 된다. 서양인보다 비과학적이고 부도덕하며 야만적인 동양인에게 유럽식 교육과 근대화를 제공하는 식민 정부의 필요성을 역설한다. 이러한 논리는 유럽 제국주의 국가의 식민지 수탈을 정당화하는 주요한 근거로 활용된다. 서구 제국주의자들은 지배와 수탈을 정당화했을 뿐만 아니라 피지배 국민의 차별과 불평등을 당연시했으며 여러 대륙에 걸쳐 대량 학살까지 저질렀다. 페르시아 전쟁 이후 유럽은 동양 남성이 서양 남성보다 외모와 행동 모두 남성답지 못하다는 담론을 헤게모니화했다. 따라서 식민지의 국민은 종종 여성을 차별하던 언어로 기술되고 인식되었다.

결국 고대 그리스에서 시작된 오리엔탈리즘은 인종 차별뿐만 아니라 식민지를 지배하는 용감하고 지혜로운 백인 남성성을 이상화하는 성 역할 고정 관념을 극대화한다. 고대 그리스로부터 현재 신자유주의가 불러일으킨 세계화 시대까지 집단 정체성의 재현을 위한 인종 차별의 역사를 살펴보면 결국 성 역할 고정 관념에 기반을 둔 성차별의 역사와 별반 다르지 않다는 점을 알 수 있다(최혜영, 2008).

2) 오리엔탈리즘

팔레스타인 출신 기독교도이자 미국 이민자인 에드워드 사이드Edward Said는 《오리엔탈리즘*Orientalism*》에서 자신이 직접 겪을 수밖에 없었던 다중의 차별을 반영해 오리엔탈리즘 개념을 이론화한다. 사이드는 오리엔탈리즘을 세 가지로 정의한다. 첫 번째는 오리엔탈리즘을 서구 학자들의 동양에 대한 학문 탐구로 정의한다. 미셸 푸코Michel Foucault의 유명한 권력/지식 개념을 사용하여 사이드는 이 정의를 두 번째 것과 연관시킨다. 즉 이러한 연구는 지식 체계를 산출해 내고, 서구와 제국주의자들 가운데서도 더욱 실용주의적이고 공리주의적인 자들은 권력을 획득하기 위한 수단으로 이 지식 체계를 이용한다는 것이다. 예컨대 사이드는 산스크리트어 연구자인 윌리엄 존스William Jones 경에 의해 고취된 동양 언어에 대한 학문적 관심이 정치적 목적을 지닌 공리주의적 영국인에 의해 도용되었다고 주장한다. 학문 제도와 더불어서 연구 영역 전반이 결코 중립적이지 않았다는 것이다. 식민지 팽창이 정점에 이른 19세기에 동양학이 활발하고 자생적인 학문 분과로 자리 잡게 되었다는 것은 동양에 대한 지식이 권력에 대한 담론의 시초가 되었다는 사이드의 주장에 신빙성을 더해 준다.

사이드가 제시하는 오리엔탈리즘에 대한 세 번째 해석은 다음과 같다. 서구와 동양의 인식론적이고 존재론적인 차별성을 부각함으로써 개발/야만, 선진/미개, 우등/열등, 합리/비합리 등등의 전형적 대비를 영구화시키는 것인데, 이들 모두는 '자아'와 '타자'라는 더욱 큰 이분법 안에 포함된다. 《감시와 처벌*Surveiller et punir*》, 《광기의 역사*Histoire de la folie à l'âge classique*》, 《말과 사물*Les mots et les choses*》에 나타난 푸코의 사상을 전개하는 가운데 사이드는 '자아'에 대한 믿음이 형성되기 위해서는 '타자'를 어떻게 구성하고 심지어 조립해야 하는지를 설명한다. 이런 식으로 동양은 서구 학자들이 자신의 특성으로 인정하고 싶어 하지 않는, 대리 '자아'가 된다. 왜냐하면 잔인함, 관능, 퇴폐 등과 같은 성질은 언제나 이국적 타자의 특성으로 간주되기 때문이다. 오리엔탈리즘이 만들어 낸 서구의 타자는 개인으로서가 아니라 익명 대중과 같은 개성이 없는 동질 집단으로 간주하는 경향이 있다(Walia, 2001: 53~54).

한편, 에드워드 사이드는 《오리엔탈리즘》과 《문화와 제국주의*Culture and Imperialism*》에 이르는 저술에서 시와 소설과 같은 19세기 서구 문학에 창발한 상상력과 창의력이 결국 제국주의에 복무할 수밖에 없음을 증명한다. 사이드가 예를 든 다음의 러디어드 키플링Rudyard Kipling의 시는 바다 건너 식민지를 지배하는 백인의 탄생을 그린 내용이다. 이 시에 대한 사이드의 해석은 상당히 충격적이다.

> 지금, 이것이 '백인'이 걷는 길이다.
> 대지를 깨끗이 하기 위하여 갈 때,
> 철로를 따라, 포도 넝쿨 아래로
> 좌우로는 거대한 밀림.
> 우리는 그 길을 왔다 — 비에 젖고 바람 부는 길 —
> 우리가 선택한 별을 길잡이로 삼아.
> 오, '백인'이 손을 흔들며 그 큰길을
> 걷는 것은 세계를 위해서다!

사이드는 키플링의 '백인'은 즉시 전쟁에 나설 준비를 하고 있다고 본다. 그는 "우리에게 자유를, 우리 자식들을 위한 자유를/자유가 없다면 전쟁을"이라고 했듯이 우호적 지도자라는 '백인'의 가면 밑에는, 언제나 힘을 행사하고 죽이고 죽겠다는 의지가 명백히 나타난다고 생각했다. '백인'의 사명감에 위엄을 부여하는 것은, 어떤 종류의 지적 공헌이라는 의식이며 곧 그는 백인이지만, 백인은 단순히 이득을 취하려는 것이 아니라는 점이다. 그들이 '선택한 별'이 지상의 이해관계를 초월한 더욱 높은 곳에서 빛나고 있는 숭고한 의미라는 것이다.

사이드는 백인의 창조와 오리엔탈리즘의 창조가 동시에 유사한 과정을 통해 이루어졌다고 설명한다. 그의 시각에서는 오직 서양인만이 동양인에 대해서 말할 수 있다. 곧 백인이기 때문에 비로소 유색인종이나 백인 이외의 인간을 명명하고 명령할 수 있다는 것이다(Said 1978/2007: 389~390).

3) 세계화 과정에서 드러나는 인종 문제

앞서 언급했듯이 오리엔탈리즘은 집단 정체성 재현을 더욱더 강렬하게 하려고 '나와 다른 남,' '내가 아닌 타자'를 구성함으로써, 나와 나의 동일성 집단에 대한 경계선을 긋는다. 그런데 세계화 과정은 이러한 대중문화 스토리텔링 속 '타자'의 구성을 더욱 복잡하게 만들고 있다. 세계화의 진행은 그것이 여행을 통해서이든 좀 더 장기 체류나 이민이나 투자를 통해서이든 서로 다른 나라 국민 사이의 직접적인 접촉을 과거보다 획기적으로 증가시켰고, 수용자가 이질적 문화를 수용하거나 타인의 운명을 이해하는 능력 또한 변화시켰다.

서구의 타자로서 오리엔트는 지리적 위치와 관계된 것이 아니라 대상화된 상징적 기능이다. 이것은 근대성, 이성, 보편성이 결여한 결핍 문화이며, 결국 후진성, 비이성, 보편성을 획득하지 못한 특수한 가치로 특징되는 문화다(Morley & Robins, 1995: 137). 여기서는 세계화 과정에서 드러나는 인종 문제를 문화 간의 정체성 문제로 풀어가고자 한다. 우선 '정체성의 가면,' 즉 마스크mask 이론에 따라 한류 현상에서 읽을 수 있는 서구의 시선에 관해 탐구한다. 그에 반해 서구에 대한 우리 내부의 시선이라는 변증법 관계가 어떻게 집단 상상력으로 이어져 새로운 정체성까지 형성하게 하는지도 살펴본다.

정체성의 가면 이론: 블랙페이스와 옐로페이스

우리 얼굴은 문화에 의해 그림이 그려진 일종의 종이 얼굴과 같다. 시대와 문화에 따라 미의 기준이 달라 18세기의 미인과 21세기 미인의 이목구비가 다르다든가, 중국 여인의 미의 기준과 3세기 로마 여인의 미 기준을 비교하는 비교역사학적, 비교문화학적 해석 이상의 의미가 있다. 프랑스어에서 얼굴visage은 풍경paysage처럼 상상력과 정신 활동의 결과이지 자연적으로 주어지는 무엇이 아니다. 얼굴은 인간의 감정이 투사되는 공간이고 그리움과 욕망의 대상이고 읽어야 할 텍스트다.

또한 '얼굴이 없다'라는 문장이 당사자의 인간으로서의 정체성 전체를 의심하는 치명적 꼬리표인 것처럼, 얼굴은 텍스트성을 넘어선 존재론적인 것이기도 하다. 롤랑 바르트는 1970년 일본 여행 이후에 쓴 《기호의 제국 *L'empire des signes*》에서 일본의 인기 배우의 눈은 서양인의 눈처럼 둥그렇게 확장되어 있고, 일본 신문에 난 자신의 사진에서 그의 눈이 눈초리가 가늘어진 동양적인 눈으로 바뀌어 있는 것을 보았다고 썼다. 이것은 일본 문화의 친서구적인 약호, 서양에 동화되고 싶은 일본 문화의 욕망이 투사된 결과이며, 바르트의 얼굴에서 서양인의 이질성을 반감시키려는 신문 편집자의 손놀림의 결과다. 즉 얼굴이란 자신이 속해 있는 문화가 정체성의 약호를 각인하여 재생산하는 하나의 정체성 협상의 공간이라고 할 수 있다.

이러한 시각에서 대중문화 산업이 어떻게 얼굴에 문화의 약호를 각인시켜 왔는지를 살펴보는 일은 문화 정체성 논의에서 핵심 주제다. 우리는 무언가를 가리기 위해서든 특정한 의미를 부여하기 위해서든 명백한 의도를 지닌 얼굴 모습, 자신의 얼굴이 아니라고 생각되는 제2의 얼굴을 덧쓰는 것을 가면mask이라고 한다. 대중문화 산업은 문화적으로 각인된 얼굴을 생산하고, 그것이 호응을 얻는 경우 대량으로 재생산함으로써 문화와 인종, 기타 사회적 범주에 대한 스테레오타입을 생산한다.

미국과 영국은 19세기와 20세기에 걸쳐 오랜 '블랙페이스blackface'의 전

그림 57 19세기에서 20세기 중반까지 백인이 흑인 분장을 하고 노래와 춤을 췄던 전형적인 민스트럴 쇼.

그림 58 〈재즈 싱어〉에서 백인 배우 알 존슨이 블랙페이스 분장을 하고 공연하는 장면.

통을 유지해 왔다. 백인 배우가 얼굴에 검정 칠을 하고 흑인 역을 연기하는 이 전통은 연극과 각종 광고, 영화에 이르기까지 광범위하게 퍼졌다. 이는 1960년대 인권 운동으로 사라질 때까지 지속되었다. 최초의 유성 영화 〈재즈 싱어*The Jazz Singer*〉(1927)에서 백인 주인공이 블랙페이스 분장을 하고 공연하는 장면은 유명하다. 백인이 얼굴에 숯검정 구두약을 바르고 흑인 얼굴의 특성을 과장하여 분장했던 블랙페이스의 전통은 단지 외형에 대한 왜곡이 아니다. 이는 백인과의 피지배 관계에서 음악과 서비스업에는 능하지만, 의지박약하고 항상 즐거운 '착한 네그로'라는 스테레오타입을 형성하고 전파하는 데 널리 기여했다.

이에 상응하는 아시아인에 대한 가면 전통은 '옐로페이스yellowface'다. 영화사 초기부터 블랙페이스에서와 같은 빙식으로 백인이 아시아인 주역을 대신해 왔고, 이를 위해 백인 배우의 얼굴을 아시아인으로 바꾸어 분장하는 전통이 상당히 오랫동안 지속하여 왔다. 할리우드 영화 역사에서 아시아 배우가 할리우드 영화의 아시아인 주역을 연기한 경우는 최근의 변화 이전에는 매우 드물다.

아시아인 배우에게 주어진 역할은 요리사나 하인, 전쟁터의 적, 주인공을 돋보이게 하는 충실한 조연의 역이 대다수이고, 주요한 배역일 경우 할리우드 제작사는 백인 배우를 황인종으로 분장시키는 쪽을 선호했다. 그런데

놀라운 점은 아시아인 역할을 했던 배우들이 무명 배우, 즉 미국 관객이 아시아 배우라고 착각할 수 있는 배우들이 아니라 이미 스타로서의 정체성을 확립한 당대 최고의 배우들이었다는 사실이다. 캐서린 헵번은 동명 소설을 영화화한 〈용의 자손*Dragon Seed*〉(1944)에서 중국 여자를 연기했고, 존 웨인(〈정복자*The Conqueror*〉, 1956)과 오마 샤리프(〈칭기즈칸*Genghis Khan*〉, 1965)가 칭기즈칸 역을, 율 브리너가 〈왕과 나*The King And I*〉(1956)에서 샴왕 역을 맡아 어눌한 영어 연기까지 했다. 미키 루니는 이를 튀어나오게 교정하고 〈티파니에서 아침을*Breakfast at Tiffany's*〉(1961)에서 고약한 일본인 이웃을 연기하는 등 여러 배우가 옐로페이스를 해야 했다. 최근에 〈알로하〉(2015)의 엠마 스톤과 〈공각기동대: 고스트 인 더 쉘〉(2017)의 스칼렛 요한슨이 백인임에도 아시아인 혼혈이나 순수 아시아인을 연기한 것을 두고도 이 같은 논란이 일었다.

이처럼 광범위한 옐로페이스 전통은, 19세기부터 아시아 이민을 수용해 왔던 미국의 사정을 고려해 볼 때 인종주의적 처사라는 비판을 면할 수 없다. 앞서 언급한 아시아 배우들이 연기하는 인물을 스테레오타입에 충실하게 재현하는 것과, 옐로페이스를 통해 아시아인을 신체적으로 열악한 존재로 비하하는 이러한 실천은 역사적인 인종주의 외에도 미국적인 이유가 있다. 백인은 우스꽝스러운 분장을 하고 아시아 인물을 연기하는 일은 특히 공연 예술에서는 '예술의 자유'에 속한 것이라고 제작자들이 주장하지만 실은

그림 59 〈티파니에서 아침을〉에서 미국 배우 미키 루니는 백인이면서 일종의 마스크인 교정 틀니까지 사용해 일본인을 연기했다.

그림 60 〈공각기동대〉(2017) 포스터 속 스칼렛 요한슨. 캐스팅에 대한 논란을 의식한 듯 최대한 동양인을 상징하는 마스크(검은색 머리)로 얼굴의 많은 부분을 가리고 있다.

관객을 최대로 끌어 모으기 위한 경제적이고 문화적인 선택이다.

옐로페이스가 오랫동안 작동된 이유는 두 가지로 요약할 수 있다. 첫째, 할리우드 영화 제작자들의 주장에 따르면 '백인 배우가 아시아인보다 황인종 역을 더 잘하기' 때문이라는 것이다. 아시아 배우는 자연스러운 인간 존재를 연기하지만, 백인의 숙련된 '황인종 연기'는 미국 관객이 지닌 황인종에 대한 스테레오타입에 부응하기 때문에 극 속에서 더욱 효율적이라는 것이다. 둘째, 영화 주인공은 동일시와 투사의 대상인데, 그것이 아시아 배우가 아시아인을 연기하는 경우보다 백인이 연기하는 경우 미국 관객이 훨씬 편하게 받아들인다는 점이다. 다시 말해, 미국의 대중문화 관객은 아시아인 주인공에 자신을 투사할 수 없을 뿐만 아니라, 세계의 대다수 비서구 지역 수용자들이 그렇듯이 현실적authentic 타자를 수용하는 과정에서 자신과의 차별성을 인정함으로써 자신의 정체성을 강화하거나 타자에게 매혹되는 문화적 협상의 경험이 적다는 해석이 가능하다. 미국에서 처음으로 더빙 없이 영어가 아닌 언어로 상영되고 자막 처리된 영화가 2000년 개봉된 〈와호장룡〉(이안)이라는 사실은 이러한 미국 관객의 자아 중심적 영화 관행이 최근까지 계속되었음을 잘 말해 준다.

마스크를 통한 할리우드의 '타자' 재현은 이렇게 할리우드의 인종주의적 정체성 전략을 이해할 수 있게 해 준다. 아시아 스타에게 제한된 내러티브 공간만을 제공하고 제한된 역할로 축소함으로써 그들의 남성성을 무술의 스펙터클로 환원했다면, 옐로 마스크의 사용은 이 단계에 이르기 이전, 백인 배우가 분장하여 아시아인 역할을 연기하게 하는 옐로페이스 장치를 '황색 위험'이 주는 불안과 이질감을 극복해 왔다는 것을 보여 주었다(홍석경, 2013).

한류 스타의 '화이트페이스'

이처럼 할리우드는 전통적으로 타자의 재현을 통해 스스로 정체성의 경계를 확보해 나갔는데, 이러한 '타자'의 재현을 통한 정체성 구성 논리는 할리우드에만 적용되는 것이 아닌 모든 대중문화 현상의 근저에서 작동하는 힘이다. 그런데 이 논리는 서구 지향적 근대화를 추구해 온 한국과 같은 사회, 그러나 최근에야 이민의 역사를 경험하는 비교적 동질적인 민족 국가 사회에서는 복잡한 문제를 던진다. 한국의 타자는 과연 누구인가? 일본에 지배당한 이유로 일본을 타자로 삼게 된 동아시아 국가들이 공유하는 이 문제는, 동아시아의 문화 정체성 문제를 이해하기 위해 동아시아의 근대화 과정에서 일본의 역할을 분석해야 함을 말해 준다.

외세에 의한 것이 아닌 자의에 따른 근대화에 성공한 일본은 대동아공영권 이데올로기를 만들어 일찍이 자국을 아시아 국가의 발전을 이끌어갈 리더로 공언하는 동시에, '후진' 상태의 다른 아시아 국가들과 차별되는 정체성을 가진 비아시아적인 국가로서 '탈아시아'를 지향하는 모순적 정체성을 지닌다. 대부분 구 식민지 국가들처럼 타자인 서구에 의해 식민화된 것이 아니라 같은 얼굴을 한 일본에 의해 식민 지배를 겪은 한국의 경우, 탈식민 과정은 친서구적 성격을 띨 수밖에 없었다. 결국 일본이란 특수한 국가의 식민 경험을 통해 한국은 이중으로 친서구적인 근대화를 겪게 된 것이다. 식민지 한국의 지식인은 일본의 대도시에 유학하여 탈아시아 분위기의 일본에서 친서구적 근대화를 경험했고, 해방 이후엔 한국의 공산화라는 '심연'으로부터 구해 준 '엉클 톰' 미국에 대한 친근함에서 자연스럽게 '화이트성'을 내화하는 방향으로의 근대화가 진행되었다. 비공식적이지만 실질적으로 정부 차원에서 일본 문화물의 국내 유통을 오랫동안 막았을 정도로 우리가 이미 닮아 있는 일본으로부터 차별적 정체성을 형성하기 위해, 저어함도 의구심도 없이 백인처럼 보이는 '화이트페이스'를 내화하게 된다.

여기에서 '화이트성'에 대한 좀 더 심층적 이해가 필요하다. 리처드 다이어Richard Dyer가 중요한 저작 《화이트*White*》에서 주장했듯이, 할리우드는 영화 기제를 자신의 '화이트성'을 적극적으로 발전시키는 방향으로 진화시켜 왔다. 그에 따르면 할리우드가 정착시킨 시네마토그래프 기제는 영상 생산에서 빛 사용의 모든 과정을 '화이트페이스'를 최적 상태로 찍어 낼 수 있는 방식이 정상이고 나머지 것들은 예외나 비정상으로 밀어냈다는 것이다. 다이어에 따르면 '화이트'는 세 가지 차원의 담론으로 구성된다. 첫째, 색의 형질로서 화이트는 사실 '무색'과 동일어로 색깔로서의 가치를 규정하기 어렵고, '흑'의 반대라는 점에서만 색으로서 의미를 지닌다. 둘째, '화이트'는 피부색을 지칭하고, 그로 인해 피부가 '화이트'라고 인정되는 인종을 가리키게 되었다. 셋째, 악에 반대하는 선, 더러움에 반대되는 순결이란 상징적 의미를 지닌다. 이렇게 분리되어 사용되는 '화이트'의 속성은 그 자체로서는 문제가 없을지 모르나 실제 사회적 실천에서 상호 교차적으로 작용한다. 야외 노동의 정도와 피부색의 자연적 연관 때문에 '화이트'는 고급 및 상류와 동의어가 되었고, 그 때문에 서구 이외의 지역에서도 좀 더 부유한, 상류 계층의, 고결한 신분과 관련된 특성으로 인지되었다. 자연히 화이트는 여성이 추구해야 할 목표가 되어 피부를 하얗게 화장하거나, 희게 탈색시키는 각종 유독한 화장품이 그리스 시대부터 현대에 이르기까지 변함없이 사용되고 있다. 이와 동시에 인종적이든, 계급적이든 백인만이 스스로의 피부를 의도적으로 태우는 선탠 행위를 자유롭게 할 수 있는 것이다.

그런데 실제 피부의 색감으로서 화이트는 상대적으로 존재할 뿐이어서, 일부 동아시아인, 북아프리카인, 이란, 인도인이 유럽인이나 북미의 화이트보다 피부색이 더 하얀 경우가 많다. 즉 화이트는 자연색으로서 인종의 특성을 지칭하기에 전혀 충분조건이 될 수 없다. 게다가 영국 역사에서 아일랜드인을 오랫동안 흑인으로 간주하다가 백인으로 '수용'해 준 점, 유대인을 백인으로 '인정'한 점, '화이트' 인종주의를 극단으로 밀고 나간 나치가 일본을 화이트 범주에 끼워 준 점 등을 주시할 필요가 있다. 다이어가 요약했듯이 '백인은 백인들이 백인이라고 하는 자들'인 셈이다.

그렇다면 서구가 화이트로 끼워 주었으나 긍정적인 자리를 내주지는 않는 일본, 그러나 스스로 탈아 담론을 발전시켜 온 일본을 적극적인 타자로 두고 있으면서도 친서구적 근대화를 지향한 한국의 경우 '화이트'의 문제는 어떻게 제기되었을까? 이 문제에 대한 해답은 실제 한국 사회에서 실천되는 화이트 담론과 행위에 대한 관찰에서부터 시작하기로 한다.

일단 서구 공연 예술에 옐로페이스 행위가 존재하듯이 아시아 공연 문화에서도 화이트페이스 행위가 존재할 것을 예상할 수 있다. 한국 영상 문화에서 할리우드에서와 같은 화이트페이스 문제는 번역극 시절의 연극 또는 뮤지컬에서 관찰되고 간혹 텔레비전 드라마에서도 발견된다. 연극이나 뮤지컬이 번안극인 경우, 금발을 쓰고 코에 기둥을 세우는 분장은 선택이 아니라 피할 수 없는 무엇으로 이해되었다. 이것은 인종주의가 끼어들 수 없는 문화 수입의 차원이기에, 오히려 백인의 예술적, 미적 우수성에 대한 수긍 또는 동의라는 메타언어 속에서 수용된다. 드라마의 경우에는 조선 말이나 개화기를 대상으로 하는 드라마에서 등장인물이 한국어로 제대로 된 소통을 해야 하는 경우 한국 배우가 백인 분장을 하고 출연하기도 했다. 그러나 사실주의가 중요한 드라마의 세계에서 이러한 백인 분장의 한계는 뚜렷한 것으로, 극의 '그럴듯함verisimilitude'을 깨지 않으려면 매우 제한된 사용만이 가능했다.

이 경우에도 인종주의의 자리는 없어 보인다. 한류의 가시성이 높아지고 한국 사회의 세계화가 진행되면서 한국어로 소통할 수 있는 외국인이 연예계로 진출하고, 국제결혼을 한 부모를 둔 한국인 2세들이 드라마에서 백인 역할을 맡게 되었다. 이 과정에서 흥미로운 것은 화이트성을 선천적으로 지닌 혼혈 탤런트보다, 화이트성을 지닌 한국 배우, 즉 서구의 미적 기준이라고 할 수 있는 하얀 피부와 높은 콧대, 좁은 턱과 작은 얼굴, 둥글고 큰 눈을 지닌 한국 배우들이 더욱 각광받고 있다는 점이다. 더욱 흥미로운 것은, 동아시아와 유럽의 한류 팬이 열광하는 것도 이러한 화이트성을 지닌 한국 배우의 아름다움이지 선천적으로 화이트성을 내포한 다니엘 헤니와 같은 혼혈 배우가 아니라는 점이다.

여기서 문제는 한국 배우들이 화이트페이스 분장이 아니라 '화이트성'에 기반을 둔 미적 기준을 추구하고, 성형을 통해 이를 신체에 각인해 나가는 문화적 논리이며, 한국 사회 전반에 미치는 영향력이다. 한국에서 유행하는 성형은 곧 인공적으로 화이트성을 자신의 얼굴에 각인하기, 즉 가면과 자신을 합성하는 과정인 것이다. 그러나 이때 추구되는 '화이트 마스크'는 백인의 실제 얼굴이 아닌 재창조된 화이트성, 마치 정원사가 공들여 만드는 '자연적인' 정원과도 같은 모순적 공간이다(홍석경, 2013).

한국 대중문화 속의 이러한 화이트성은 한류 현상에서 이중적 움직임을 드러낸다. 피부 표현에 기초한 K뷰티의 미백 실천은 단지 피부색만으로 아름다움과 정체성을 표현한 것이 아니라 복합적인 피부 표현이다. K뷰티는 한류 수용자들 사이에서 또 다른 미적 위계를 형성한다는 차원에서 부정적이지만, 서구가 독점한 화이트가 서구만의 것이 아닐 뿐 아니라 그 내용마저 단지 피부색이 아닌 복합적 특질로 구축하고 있다는 점에서 서구 인종주의 담론을 극복할 가능성도 지니고 있기 때문이다(박소정, 2020).

2. 세계 속 동아시아인에 대한 고정 관념

인종적 상상력은 위에서 살펴봤듯이 역사와 무관하지 않다. 사진, 영화, 텔레비전 등 영상 미디어의 등장 이후 세계적으로 소통된 영상은 동아시아에서 벌어진 전쟁, 이주, 폭력적 사태에 대한 뉴스 사진이 주를 이루었다. 그러한 영상은 서구의 개인주의와는 상반되는 집단으로서의 동아시아인, 집단 학살과 폭력이 자행되는 비인간적인 장소와 사람들이라는 고정 관념이 형성되는 맥락을 만들어 냈다. 보도 사진과 달리 영화는 스토리에서 이러한 고정 관념을 그럴듯하게 보여 주기 때문에, 더욱 강력하고 지속해서 세계인의 집단적 상상력에 영향을 미친다고 할 수 있다.

1) 대중문화 속 오리엔탈리즘

대중문화, 특히 영화는 오리엔탈리즘을 전파하는 영향력을 지녔다. 할리우드 영화는 전 세계를 시장으로 하기 때문에 영화에서 드러나는 경향성, 세계관을 전 세계에 퍼뜨리는 역할을 한다. 오리엔탈리즘은 제국주의imperialism, 식민주의colonialism, 탈식민주의postcolonialism라는 담론을 담고 있다. 에드워드 사이드에게 동양은 서양인의 필요로 만들어진 서양인의 시각에서 '지배'하고 '계몽'해야 할 동양이라고 할 수 있다. 이러한 왜곡에는 동양인에 대한 비하나 혐오의 내용도 있으나 지나치게 신비화하는 것도 포함된다. 특히 할리우드 영화나 서구의 드라마는 오리엔탈리즘을 시각화해서 표현하기 때문에 비판적으로 분석해야 한다.

앞서 언급한 〈300〉은 고대 그리스 연합군으로 펠로폰네소스반도에서 페르시아 제국 대군의 공격을 막아선 스파르타 군인 300명의 활약을 다룬 영화다. 그런데 이 영화에서 반나체에 가까운 차림의 거인으로 등장하는 페르시아 제국의 황제 크세르크세스는 확연히 어두운 피부 톤으로 표현이 되면서 백인이 아니라는 점을 강력히 표상한다. 더군다나 그의 동공은 더 검고 크게 보이도록 특수하게 표현된다. (이렇게 눈동자를 더 어둡게 보이게 해 악마성을 강조하는 것은 베네딕트 컴버배치 주연의 영국 시리즈 드라마 〈셜록*Sherlock*〉에서 악역인 짐 모리아티의 눈을 유난히 검고 크게 처리한 것과 같은 맥락이다.) 한편, 자신의 병사들을 친구나 동료처럼 대하는 주인공인 스파르타왕 레이노다스보다 크세르크세스는 압도적인 키에 수를 셀 수 없이 많은 노예들에 의해 들려진 거대한 가마에서 내려온다. 위압적인 목소리의 크세르크세스의 외모는 완벽히 제모가 된 채 화장한 얼굴, 각종 피어싱과 온몸을 휘두른 금속 장신구로 여성성과 남성성이 혼란스럽게 뒤섞여 있다. 그보다 주인공 레이노다스는 빨간 망토를 두른 균형 잡힌 몸매와 복근, 강한 근육, 특유의 구레나룻이 풍성한 강한 백인 남성의 외모를 선보이며 크세르크세스와 대조적으로 재현된다. 그는 비백인이며 여성성과 남성성이 뒤섞인 크세르크세스보다 건장한 백인 남성이라는 인종적 스테레오타입과 젠더 스테레오타입 간의 정상성을 매우 강하게 상징한다.

그림 61 〈300〉을 보면 스파르타의 왕 레이노다스와 페르시아의 황제 크세르크세스가 만나는 장면이 있다. 두 인물은 신체(눈동자, 신장, 체격, 체모 여부), 외모(화장, 피어싱, 장신구, 구레나룻 유무 등 여성성과 남성성), 복장(금속성과 섬유질, 금색과 빨강, 단순함과 복잡함, 화려함과 투박함)이라는 계열체적 관계를 대조하며 두 캐릭터가 상징하는 정상성과 비정상성을 강화해 재현한다.

특히 영화에서 스파르타 군인들과 페르시아 군인들 간의 전투가 치열해질 때 등장하는 페르시아 거인 병사의 키는 페르시아 황제 크세르크세스와 비슷하게 설정되어 있다. 그 거인 병사가 가진 비정상성을 표현할 때 크세르크세스에 사용했던 앵글을 똑같이 사용한다. 이는 크세르크세스 역시 괴물과 같은 존재라는 점을 강조한다. 그리스 연합을 위해 자신을 희생하는 스파르타 군인들의 개인성이 부각되는 반면 페르시아 병사들은 기괴한 가면까지 씌어져 개인성을 제거한 채 재현되고 가면이 벗겨질 때 흉측한 얼굴이 드러나도록 연출되었다. 이 세 캐릭터는 모두 거의 같은 모노톤의 로 앵글로 재현되며 어두움, 기괴함, 괴물 같은 외모와 표정으로 공포를 자아낸다. 이들은 서구 관객에게 익숙한 오리엔탈리즘이라는 이데올로기를 극적으로 강화한 재현이다.

〈월드워 Z*World War Z*〉(2013)는 동명의 소설을 원작으로 한 좀비 재난 영화다. 이 작품은 주로 저예산으로 제작되던 좀비 영화의 규모와 완성도를 크게 높였다. 주인공을 통해 미국을 상징하는 UN의 전 세계적인 대응과 영웅적인 행보를 보여 주는 〈월드워 Z〉는 인간성을 상실하게 하는 감염병의 진원지를 아시아로 특정한다. 이 전통은 1980년대 제작 당시 경제적으로 우월한 일본에 대한 공포를 형상화한 영화 〈블레이드 러너*Blade Runner*〉(1982/리들리 스콧Ridley Scott) 논리와 일맥상통한다. 앞서 설명한 황색 위험이 서구인의 뇌리에 얼마나 깊이 박혀 있는지를 알 수 있다. 코로나19 발생 이후 서구에서 아시아인에 대한 혐오와 폭력이 폭발하는 이유 또한 이 뿌리 깊은 공포가 근원이다.

그림 62 〈월드워 Z〉는 인간성을 상실하게 하는 감염병의 진원지를 아시아로 특정한다.

〈월드워 Z〉에서 이스라엘의 거대한 장벽을 뛰어넘는 빠르고 강력한 좀비 떼의 모습은 BC 5세기를 배경으로 한 〈300〉에 등장하는 무수한 페르시아 제국 군인들뿐만 아니라, 5세기의 잔인하고 야만적인 훈족, 13세기에 등장한 빠르고 기동력이 강한 몽골 제국 기마병들의 압도적인 공격을 은유한다. 이는 그리스 도시 연맹, 즉 아테네 도시 국가로부터 시작된 개인의 자유와 합리적 이성 그리고 민주주의라는 서구 가치를 상징하는 것에 반해, 집단적이며 몰개성적이고 야만적일뿐더러 잔인한 타자의 모습을 재현한다.

그림 63 〈슈피겔*Der Spiegel*〉 표지는 중국을 상징하는 빨간 방역복을 입은 채 빨간 스마트폰을 보는 사진과 "Made in China"라는 제목을 배치했다. 코로나19 팬데믹 기간 이와 같은 서구 미디어에 의한 노골적인 오리엔탈리즘의 표현은 '우한 바이러스'라는 말을 만들어 내고 서구에서 동아시아인에 대한 혐오와 테러가 봇물처럼 터져 나오는 데 기여했다.

일견 완성도도 있고 흥미진진하며 가

족애까지 갖춘 휴머니즘 영화로 보이는 〈월드워 Z〉는 사람들 사이에도 전염되는 광견병이 대만에서 처음 시작되었다는 라디오 뉴스를 영화 초반 소개한다. 동명의 원작 소설에서는 이야기 도입부부터 이미 중국 충칭에서 처음 이 바이러스가 발생했다는 사실을 암시한다. 영화나 소설 모두 몰개성적이고 집단적이며 공격성을 가진 좀비의 특성을 중국이나 북한과 같은 아시아 공산주의 국가의 국민과 동일시하고 있다. 영화에서는 주인공이 가장 먼저 UN의 임무를 부여받고 도착한 곳이 한국의 평택 미군 기지다. 북한과 인접한 비무장지대에서 바이러스에 감염된 한국 병사가 군의관을 공격하기 직전 좀비로 변한다. 이는 영화 도입부에 주인공의 시점에서 좀비로 변화하는 뉴욕의 한 시민의 변화와는 무척 다르다는 것을 알 수 있다. 영화는 백인인 뉴욕 시민의 눈보다 한국인 병사의 눈을 상대적으로 매우 혐오스럽게 그린다. 시각적 표현 외에도 북한에 무기를 밀매하다가 잡힌 CIA 요원의 입을 빌려 북한이 전염을 막기 위해 2,300만 명의 국민 모두의 이를 뽑았다는 아주 공포스러운 말까지 내뱉는다. 이처럼 오리엔탈리즘은 기원전에 공연되었던 그리스 비극에서 21세기에 제작된 할리우드 영화에 이르기까지 끊임없이 이어지고 있다.

소피아 코폴라Sofia Coppola 감독의 영화 〈사랑도 통역이 되나요*Lost in Translation*〉(2003)는 광고 촬영을 위해 도쿄에 왔지만 권태와 고독에 빠진 중년의 할리우드 남성 스타가 유명 사진가인 남편을 따라 일본에 왔다가 외로움에 시달리는 한 젊은 여성을 만나게 되어 사랑을 깨닫는다는 내용이다. 이 영화는 일본 문화를 좋아한다는 서구 감독의 몰이해로 인한 오리엔탈리즘을 노골적으로 드러낸 장면들 때문에 아시아 관객을

그림 64 〈사랑도 통역이 되나요〉는 오리엔탈리즘을 노골적으로 드러낸 장면이 여럿 등장한다.

불편하게 만든다. 광고 촬영장에서 일본인 제작진이 남자 주인공의 영어를 잘 이해하지 못한다. 일본인은 영어를 잘하지 못하며 억양이 서투른 것을 노골적으로 드러낸 것이다. 또한 남녀 주인공이 일본 음식점을 순회하면서 경험하는 일본 음식 문화의 몰이해를 이야기 전개에 두드러지게 사용한 것 역시 매우 불쾌한 지점이다. 까만 양복을 입은 키 작은 일본 샐러리맨들에 둘러싸인 키 큰 남자 주인공을 보여 주는 것 역시 그러한 맥락으로 읽을 수 있다. 이처럼 두 주인공의 고독과 외로움을 표현하는 진정성 있는 장면의 배경으로, 여주인공이 방문하는 신사는 일본 문화를 신비화한다. 이렇듯 일본어와 일본 문화를 우스꽝스럽게 그린다거나 반대로 신비화한다는 점에서 서구인의 오리엔탈리즘을 노골적으로 드러낸다.

2) 대중 영화 속 동아시아인에 대한 재현

할리우드 영화에서 아시아인의 재현

할리우드는 1998년 홍콩의 중국 반환 전후로 홍콩에서 건너온 스타들을 수용하기 이전까지는, 아시아인이 주인공인 영화에도 대부분 백인 배우가 주인공을 연기했다. 1990년대 이후, 미국 내 아시아 이민의 증가와 세계화와 더불어 할리우드에서 더는 백인을 아시아인으로 분장하지 않고 점차 아시아인 배우를 주연으로 영화를 만들었다. 이전까지 할리우드에서는 아시아인에 대해 표현되는 몇 가지 유형이 존재했다. 할리우드의 지배적인 아시아인 표상의 유형를 정리해 보면 다음과 같다.

첫째, 순종적이고 희생적인 아시아 여인상. 자코모 푸치니Giacomo Puccini의 오페라 〈나비 부인*Madama Butterfly*〉으로 대표되는 이 전형은 아시아 여성 전체를 포괄하며, 남성적인 서구는 바로 이러한 순종적이고 신중하며 이국적인 여성상에 끌리는 것으로 표상된다. 둘째, 아시아인의 팜므파탈이라고 할 수 있는 용녀상dragon lady. 신체적으로는 희생적인 아시아 여인상과 유사하나 내부적으로 남성에게 치명적인 정신적 상흔을 남기는 독약이나 마약과 같은 여성상으로, 서양 신화의 사이렌이나 키르케와 유사한 표상이다. 흑백 영화 시절의 애나 메이 웡이 연기한 인물들이 대표적이라고 할 수 있다. 셋째, 아시아 악당상. 중국의 의화단 사건과 미국으로 쏟아져 들어오는 중국 이민을 위협으로 간주하는 미국 내 집단 정서에 기대어 20세기 초에 생성된 대표적인 아시아인상으로, 영화에서는 러시아 출신 배우 보리스 칼로프가 아시아인 얼굴로 분장하고 연기하는 악당 푸만추 시리즈가 대표적이다. 넷째, 지혜로운 아시아 인상. 1931~1934년에 제작된, 백인 배우들이 연기한 찰리 챈 탐정 시리즈가 대변하는 인물상이다. 중국 정부가 악당 푸만추상에 대해 반발하자 이를 무마하기 위해 등장한 수동적이고 성적 매력이 전혀 없는, 유교적 지혜를 대변하는 인물상이다. 특히 주윤발이 연기한 〈와호장룡〉(2000)의 인물은 여전한 할리우드 스테레오타입을 표상한다. 다섯째, 성룡으로 대변되는 능동적인 액션물의 주인공이기는 하나 성적 매력 없는 일종의 '거세된' 아시아의 영웅상이다. 여섯째, 이소룡으로 대변되는 능동적인 동시에 성적으로 어필하는, 따라서 매우 문제적인 영웅상이다. 이소룡은 닉슨의 친중국 정책 시절 등장한 인물상으로, 할리우드가 최초로 무술 영화를 만들 수 있도록 지원한 아시아인이다.

그림 65 할리우드 영화 〈게이샤의 추억〉(2005)은 아시아 여인에 대한 스테레오타입 중 '나비부인'상을 보여 준다.

이처럼 할리우드 영화 산업이 왜곡된 아시아인 스테레오타입을 만들어 내는 동안, 실제 할리우드 영화인들은 1970년대부터 아시아 영화 영향을 적지 않게 수용했다. 홍콩의 중국 반환은 이러한 태평양을 오가는 영화 산업계의 영향력에 새로운 충격으로서 집단적이고 심리적인 트라우마를 생산했고, 이 괴리를 통해 적지 않은 홍콩의 영화인들이 할리우드로 진출하여 할리우드 영화를 연출하고 주인공을 연기했다.

이연걸, 주윤발 등 홍콩 배우들에 이어 2000년대 이후 할리우드에 진출한 한국의 비를 비롯한 동아시아 대중문화 산업이 제공하는 동아시아 아이돌과 미남 스타에 대한 서구의 여성 관객의 열광적 반응은 서구 미디어가 만들어 유통시킨 기존의 지배적 아시아 남성의 스테레오타입을 뒤엎는 것이다. 한류 현상에서 관찰할 수 있는 서구 여성 팬의 동아시아 아이돌에 대한 열망은 일차적으로 시각적 쾌락을 추구하는 외모 지상주의적이고 표피적인 것으로 보일 수도 있다. 그러나 어떤 인간 유형이 욕구의 대상이 되는 것은 결코 가벼운 일도 정치적으로 무의미한 현상도 아니다. 할리우드 영화 스타가 백인 지상주의적 미학의 헤게모니 관철을 통해 세계 속 백인우월주의에 어떻게 기여했는가를 고려한다면, 한국의 아이돌과 미남 스타에 대한 서구 여성 팬의 열망 또한 평범한 현상이 아니다 동아시아의 힘이 커지면서 한국 스타의 인기가 동서 간 성 정체성 헤게모니 지형에 실질적인 변화를 가져오는지에 대해 질문을 제기해야 할 것이다(홍석경, 2013).

"비틀스 이후에 이들보다 더 생산적인 성공은 없었어요. 우리 아시아인들에게 (BTS는) 아시아인의 얼굴을 힘 있는 위치에 되돌려놓은 우리 세대의 브루스 리예요." 〈MIC Drop〉을 포함해서 여러 곡을 BTS와 함께 작업해 온 아시아계 미국인 제작자 스티브 아오키의 이 말은 BTS의 성공이 세계에서 지닌 새로운 의미를 함축적으로 보여 준다. 지금까지 인종에 대한 전 세계인의 집단 상상력 형성에 절대적인 영향력을 미쳐 왔던 것은, 백인성whiteness을 맨 위에 놓는 인종적 위계를 전파한 할리우드였다. 아오키의 말은 BTS의 등장이 동아시아인으로서 그리고 한국인으로서 백인 중심의 세계에 어떤 변화를 일으키고 있음을 보여 준다. 이것은 위에서도 언급했듯이 K팝과 한류 현상 전반에서 관찰되는 일이기도 하다.

대다수 아시아 국가는 식민지 역사를 지녔으며, 특히 동아시아와 일부 동남아시아는 같은 아시아 국가인 일본 제국주의에 의해 식민지 경험을 했다. 식민 종주국으로서 일본은 자신을 피지배자와 분리해 내, 아시아인이 아닌 무엇으로, 인종적으로 모호하게 위치 지었다. 그래서인지 '쿨 재팬'을 이룬 일본 대중문화의 인기는 한류 현상에서 볼 수 있는 것 같은 '동아시아'라는 집단 정체성 담론을 생산하지 못했다. 한류는 할리우드에 버금가는 독특한 영상 생산의 전통에서 한류 스타를 배출하고, K팝 공연 무대를 역동적이고 매력적으로 재현하는 데 성공했다. 동아시아 너머까지 영향을 미치는 한국 연예인의 스타성과 K팝의 흡인력은 역사상 처음으로 한국과 한국이 대표하는 동아시아인을 매혹하는 대상으로 만들었다.

리처드 다이어는 《화이트》에서 할리우드의 영화 장치가 어떻게 백인이 아름답게 표현되도록 조명을 발전시켜 왔는지를 밝히면서 그것이 영화계에서 일종의 기준처럼 조명의 원칙이 되어 전 세계에서 교육되는 것을 비판한다. 백인 주인공이 아름답게 찍히도록 최적화된 조명으로 유색인 배우를 찍으면 그는 절대 돋보이지 않는다. 〈워킹 데드*The Walking Dead*〉에 출연한 한국계 배우 스티븐 연은 자신이 주연인 영화에서도 자신이 잘생겨 보이지 않는다고 인터뷰에서 토로한 적이 있다.

같은 이유로 한류 스타를 생산하는 한국 문화산업은 어떻게 촬영해야 한류의 주인공인 피부와 얼굴을 가장 아름답게 영상화할 수 있는지, K팝 아이돌 무대의 역동적인 군무가 살아나고 개별적 역할이 잘 드러나는지 알고 있다. 할리우드 영화 산업과 백인성이 동시에 태어난 것처럼, 한류 스타의 아름다움과 한류는 동시에 태어났다고 할 수 있다.

한류 스타의 아름다움에 대한 담론에서 한류가 생산한 아름다움의 기준으로 가장 중요하게 여겨지는 것은 미백이다. 미백은 화장하지 않은 것처럼 자연스럽게 빛나는 희고 아름다운 피부를 재현하는 고도의 기술이고, 빛의 예술은 미백 기술의 첨단에 있는 스타들을 아름답게 표현하였다. 한국의 뷰티 기술은 피부 미백을 중시하기 때문에, 한국인은 남녀를 불문하고 엄청난 양의 선크림과 비비크림을 소비한다. 군대에서 사용하는 위장 크림에도 선크림이 들어 있을 정도다. 이처럼 한국인이 전반적으로 하얀 피부를 중시하면서 인터넷상의 한류 팬들 사이에 피부색과 관련된 논란이 등장했다. K팝 아이돌들의 사진을 한국 팬들은 하얀색이 두드러지도록 보정하고(화이트워싱), 외국 팬들은 이것을 다시 노란빛이 도는, 때로는 본래 피부색보다 더 진한 갈색 톤으로 재보정하는(옐로워싱) 대결 양상이 벌어진 것이다.

물론 팬덤의 크기와 활동성만큼, BTS 멤버들의 사진도 이런 대결의 한가운데에서 인종주의 담론이 집중적으로 쏟아지는 현장이 되어 버렸다. 팬들의 담론은 다음과 같은 논리를 품고 팽팽하게 맞선다. 한국 팬들이 아이돌의 얼굴을 희게 보정하는 것에 대해 서구 팬들은 백인의 미학을 비판 없이 수용한 식민주의적이고 인종주의적인 행태라고 비판한다. 한국 팬들은 하얀 피부에 대한 선호는 백인에 대한 인종주의적 선망이 아니라 동양에서 만들어진 미학이고 보편적인 것이라고 항변하면서 아이돌의 얼굴을 노란색이 강화된 채색으로 덧칠하는 것에 대해 오히려 동양인을 옐로 스킨으로 스테레오타입화한 것이라고 비판한다. 동양인의 피부톤 중에는 서구인보다 하얀 톤도 있기 때문에 흰 피부를 선호한다고 해서 백인성에 대한 복종은 아니라는 것이다.

이렇게 글로벌 대중문화로 발전한 K팝 팬들 사이에서 온라인상 벌어지는 대립은 한국의 미백 뷰티를 탈식민주의적postcolonial 의미에서 해석할 담론적 여지를 만들어 준다. 즉 이것이 단지 백인이 만들어 놓은 미적 위계를 내화한 것이라는 식민주의적 의미를 넘어서서, 미백이 동아시아인의 피부를 아름답게 표현하고 힘을 실어 주는 실천이라는 탈식민주의적인 이해가 가능해진다(홍석경, 2020). 이러한 한류 속 피부색에 대한 미적 담론은 당장 백인 중심 인종적 위계를 위험에 빠뜨리는 것은 아니지만, 피부색에 기초한 백인 우월의 인종적 위계에 대해 질문할 수 있는 담론의 재료를 제공한다는 점에서 새로운 인종적 상상력의 공간을 창출하고 있다.

3. 한국 사회의 다문화와 인종 재현

1) 한국 내 외국인: 백인 우대와 흑인 차별

이제 위에서 제기된 할리우드와 한류 현상을 통해서 접근했던 인종 재현 문제가 한국 대중문화에서 어떤 문제를 발생하는지 알아보자. 〈이태원 클라쓰〉(2020/JTBC)는 이국적 풍광을 지닌 이태원을 배경으로 거대 식품 회사 장가 그룹과 대결하는 주인공 박새로이의 복수와 성공을 다루는 드라마다. 박새로이가 이태원에 차린 식당의 아르바이트생으로 등장하는 토니는 한국인 아버지와 아프리카인 어머니를 둔 혼혈인이며 친할머니를 찾기 위해 아버지의 나라에 왔다. 그러나 실상은 아버지를 만나기는커녕 영어를 못 쓴다는 이유로 클럽에서 쫓겨나기까지 한다. 프랑스령 출신 토니가 영어를 쓸 줄 모르기 때문이다. 실제 이와 비슷한 경우가 모델 한현민의 예다. 한 유튜브 채널에 친구들과 함께 출연한 그는 한국에서 나고 자라 영어를 잘하지 못하는 전형적인 한국인이지만, 외모만으로 '흑형'이나 '깜둥이'라 불리는 현실의 고충을 고백한다.

매년 재치 있는 풍자와 표현으로 화제가 되었던 한 고교에서 졸업 앨범 사진을 촬영하던 중 가나의 장례 문화를 흉내 낸 관짝소년단이라는 제목의 사진이 회자한 적이 있다. 가나 출신 방송인 샘 오취리는 자신의 SNS에서 학생들이 얼굴을 검게 칠한 블랙페이스를 언급하며 불쾌함을 표시했다. 그런데 그의 주장을 두고 한국의 여론은 샘 오취리에게 강한 질타를 가했고 결국 샘 오취리는 표현이 지나쳤다며 사과를 했다.

이렇게 한 외국인 방송인의 사과로 마무리된 이 사건은 우리 사회의 인종 감수성 수준을 다시 한번 생각해 보게 한다. 단일 민족 국가 이데올로기가 만연한 우리 사회에서 은연중에 흑인을 비하하고 백인을 존중하고 동일시하는 우리 안의 오리엔탈리즘이 드러난 것이 아닌지 성찰해야 한다. 가나의 장례 문화 동영상을 패러디했던 '관짝소년단'이라는 인터넷 밈으로 유명세를 치른 고등학생들은 블랙페이스의 의미를 전혀 알지 못했을 뿐만 아니라 흑인을 비하할 의도가 없었다고 한다. 그런데 그럴 의도가 없었음에도 그 사진을 보는 흑인들이 불쾌감을 느꼈다는 것이 이 사건의 쟁점이다. 샘 오취리의 이러한 비판은 오스트레일리아 출신 샘 해밍턴이 개그우먼 홍현희의 분장과 관련해서 자신의 페이스북에 올린 블랙페이스에 대한 비판(손희정, 2017: 197~209)이나 외국인 고정 출연자가 등장해 선진국과 한국의 문제점을 비교해 다루는 프로그램 〈비정상회담〉(2014~2017/JTBC)의 경우를 봐도 평범한 수준의 비판이었다. 그러나 이 사건 이후 방송에서 퇴출되다시피 한 샘 오취리의 경우는 우리 사회의 극명한 백인 우대와 흑인의 차별을 상징하며 우리 안의 오리엔탈리즘을 다시금 돌아보게 한다. 샘 오취리가 백인이었다면 겪지 않았을지도 모르는 일을 겪었다면 한국의 인종 차별적 현실은 충분히 비판할 만하다.

2) 조선족의 범죄자 재현: 영화 〈청년경찰〉

〈청년경찰〉(2017/김주환)은 코믹 액션 영화로, 경찰대에 다니는 두 주인공(박서준, 강하늘)이 주말 외박을 나왔다가 우연히 여성을 납치하는 장면을 목격하면서 벌어지는 일을 담고 있다. 이들은 경찰대에서 공부한 기본 수사 매뉴얼과 무술 훈련, 그리고 그들의 용기와 기지로 납치된 여성과 또 다른 희생자들을 구출한 후 난자를 채취하는 파렴치한 조선족 범죄 조직망을 소탕한다. 기본에 충실한 경찰 본연의 역할을 강조하면서도 코믹한 버디 무비를 표방한 작품으로 흥행에도 크게 성공했다.

이 영화는 범죄 조직이 대포차를 이용해 강남에서 여성을 납치하는 장면을 매우 사실적으로 그렸을 뿐만 아니라 병원과 결탁해 불법 난자 채취를 위해 여성들을 감금한 장소로 중국 동포(이른바 '조선족') 밀집 거주지인 대림동 지역을 노골적으로 드러냈다. 수차례 그곳이 대림동임을 알리는 장면은 이 지역 중국 동포들의 공분을 일으켰다. 결국 영화 개봉 20일 만에 대림 지역 중국 동포들은 영화에 등장하는 대림역 9번 출구에서 영화 상영 중단을 촉구하는 기자 회견을 열었고 중국 동포 단체들과 공동대책위원회(이하 공대위)를 결성하고 영화 상영 중지를 위한 투쟁에 돌입했다.

〈청년경찰〉이 중국 동포들을 흉포한 조직 범죄자로 그리면서 흥행에 성공한 것은 분명한 사실이지만, 정작 이러한 비판에 대해 영화감독과 제작사 측은 영화는 영화일 뿐이라고 주장하고 공대위의 주장을 일축했다. 한국 영화에서 중국 동포가 범죄자 또는 연쇄 살인마로 등장하기 시작한 것은 2010년 나홍진 감독의 영화 〈황해〉 이후라고 할 수 있다. 조직 폭력배들이 등장하는 액션 장르 영화들이 조폭이라는 클리셰에서 벗어나 새로운 악인을 발견하게 된 것이다. 이는 할리우드 영화에서 냉전 이후 중동 테러리스트, 중국, 북한 등 공산 국가를 새로운 적으로 지목했던 것과 비슷한 이유였다. 결국 중국 동포 남성은 지금까지 영화와 드라마에서 주로 범죄자로 재현되고 있다. 〈카운트다운〉(2011), 〈공모자들〉(2012), 〈신세계〉(2013)에서 조선족은 잔혹한 범죄자로 묘사되었다. 〈차이나블루〉(2012)와 〈차이나타운〉(2015) 등을 거치면서 중국 동포 조폭 캐릭터가 등장하는 한국 영화는 또 하나의 액션 장르가 되었다. 〈범죄도시〉(2017)와 〈청년경찰〉은 대림동과 가리봉동 등 조선족의 삶의 터전까지 범죄적 공간으로 재현했다. 이렇듯 영화 속 이미지는 한국 사회에서 중국 동포가 일으킨 강력 사건이 발생했을 때, 개인의 범죄일지라도 중국 동포 전체의 범죄로 집단화시키는 인종적 스테레오타입으로 자리 잡게 되었다.

3) 한국 내 지역 차별과 특정 지역인의 소수화

미디어에 나타난 방언 사용과 지역 차별 스테레오타입: 영화 〈가문의 영광〉과 〈친구〉

미디어에서 캐릭터의 성격을 드러내는 중요한 요소가 말/보이스voice이며 그중 억양은 매우 영향이 크다. 식민지를 벗어나 독립을 맞이한 대한민국에서 특정 지역의 언어를 차별하는 것은 특정 지역을 기반으로 둔 독재 정권이

상당 기간 미디어와 언론을 장악했던 정치적 맥락과 맞물려 있다. 정치적 의도에 의해 특정 방언은 의도적으로 미디어를 통해 비하되었다. 비슷한 시기에 개봉해 크게 흥행한 영화 〈가문의 영광〉(2002)과 〈친구〉(2001)는 지역 방언에 대한 이러한 스테레오타입과 지역 차별이 여전히 대중문화에 남아 있음을 비교할 수 있는 사례다.

〈가문의 영광〉은 대기업 연구원인 똑똑한 막내 여동생을 좋은 남자와 결혼시키기 위해 조폭 가문의 오빠들이 합심해 노력한다는 코미디 장르 영화다. 명문대 출신 벤처 회사 대표 박대서(정준호)는 우연히 대기업 연구원인 장진경(김정은)과 하룻밤을 보내게 되는데, 다음 날 장진경의 친오빠들이 박대서의 회사로 찾아와 벌이는 해프닝을 다룬다.

대서 (가쁜 숨을 몰아쉬며) 왜, 왜 이러십니까? 대체 누구신데…

(이번엔 대서의 뺨을 수차례 후려치는 석태.)

대서 (공포에 질려) 살려주세요. 잘못했습니다. 살려주세요.

(그제서야 대서의 맞은편에 서는 인태. 석태와 경태는 대서의 뒤에 가 선다.)

인태 뭣을? (놀리듯) 뭣을 잘못했는디??

경태 뭐여? 이런 호로새끼, 내장을 확 꺼내 갖고 줄넘기를 해부끄나 어쩌끄나…… (눈부라리며) 똑바로 못앙거! (다시 때릴 기세)

(황급히 차가운 시멘트 바닥에 무릎을 꿇는 대서. 완전히 얼어붙어 눈치만 보고 있다.)

〈가문의 영광〉에서 이 조폭 가문의 본가는 여수다. 장진경의 세 오빠는 가족 대대로 전라남도 여수의 조폭 가문으로 설정되며 이후 연작으로 제작된 영화들에서도 이 설정은 크게 바뀌지 않는다.

1971년 제7대 대한민국 대통령 선거에서 김대중 신민당 후보가 민주공화당 박정희 현 대통령에게 90만 표 차로 졌다. 이 선거는 동서 지역 구도로 전개된 최초의 선거로도 유명하다. 결국 이후 10월 유신 등으로 영구 집권을 추구하던 독재 정권은 정치적 목적에 의한 지역 차별 이데올로기를 시작했다. 1995년 국내 드라마에서 최초로 5·18을 다룬 드라마 〈모래시계〉(1995/SBS)에서는 같은 전라도 출신임에도 비열한 인물들만 지역 사투리를 썼다. 이를 본 김대중 대통령은 당시 "모래시계를 만든 감독·PD를 용서할 수 없다"고 말했다고 한다. 이 문제는 나중에 김대중 대통령이 집권하고 나서야 비로소 고쳐지기 시작했지만, 2010년에 전라남도는 한국방송작가협회에 "사투리는 지역의 넋이 밴 정서·문화이자 뼈와 살인데도 요즘 영화·드라마에서 전라도 사투리가 비하 수단으로 악용되고 있다"라며 공문까지 보내야 했다. 이처럼 매스 미디어의 지역적 차별과 편견이 영향을 준 특별한 재현의 역사는 깊다.

부산 출신인 곽경택 감독이 자신의 경험을 담아 시나리오를 쓰고 연출한 〈친구〉(2001)는 오히려 같은 조직 폭력배 캐릭터를 다루지만, 오히려 조폭을 카리스마 있는 매력적인 남성으로 그려 낸다. 여기에서 사용되는 부산 방언은 호남 지역 방언보다 정당성을 부여받는다. 느와르를 표방한 이 영화는 남성적 의리와 우정, 신뢰할 수 있는 남성의 언어로서 부산 방언을 사용한다. 따라서 영화 전편에 걸쳐 부산 방언이 사용하면서 영화의 남성성을 부각했다. 남성성이 강조된 등장인물과 우정을 내세운 줄거리는 해당 지역 방언에 그러한 긍정적인 성격을 부여했다(이기원, 2017: 48).

이 두 편의 영화에서, 방언이 사용되지 않았다고 해도 줄거리의 전달에는 큰 무리가 없었을 것이다. 박대서를 만나러 온 세 형제가 표준어로 겁을 주며 폭력을 행사할 수도 있고, 상택과 준석이 표준어로 대화를 나눌 수도 있을 것이다. 그러나 그들에게 특정 지역의 방언을 사용하게 한 것은 단순히 그들이 그 지역 출신이기 때문이기도 하지만, 그 지역의 방언이 상기시키는 대중이 이미 지닌 '지역 편견' 또는 '지역 인식'에 기대어 효과를 얻고자 했을 것이다. 결국, 영화에서 이러한 방언에 대한 차별적 사용은 현실 속 고정 관념과 연동되어 등장인물의 성격을 좀 더 쉽고 명확하게 해 주는 동시에 기존의 지역 차별 스테레오타입을 더 강화하도록 한다.

미디어에 나타난 중국 동포 언어 사용과 스테레오타입: 영화 〈황해〉와 〈범죄도시〉

〈황해〉는 아내가 돈을 벌러 한국에 가면서 가부장적 질서를 잃어버리게 된 중국 동포 택시 기사 구남(하정우)을 매우 사실적으로 표현한다. 구남이 개장수의 청부살인 의뢰에 응하면서 이야기가 시작된다. 영화는 다소 혼란스럽게 전개되지만, 결국 느와르 장르의 스릴러를 표방한다. 〈범죄도시〉(강윤성)는 〈황해〉와는 결을 달리해 코미디를 결합한 액션 영화의 외피를 두른다. 같은 중국 동포가 등장하는 〈청년경찰〉이 대림동을 무대로 했다면 이 영화는 가리봉동에서 실제로 일어났던 사건을 모티브로 하고 있어, 영화에 등장하는 모든 범죄 장면이 마치 사실인 양 전개된다.

〈황해〉와 〈범죄도시〉, 두 영화 모두 연변 출신 중국 동포의 범죄자 캐릭터를 아주 잔인하고 극악무도하게 표현한다는 공통점이 있다. 〈황해〉에서 면가(김윤석)와 〈범죄도시〉에서 장첸(윤계상)이 구사하는 중국 동포 특유의 억양은 신체 절단과 같은 영상과 만나 관객에게 극한 공포와 혐오의 감정을 불러일으킨다. 앞서 〈모래시계〉와 같이 같은 지역 조폭이라도 비열한 조폭 캐릭터에 특정 지역 방언을 쓰게 해 그 지역을 타자화했던 사례를 언급했다. 그런데 〈황해〉는 독특한 방언을 사용하는 중국 동포들을 돈을 위해서라면 무슨 일이라도 마다하지 않는 범죄자로 타자화하면서 그들의 억양을 통해 새로운 혐오와 공포를 만들어 낸다. 이 영화를 기점으로 중국 동포 범죄자가 구사하는 언어의 특징은 절도나 폭력 같은 일반적인 범죄도 아닌 신체 훼손과 같은 아주 잔인한 범죄를 상징하게 된다.

이렇듯 중국 동포 출신 범죄자가 구사하는 억양을 이용해 만들어 내는 극도의 공포와 혐오감은 〈신세계〉(2013), 〈청춘경찰〉, 〈범죄도시〉 같은 영화의 중요한 요소가 되었다. 우리의 현실에서 중국 동포에 대한 인식이 매우 우려스러운 수준까지 이르렀다는 점을 드러낸다.

4. 대중문화에서 드러나는 우리 안의 오리엔탈리즘

1) 블랙페이스

앞에서 보았듯이 블랙페이스의 기원은 19세기 미국에서 공연되었던 희극 공연 민스트럴 쇼에서 비롯되었다. 그런데 우리 대중문화에서도 블랙페이스가 등장한 사례가 있다. 과거 공중파 코미디 프로그램에서 별 문제의식 없이 블랙페이스를 사용했다. 한국 대중문화에서 블랙페이스를 사용해 온 데 대해 비판한 다음 글을 보자.

> "인간을 피부색이나 인종에 따라서 다르게 대접하고 평가하는 것은 인종주의적이고 문화제국주의적 행동이다. …… '시커먼 사람들'쯤으로 언뜻 이해되는 이 용어(시커먼스)는 '검은 것'에 대한 부정적이고 경멸적인 가치를 내포하고 있다. …… 프로그램에 등장하는 배우는 흑인으로 분장을 하고서 우스꽝스런 몸짓과 말로써 시청자의 눈과 귀를 인종주의로 마비시킨다. …… 원시적이고 무지몽매한 인물의 전형으로 그려지고 …… 인륜과 자기 주체성을 결여한 인물로서 되어 있다." (성상민, 2020)

그림 66 1980년대 방송된 KBS2 〈쇼 비디오 자키〉의 "시커먼스" 코너 공연.

1980년대 중반 KBS2 〈쇼 비디오 자키〉의 인기 코너였던 "시커먼스"로부터 앞서 언급한 2017년 샘 해밍턴이 비판한 SBS의 〈웃찾사〉의 공연까지 블랙페이스가 안방극장에 꾸준히 등장한 것을 보면 우리 영상 문화에서 인종에 대한 인권 감수성은 꾸준히 낮다는 것을 알 수 있다.

2) 한국 다문화의 현주소: 〈미녀들의 수다〉와 〈비정상회담〉에 드러난 인종과 성차별

앞서 영화 〈황해〉, 〈청년 경찰〉, 〈범죄도시〉에 나타난 중국 동포에 대한 혐오 이데올로기에 대해 살펴보았다. 이들 사례를 통해 단일 국가, 단일 민족이라는 신화를 가진 한국이 어떻게 사회적 약자인 중국 동포를 소외시키고 배제하는지를 뼈아프게 알 수 있다. 세계화 진행과 한국 사회의 다문화와 더불어 2010년 이후 한국에서는 완전히 다른 형태의 다문화 정체성을 지닌 이방인을 만나게 된다. 한편에서는 이방인에 대한 혐오 분위기에서 억압적 배제 혹은 동화 정책이 진행되는 동시에, 다른 한편에서는 이방인에 대한 동경과 선망이 한국의 대중문화를 사로잡았다. 〈비정상회담〉(jtbc/2014~2017)은 후자의 메커니즘을 관찰할 수 있는 사례다. 이 프로그램은 백인 남성들 중심으로 구성되어 있으며, 이들이 이성적이고 합리적으로 각자 선진국인 자기 나라의 사례를 들어 한국 사회의 정상성과 비정상성을 논의한다.

〈비정상회담〉을 재한 외국인을 등장시켜 인기를 얻은 유사 프로그램 〈미녀들의 수다〉(KBS2/2006~2010)와 비교해 보면, 한국 미디어가 인종에 대해, 그리고 인종과 뗄 수 없이 맞물려 있는 성별에 대해 어떤 태도를 지니는지가 잘 드러난다. 두 프로그램 모두 외국인 눈을 통해 한국 사회를 낯설게 바라보는 재미와 외국의 다양한 문화를 간접적으로 경험하고 호기심을 충족시키는 재미를 주었다. 그 과정에서 한국 문화를 평가하고 외국에 대한 유용한 정보를 제공하여, 일종의 '글로벌 스탠다드'의 학습 기회를 제공했다. 두 프로그램의 남녀 외국인 출연자 대부분은 대학생이거나 전문직 종사자였는데, 인적 구성의 유사함에도 불구하고 이 두 프로그램은 결정적으로 다르게 연출되었다. 〈미녀들의 수다〉는 그 제목이 말해 주듯 이국 여성들의 외모 전시장일 뿐이며, 이들은 쓸데없는 '수다'를 떠는 주체일 뿐이다. 〈비정상회담〉은 제목의 반어법을 통해 말하듯, 마치 아테네의 아고라에 모인 아테네 남성 시민들처럼 공론장의 주체로서 의견을 설파한다. 〈미녀들의 수다〉에 등장했던 외국 여성들은 당시에 유명했지만 지금은 방송계에서 찾아보기 어렵다. 그러나 〈비정상회담〉에 등장했던 남성은 다수가 우리 미디어 환경에서 꾸준히 활동하고 있다.

REVIEW

- 모델 한현민과 그의 친구들이 한국 주재 BBC 코리아 유튜브 채널에서 한 인터뷰를 보고 나서 '아프리카'나 '차별'이라는 주제에 대해 함께 토론해 보자.

그림 67　조나단, 한현민, 라비 '흑형'이란 말에 상처 받는 이유(BBC NEWS KOREA 유튜브 채널, 2019. 9. 4)

조나단　억양이 중요하죠. '아 왜 이렇게 시커머냐?' 이 말 듣기 싫지?

한현민　맞아 맞아, '깜댕이' 이런 말이 싫어요.

조나단　애들이 어떻게 놀렸나면, '아프리카노, 까매 까매' 이렇게 놀려요. 진짜. 제가 진짜 유치원 기피증이 있어요. 유치원 쪽을 못가. '오, 아프리카 치카치카다.'

한현민　머리가 원래 이런 데 꼭 한 번씩 물어봐요. '오 머리 자연이야?' '한 번 만져봐도 돼?' '오 수세미다!'

라비　오! 맞아, 맞아.

조나단　수세미, 이 말 많이 들어봤어요.

라비　오랜만에 동지 만났네. (중략)

- 〈내일 지구가 멸망했으면 좋겠어〉(2021/넷플릭스)라는 시트콤은 서울의 한 대학교 국제 기숙사에서 일어나는 다양한 국적을 지닌 학생들의 코믹한 일상을 다룬다. K팝 아이돌이 되기 위해 유학을 온 태국 여학생, 한국어를 한국 사람보다 더 구수하게 말하는 미국 유학생, 외국인의 모습을 했지만 한국어 외에 전혀 외국어를 못하는 한현민, 호주 국적의 한국계 학생 등 이 시트콤의 등장인물들은 단일 민족이라는 신화가 무너지며 점차 다문화 사회로 진입하는 한국 사회 변동을 담고 있다. 이 같은 변동이 앞으로 우리 사회의 지배 헤게모니 변동으로 이어질지 토론해 보자.
- 최근 영화, 드라마, 웹드라마 등에서 은연중에 사투리나 특정 억양 같은 지역 편견이

나 인종 편견이 담긴 콘텐츠가 있는지 또 그런 콘텐츠에서 받은 영향이 있는지 서로 이야기해 보자.

- 영화 〈우리들〉(2016/윤가은)에서 같은 반이면서 왕따였던 두 주인공 지아와 선이 서로 왕따가 되지 않기 위해 싸우는 장면이 등장한다. 그런데 이 둘의 갈등에는 이 둘을 왕따시키는 같은 반 우등생 보라와 보라의 친구들은 보이지 않는다. 즉 눈에 보이는 사회 약자의 갈등에서 지배 헤게모니는 은폐되는 경향이 있다. 코로나19 발생 이후 미국에서 벌어지는 아시아인에 대한 테러 중에 흑인이 행한 아시아인 테러가 미디어의 관심을 불러 모으고 있다. 이 문제에 대해 토론해 보자.

ZOOM IN

- 영화 〈파이란〉(감독 송해성, 2001)을 보고 주인공 강재(최민식)가 얻게 된 각성의 의미를 생각해 보자. ('파이란'은 중국 이름 백란白爛의 우리식 발음이다. 강재는 외국인 여성 파이란(장백지)과 위장 결혼을 한다. 파이란에 대한 차별적 인식을 대사와 행동으로 표현했던 강재가 후반부 그녀의 죽음 이후 그녀의 진심을 뒤늦게 깨닫게 되는 이야기다.)
- 리처드 다이어의 《화이트》에서 "빛과 사진 미디어"를 읽고 우리 주변에 색이나 조명뿐만 아니라 인종적 편견을 상징하는 것이 있다면 어떤 것인지 생각해 보자.
  《화이트: 백인 재현의 정치학》 | 리처드 다이어 | 박소정 옮김 | 컬처룩 | 2020 | pp.193~226
- 독립 다큐멘터리 영화 〈쿠바의 연인〉(2010)을 참조해 국경과 언어, 인종, 나이를 뛰어넘는 사랑과 연애에 대해 생각해 보자. 〈쿠바의 연인〉은 연출자이자 주인공인 정호현 감독이 쿠바에서 열 살 연하의 현지 남성과 연인이 되는 과정을 그린 자전적 다큐멘터리 영화다.

이중의 스테레오타입 또는 우리 안의 오리엔탈리즘 : 〈크레이지 리치 아시안〉

〈크레이지 리치 아시안*Crazy Rich Asians*〉(2018)은 전 세계적으로 흥행한 할리우드 로맨틱 코미디 영화다. 이 작품은 할리우드 영화로 〈조이 럭 클럽*The Joy Luck Club*〉(1993) 이후 아시아계 배우들이 모든 배역을 맡은 두 번째 영어 영화다. 존 조 주연의 영화 〈서치*Searching*〉(2018)와 함께 할리우드 영화계의 새로운 바람을 이끌었다.

〈크레이지 리치 아시안〉은 아시안 배우들의 연기, 동양적인 스토리, 싱가포르의 모던한 풍광을 담은 영상 등 나무랄 것 없어 보이지만, 좀 더 자세히 들여다보면, 보이지 않는 인종 차별적 요소를 상당히 강하게 담고 있다. 특히 주인공인 레이첼에 감정이입이 될 수밖에 없는 한국 관객에게는 우리 안에 내화되어 있는 오리엔탈리즘에 대해서 새삼 곱씹어 볼 수 있는 사례다.

미국 명문대를 졸업하고 뉴욕대학교 최연소 경제학 교수가 된 중국계 미국인 레이첼(콘스탄스 우)은 싱가포르 출신으로 매우 겸손하고 자상한 닉(헨리 골딩)과는 연인 사이이다. 어느 날 닉이 가장 친한 싱가포르 친구의 결혼식에 초대되어 레이첼도 여행에 동행하게 한다. 레이첼은 싱가포르에 도착해 대학 동창 펙 린(아콰피나)의 집에 머물게 되면서 닉의 집안이 세계적 부자라는 사실을 전해 듣게 된다. 이때부터 레이첼은 닉의 어머니인 엘리노어(양자경)와 묘한 갈등을 겪게 된다. 그녀는 미국 문화에서 자란 레이첼을 닉의 신부로 인정하지 않는다. 더군다나 외모에만 신경을 쓰는 싱가포르 사교계의 젊은 여성들이 마치 신데렐라의 언니들처럼 집단으로 등장해 미국에서 온 '가난하지만 똑똑한' 레이첼을 질투하고 괴롭힌다.

〈크레이지 리치 아시안〉의 성공으로 할리우드의 아시아계 영화인들은 매우 고무된 것으로 보인다. 이 영화의 감독인 중국계 미국인 존 추John Chu는 "이 영화는 단순한 영화

Movie가 아니라 하나의 움직임Movement이다"라고 말한다(*The Guardian*, 2018. 8. 11). '화이트워싱'이 문제가 될 만큼 아시아 배역 자체가 드문 할리우드 영화계로서는 매우 획기적인 변화를 보여 준 한편, 이제 미국 영화 산업에서 아시아계 관객의 수요가 그만큼 커지고 있다는 점 역시 반증한다.

〈크레이지 리치 아시안〉에서도 〈월드워 Z〉에서처럼 미국인이 추구하는 자유 의지나 개인주의가 없는 주인공의 적들이 집단으로 등장한다. 즉 물질에 약하고 비슷한 화장으로 천편일률적인 외모를 가진 싱가포르 사교계의 젊은 여성들을 표현한 것인데, 이는 전형적인 오리엔탈리즘을 반영한 것이다. 더군다나 신부의 처녀파티에 초대를 받아간 리조트에서조차 이들은 악취가 나는 죽은 물고기를 레이첼이 머무는 침실에 걸어두고 그 피를 침대보에 뿌리며 레이첼의 처녀성을 조롱하고 모욕한다. 그것은 그녀가 원하는 닉과의 결혼을 아주 야만적으로 경고하는 의미다. 이것은 앞서 '황색 위험'을 설명할 때 언급한 훈족이나 몽골 제국 병사들이 벌이는 집단적이고 야만적 행동과 비교된다.

한편, 닉의 어머니인 엘레노어와 성경책 모임을 하는 싱가포르 귀부인들의 행동 역시 이들을 신뢰하기 어려운 이들로 설정한다. 그중 한 부인이 레이첼의 뒷조사를 위해 탐정을 고용하라는 조언을 엘레노어에게 한 것 역시 그들이 사실은 의심이 많은 믿을 수 없는 인물임을 상기시킨다. 또 (한국계 배우이자 페이클린의 아버지로 나오는 켄 정과 아콰피나를 비롯해) 페이클린 고의 가족이 등장하는 장면 역시 진지하지 못하다. 그나마 미국 유학을 한 레이첼의 친구 페이클린 고가 가족 중 유일하게 정상적으로 보일 뿐이다. 결국 이 영화에 등장하는 싱가포르와 말레이시아의 중국계 부자나 사교계 인물은 전혀 존중의 대상이 되고 있지 않다.

미칠 듯 돈이 많지만, 교양 있는 서구 시민과 비교할 수 없을 만큼 몰개성적이고 상대방에 대한 배려가 없을뿐더러 언변이 가볍고 우스꽝스럽게 대상화되는 이들의 대척점에는 레이첼이 서 있다. 미국 명문 대학교 경제학 교수인 만큼 우연히 만난 말레이시아 공주와 심도 깊은 경제 문제를 논하는 레이첼은 화장과 패션 그리고 연애사에만 관심을 쏟는 싱가포르의 상류층 젊은 여성들과는 전혀 다른 존재다. 오리엔탈리즘의 이데올로기 작동 방식을 봤을 때, 레이첼의 어머니가 모종의 비밀을 지닌 채 레이첼을 데리고 중국 국경을 넘어서 미국으로 망명했다는 전제는 의미심장하다. 등장인물은 모두 같은 아시아계이지만 레이첼은 미국의 자유와 민주주의의 수혜를 입었고 미국인의 정체성을 실질적으로 획득했다. 이 영화에서 모든 시선의 주인공으로 관객이 감정이입을 해야 할 대상은 결국 미국 시민으로서 정체성을 지닌 레이첼일 수밖에 없다는 점이 바로 이중의 인종 차별 이데올로기로 작용한다.

외모는 아시아인이지만, 결국 미국 문화를 누리는 미국인의 정체성을 지닌 레이첼을 보면서, 우리 안의 오리엔탈리즘을 떠올리게 된다. 부지불식간에 우리는 영화를 보는 내

내 합리적이라 믿는 자기 생각과 자유 의지를 지키기 위해 노력하는 레이첼을 응원하게 된다. 〈300〉에서도, 〈월드워 Z〉에서도, 〈사랑도 통역이 되나요〉나 〈블레이드 러너〉를 보더라도 우리는 당연하게도 이들 영화의 주인공에게 강하게 감정이입을 하게 된다. 결국 이 영화들에서 보이지 않지만 강하게 작동하는 오리엔탈리즘의 영향을 받을 수밖에 없다.

PICK

우리 안의 오리엔탈리즘과 어떤 불편함 : 〈기생충〉

〈기생충〉(2019)은 2019년 칸 영화제 수상에 이어 2020년 아카데미 영화상에서 작품, 감독상을 비롯한 4개 부문을 수상했다. 국내에서도 천만 관객이 관람한 이 영화는 보는 내내 불편한 감정을 갖게 된다. 여러 차례 사업 실패로 반지하에 살게 된 기택(송강호)의 집에 4수생 아들 기우(최우식)의 친구인 명문대생 민혁(박서준)이 수석을 들고 찾아온다. 기우는 민혁의 소개로 글로벌 IT 그룹 CEO인 박 사장네에서 첫째 딸 다혜(정지소)의 영어 과외를 하게 된다. 과외를 시작하자마자 여동생 기정(박소담)을 막내 다송의 미술 교사로 들인다. 뒤이어 기우의 부모도 운전기사와 가정부를 내쫓고 취업에 성공한다. 완벽할 것 같았던 기우의 계획은 박 사장네가 다송의 생일을 위해 캠핑을 떠난 날, 가정부 자리를 빼앗기고 쫓겨난 문광(이정은)이 찾아오면서 위기에 처한다.

〈기생충〉에서는 '선을 넘지 않을 것'과 '악취'라는 쉽사리 보이지 않는 것을 중요하게 보여 준다. 글로벌 IT 기업 어나더 브릭Another Brick의 대표인 박동익에게 '선을 넘지 않는 것'은 매우 중요한 가치다. 여기서 선은 계급적 차이이자 보이지 않는 인종적 차이를 뜻한다. 〈크레이지 리치 아시안〉에서 레이첼이 국경을 넘어 미국적 정체성을 획득한 것과는 분명히 다르지만, 박 사장의 자아는 한국이라는 국가 안에서 스스로 다른 인종이라는 점을 분명히 하려고 한다. 그는 기존의 운전기사가 선을 넘었다(젊고 혈기 왕성한 운전기사가 그의 자리에서 섹스했다)며 해고한다. 박 사장은 새 운전기사 채용을 위해 기택에게 시험 운전을 시키고, 기택의 운전을 마음에 들어한다. 하지만 박 사장이 말을 할 때 기택이 자신을 바라보려 고개를 돌리려 하자 그는 뒤를 돌아보지 말고 앞을 보라고 명령한다. 시선의 주인을 명확히 하라는 말이다.

영화 후반부에 아들 다송의 생일 파티 때 박 사장은 큰 소동 끝에 자신의 차키가 그동안 방공호에서 기생하는 근세에게 깔리자 그의 곁에 다가가지만 근세에게 나는 악취를 맡고 구역질을 한다. 기택의 가족 누구도 근세와 몸싸움을 하면서 구역질을 하지 않았다. 그들 역시 반지하에 살고 있기 때문이다. IT 기업 대표인 박 사장과 달리 이 두 가족은 대만 카스텔라 사업을 하다가 한 고발 프로그램의 방송으로 비슷한 시기에 사업이 망했다. 이것은 보이지 않는 계급이나 영역을 표현한다.

7장에서 '화이트성'에 대해 언급했던 리처드 다이어의 《화이트》에서도 백인과 비백인을 나누는 중요한 기준으로 냄새가 등장한다. 비백인은 몸에서 나온 더러움과 다양하게 연관되며, 특히 비백인은 냄새가 난다는 되풀이되는 인종적 인식이다. 그러면서 영국에서는 비백인의 음식에서 냄새가 나고, 비백인이 먹는 음식(내장, 개, 뱀)은 더러우며, 노골적이고 피비린내 나는 형태로 도축한다는 인식을 소개한다. 결국 백인이라는 것은 냄새와 배설물을 비롯해 모든 더러운 것을 지워 냈음을 의미한다고 말한다. 백인으로 보인다는 것은 깨끗해 보인다는 것이다. 그 깨끗함에는 무색무취한 것이 포함된다. 영화 결말에서 기택이 박 사장에게 분노한 것은 자신에게도 무말랭이 같은 지하철 냄새가 난다고 하는 보이지 않는 혐오와 차별에 대해 깨닫게 된 것을 뜻한다. 근세가 죽으면서 내뱉는 "안녕하세요! 박 사장님! 리스펙트!"라는 말은 죽을 때까지 그가 이러한 차별을 깨닫지 못한 상태라는 점을 말한다.

이 영화가 보는 내내 불편할 수밖에 없는 것은 바로 우리 안의 인종 차별 이데올로기로서 오리엔탈리즘의 대상이 경제적 몰락을 이유로 언제든 우리 자신이 될 수도 있다는 점 때문이다. 연교(조여정)가 선보이는 불안함과 초조함은 바로 경제적 이유로 인한 비백인으로의 전락 가능성을 표현한다. 모든 것을 박 사장에게 기대는 연교로서는 그의 부재가 바로 그 불안의 근원이며, 영화 말미 박 사장이 기택의 칼에 쓰러지자 그녀 역시 기절하고 땅에 쓰러지고 만다. 그녀의 쓰러짐과 더불어 카메라가 하강해 죽은 박 사장의 모습을 비추는 것은 이 영화의 불편함이 무엇인지 상징한다.

이 영화는 신자유주의 체제로 인해 극단의 효율을 따지며 경제력에 따라 인간을 언제든 바꿀 수 있는 벽돌(박 사장의 글로벌 IT 회사 이름이 어나더 브릭이다)로 경시하게 된 우리 사회를 배경으로 한다. 외국인 노동자나 비백인을 향해 무의식적으로 반복되는 우리 안의 혐오와 차별의 시선을 바로 우리 자신에게로 돌린다는 점에서 이 영화는 우리 안의 오리엔탈리즘에 대해 보다 깊이 성찰할 기회를 제공한다.

REVIEW

- 〈크레이지 리치 아시안〉의 도입부에 싱가포르 거부의 맏며느리이자 어린 닉의 어머니 엘레노어는 폭우가 쏟아지는 날, 런던에 있는 고급 호텔에 도착해서 스위트룸을 예약했다고 말한다. 그런데 호텔 지배인은 비에 젖은 아시아인들을 얕잡아 보고 차이나타운이나 가라며 조롱한다. 이에 엘레노어는 격분해 그 호텔 체인을 사버린다.

단순히 이 이야기에 카타르시스를 느끼기에 앞서 7장의 이론적 내용에 근거해서 이 장면에 대해서도 좀 더 깊이 생각해 보자.

- 피터 패럴리Peter Farrelly의 영화 〈그린북*Green Book*〉(2018)을 보고 이 영화에서 인종적 편견을 무너뜨리는 아이러니가 무엇인지 생각해 보자.
- 테오도어 멜피Theodore Melfi의 영화 〈히든 피겨스*Hidden Figures*〉(2016)를 보고 인종과 젠더라는 뿌리 깊은 차별의 시선에 대해 토론해 보자. 특히 이 영화의 주제 중 약자들의 연대, 즉 '흑인 여성 간의 연대'에 대해서도 생각해 보자.

8장

과학 영상과 영상 문화

영상은 다른 분야와 밀접하게 상호 작용하며 발전해 왔다. 그 대표 영역으로 과학과 문화를 들 수 있다. 과학은 영상 분야와 결합하여 많은 것을 가시화하며 과학 탐구를 확장시켰다. 과학에서 영상은 전문 지식 생산에 기여하여 사용자에게 권위를 부여하고 권력을 형성하기도 하였다. 과학 기술과 자본이 영상 생산 및 유통의 힘으로 이어져 결국 서구에서 영상 문화가 발전했다는 점은 영상이 문화 권력 형성과도 밀접한 관계에 있다는 것을 보여 준다. 이 장에서는 과학을 기반으로 발전한 영상이 가져온 사회 현상과 문화 권력의 편향성을 짚어 보면서 그에 따른 문제를 보완하기 위해 세계가 어떠한 노력을 하는지를 살펴본다.

1. 영상과 과학

과학의 원리와 기술을 바탕으로 발전한 영상은 인간의 보는 방식과 능력을 확장시키면서 정보와 지식을 제공했다. 이는 우리의 사고뿐만 아니라 삶의 방식에도 영향을 미쳐 왔다. 보는 것이 아는 것, 즉 지식이 되고 지식과 정보가 곧 힘이 되는 세상에서 과학과 영상의 융합적 진화는 다양한 사회 현상을 낳고 있으며 이에 대한 윤리적 성찰 또한 필요한 시대가 되었다.

1) 과학적 발견을 위한 탐구 수단으로서의 영상

르네상스는 중세와 근대를 잇는 혁명기였다. 특히 르네상스 미술의 원근법은 신 중심의 관점에서 벗어나 인간의 관점으로 보는 것을 표현하기 위한 원리였고 이는 과학적 관찰과 탐구 방식에도 영향을 미쳐 근대 과학 발전의 토대가 되었다. 당시 화가들은 물리적 공간을 수학 원리로 재창조할 수 있다고 보고 3차원의 실제 공간을 2차원의 평면으로 옮겨 담는 핵심 기법으로 원근법을 사용하였다(박은진, 2000: 68~71). 또한 동물이나 인체를 묘사하는 과정에서도 수학 원리를 사용하였다. 특히 해부학을 통해 비례를 측정하고 분석하여 이를 바탕으로 표현 대상의 사실적이고 객관적 묘사에 적용하였다. 이처럼 크고 작은 세계를 수학 원리에 기반을 두어 재현한 르네상스 예술의 실

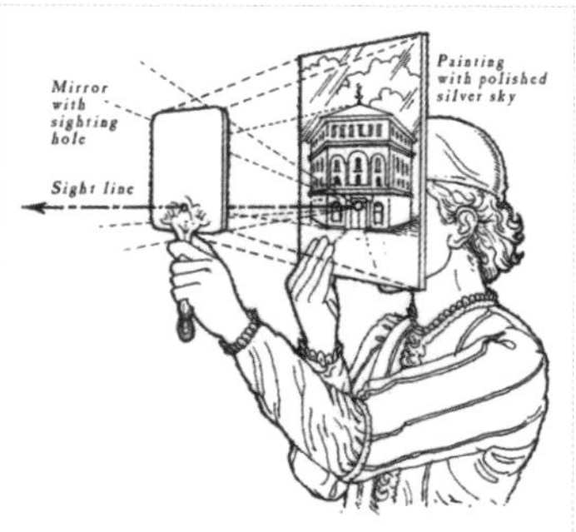

그림 68 원근법을 고안한 필리포 브루넬레스키Filippo Brunelleschi가 1410년경 성 요한 세례당의 원근법 표현을 증명하는 과정. 브루넬레스키는 자신이 발견한 원근법을 통해 그린 건축물의 그림을 거울로 비춰보며 동시에 그 거울에 뚫린 구멍을 통해 실제 건물을 비교하여 반사된 그림 이미지와 실제 묘사 대상의 모습이 똑같음을 증명했다.

그림 69　15세기 이탈리아 화가 안드레아 델 베로키오Andrea del Verrocchio의 〈왼쪽을 향한 측면에서 말을 측정한 그림*Measured Drawing of a Horse in Profile Facing to the Left*〉(1480~1488). 말의 신체적 비례를 수학적으로 탐구하며 묘사하였다.

증적 접근법은 이후 진행된 과학 혁명과도 밀접한 연관성을 지닌다.

16~17세기를 관통하는 과학 혁명은 서구 사회가 관념이나 사변보다는 관찰이나 실험을 통한 지식을 추구하는 실증주의 관점을 견지하도록 한 계기라고 할 수 있다. 시각을 통한 관찰의 한계를 허문 도구인 현미경과 망원경도 이 시기를 거치며 발명되고 사용되었다. 현대 광학 현미경의 원리와 유사하게 대물렌즈와 접안렌즈를 사용한 현미경은 16세기 후반 네덜란드에서 제작되었다. 그 후 반세기가 지난 17세기 중반, 더욱 발전한 광학 기술로 제작된 현미경을 사용하여 인류는 처음으로 세포를 관찰했다. 이후 광학 현미경은 미시 세계 관찰의 가능성을 넓혔고 의학과 생물학에도 영향을 미쳤다. 20세기에 들어 인간의 시각을 통해 볼 수 있는 빛, 즉 가시광선보다 짧은

그림 70　1590년경 네덜란드에서 자카리아스 얀센Zacharias Janssen이 제작한 첫 현미경.

파장의 전자선을 사용하여 더욱 미시적인 세계를 볼 수 있는 전자 현미경이 개발되었다.

최초의 광학 망원경은 17세기 초 네덜란드에서 발명되었다. 그 후 2년 만에 갈릴레오 갈릴레이Galileo Galilei는 그것을 개조하여 목성, 금성, 달 등을 관찰하는 성과를 거두었다. 갈릴레이가 지동설을 밝히고 주장하게 된 것도 이 관찰 덕분이다. 그는 금성의 형태가 달과 유사하게 변하는 이유가 금성이 태양을 공전하기 때문임을 알아냈고 이는 지구 역시 태양을 공전하는 행성임을 주장하는 계기가 되었다. 이후 가시광선을 사용하는 망원경의 한계를 극복하기 위해 전파 망원경, X선 망원경, 감마선 망원경 등과 같은 새로운 기술의 망원경들이 개발되어 인간의 시각으로 볼 수 없는 물질에 대한 관찰 가능성을 높이고 있다.

보이지 않는 것을 볼 수 있게 하는 기술은 온도, 음파, 자기장 등과 같은 비시각적 차원의 성질들을 이미지로 재현하여 가시화하였다. 온도를 시각화하는 서모그래피thermography, 음파를 영상으로 전환하는 초음파 영상ultrasound imaging, 자기장의 힘을 가시화하는 MRI(Magnetic Resonance Imaging 자기 공명 영상) 등이 그 사례다. 서모그래피는 물체의 표면 온도로부터 방출되는 적외선을 포착하여 이를 영상화하는 기술로 열화상 카메라 원리로도 사용된다(Clark et al., 2003). 초음파 영상은 우리가 들을 수 없는 고주파수의 음파를 쏘아 측정 대상의 표면에서 도달하게 한 후 그로부터 다시 반사되는 음파를 시각화한 것이다. 또한 MRI는 인체의 구성 물질이 가진 자기적 성질의 공명을 측정하고 이를 컴퓨터에 의해 시각화하는 기술이다.

공학과 영상

과학과 기술의 집약체인 컴퓨터는 그 사용 방식에서부터 이미 영상과 밀접한 연관성을 가지고 있다. 사용자가 명령어를 입력하거나 버튼을 클릭하는 과정에서부터 컴퓨터가 이에 대한 실행 결과를 출력하는 마지막 순간까지 사용자와 상호 작용하는 과정에 영상이 가장 핵심 수단으로 사용되기 때문이다. 이러한 인터페이스로 인해 컴퓨터의 두뇌에 해당하는 중앙처리장치(Central Processing Unit: CPU)의 성능뿐만 아니라 영상과 관련한 다양한 분야도 발전하고 있다. 이를테면 GUI(Graphic User Interface), 사용자 경험, 모니터의 해상도 기술, 빠른 속도로 그래픽을 처리하는 그래픽 카드 등과 같은 관련 분야의 결합으로 컴퓨터는 진화하고 있다.

DNA의 이중 나선 구조가 인간이 아니라 컴퓨터 연산으로 재현된 이미지라는 점은 과학에서 컴퓨터가 차지하는 위상을 잘 보여 준다. 또한 컴퓨터는 과학 대중화에도 크게 기여하고 있다. 자기장을 시각화하는 과정에 컴퓨터가 사용되면서 MRI 촬영은 과거보다 수월해졌고, 이는 MRI 영상이 병원 이외에도 대중이나 기타 연구의 참고 자료가 될 수 있게 하였다. 기상학이나 지구과학 분야도 마찬가지다. 컴퓨터는 위성 사진을 비롯한 각종 기후 상황의 데이터를 분석하고 예측해 이를 영상화한다. 이는 지구 온난화로 인한 이상 기후 현상의 분석에서부터 일기 예보에 이르기까지 다양한 정보를 전 지구적으로 공유할 수 있는 여건을 만들었다(홍석경 외, 1999: 256~257).

이제 컴퓨터는 스스로 학습하는 기능을 탑재하여 인간의 지능처럼 자율적으로 인식하고 판단하며 급기야 창작에 이르기까지 그 기능의 범위를 넓혔다. 이러한 인공 지능 분야의 진화도 영상 분야와 긴밀한 관계에서 함께 진행되고 있다. 대표 사례로 통신, 빅 데이터, 인공 지능 등과 같은 다양한 기술이 집약된 자동차의 자율 주행 기능을 들 수 있다. 자율 주행 자동차는 차량에 탑재된 다양한 센서와 카메라를 통해 주행 환경 등과 같은 외부 정

그림 71 자율 주행 자동차의 영상 인식 기능 중 객체 검출Object detection 방식을 보여 주는 이미지.

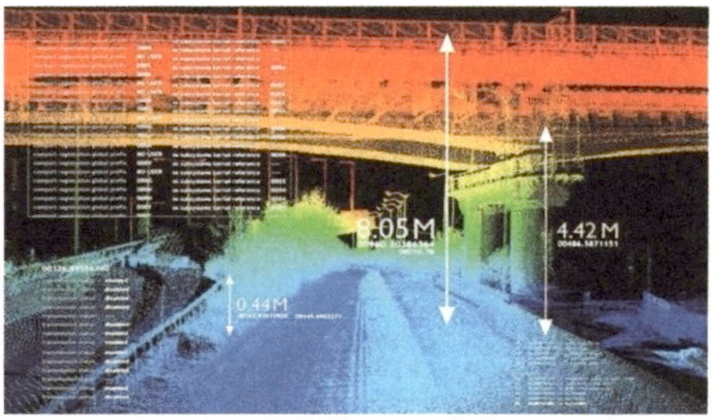

그림 72 중앙선이나 경계선 등을 포함하는 차선 단위, 신호등, 표지판, 노면 상태까지 표현하는 HD 맵.

보를 수집하고 감지하여 주행을 제어한다. 이때 영상 처리 기술이 자율 주행 기술의 기반이 된다. 영상 처리 기술의 주요 구성 요소는 인간의 눈처럼 기능하는 카메라와 뇌처럼 기능하는 영상 인식 기술이다(곽노준 · 정지수, 2018). 영상 인식 기술은 카메라로 포착한 도로 위와 주변의 다양한 사물을 인식하는 기술로 반복 학습, 즉 딥 러닝을 통해 그 결과를 더욱 정교하게 한다.

또한 예상치 못한 노면 상태 등으로 인해 정교한 영상 인식에 한계가 따를 수 있는데, 이를 보완하는 방식 또한 영상 분야 기술이다. 일례로 도로의 상황을 면밀하게 측정해 시각화한 HD 맵High definition map이라는 정밀 지도 영상을 이용하는 기술을 들 수 있다. 이 기술은 도로의 정보를 차량이나 위성을 통해 채집하고 3차원 영상으로 전환하여 자동차에 제공한다(곽노준 · 정지수, 2018; Automotive Electronics Magazine, 2020). 인간이 외부 세계를 인식하고 이해하며 판단하고 행동하는 경험, 즉 시각과 심상의 사용이 인공 지능 체계에도 그대로 재현되고 있다.

또한 인공 지능의 기능은 인식과 판단에서 나아가 창작 활동으로까지 발전하고 있다. 인공 지능은 인간의 문화 · 예술적 결실을 학습하여 문학, 미술, 음악은 물론 영화 시나리오, 더 나아가 광고와 영화까지 창작하게 되었다. 영화 〈선스프링*Sunspring*〉은 인공 지능이 쓴 시나리오를 사용하여 제작한 최초의 상업 영화다. 벤자민이라 불리는 이 인공 지능은 그 후 영화 〈존 아웃*Zone Out*〉을 제작했는데, 시나리오는 물론, 배우의 음성이나 효과음 등을 포함한 사운드, 등장인물의 모습과 같은 영상 등을 GAN(Generative Adversarial

Network)과 같은 인공 지능 시스템을 일부 사용하면서 모두 직접 생산했다.

이러한 영화의 질적 수준은 인간이 만든 영화와 비교할 때 아직은 미흡한 수준이다. 그러나 문학이나 미술 혹은 음악 등과 같이 단일 모달리티 modality로 구성된 작품이 아니라 스토리텔링, 시각 이미지, 배우의 음성이나 음악과 같은 청각적 사운드 등이 어우러진 복합 모달리티를 생산했다는 점은 인공 지능 기술이 매우 높은 수준에 이르렀음을 시사한다. 그뿐만 아니라 영상 분야와의 밀접한 연관을 다시 한번 확인시켜 주는 지점이기도 하다.

2) 영상의 과학적 사용으로 제기되는 문제

전문 분야의 이미지가 생산하는 권력과 오남용

과학 분야의 영상 이미지는 일반 대중이 손쉽게 생산하고 공유하기 어려운 전문적인 이미지였다. 따라서 이러한 이미지는 해당 분야에 대한 지식이 부족한 대중은 믿음을 가지고 받아들일 수밖에 없었다. 또한 과학 분야의 이미지는 저널리즘이나 전문적 연구 등을 통해 전달되기 때문에 객관성이 보장된 이미지라는 느낌마저 든다(Sturken & Cartwright, 2008). 이러한 점에서 과학 분야의 영상 이미지는 그것을 사용하는 주체(과학자 등과 같은 이미지 사용자)에게는 일종의 권위를 부여하는 한편, 많은 사람이 객관성과 신뢰성을 가지고 수용하고 추종하도록 하는 일종의 권력을 생성하기도 한다.

이러한 현상은 특히 의학 분야에서 두드러지게 나타난다. X선, 초음파 영상, MRI 등과 같은 의학 분야의 영상 이미지는 전문적 시설과 장비를 통해 생산되며 의사와 같은 전문가에 의해 판독되어 대중에게 전달된다. 특히 그 정보가 생명과 연관되고 전문가를 중심으로 한 일방향적 전달로 이루어지기 때문에 전문가나 이미지 자체에 권위와 권력이 생성될 가능성이 크다.

문제는 그것이 오남용될 경우 영상 이미지가 개입된 윤리 문제, 예를 들어 정치·문화·사회적 편견과 차별, 개인 정보 유출로 인한 인권 침해, 부당한 이윤 추구를 위한 사기 등이 일어날 수 있다는 점이다. 이미 X선이 의학적 관찰에 처음 사용되기 시작하면서부터 의학적 이미지는 질병이나 장애를 판독하기 위한 수단에서 나아가 특정 증상을 갖는 이들을 유형화하기 위한 도구로 사용된 바 있다. 특히 과학적 근거 없이 특정 계층 혹은 인종의 얼굴이나 골격 등 신체적 형상의 이미지를 기반으로 환자들을 유형화하였고 결국 그들을 특정 질병이나 장애에 취약한 부류로 일반화하는 식의 차별을 낳았다. 이와 유사한 맥락에서의 이미지 사용은 현대 사회에서도 여전히 찾아볼 수 있다. 예를 들어 특정 문화권의 소수 환자에 대한 의료 사진이 본래의 의도와는 달리 정치적 의도로 사용되기도 한다. 2017년, 총상을 입은 상태로 판문점 공동경비구역을 통해 귀순한 북한 병사의 수술 사진이 미디어를 통해 공개되었다. 특히 총알을 제거한 소장 부위의 개복 사진을 제시하는 과정에서 체내에 서식하는 기생충의 모습이 그대로 노출되었다. 그리고 이 이미지는 치료 과정의 정보라는 본래 목적과 무관하게, 일부 정치인들에 의해 북한 정권의 무능함과 허술한 사회 체제를 부각시키는 정치적 메시지의 근거로 사용되었다.

환자의 환부에 대한 의료 사진이 연구, 보도, 병원의 홍보 등 다양한 목적으로 공개되면서 개인 정보 유출이나 인권 침해로 이어지기도 한다. 이는 의료 영상을 개인 정보로 간주할 것인지에 대한 모호한 사회 인식과 미비한 제도에서 비롯되는 것이라고 볼 수 있다. 특히 X선, 초음파 사진, MRI와 같은 의료 영상의 경우, 개인 정보로 취급하기에는 무리가 있다는 관점이 지배적이며 의료법이나 개인 정보 보호 관련법에도 의료 영상과 개인 정보 사이의 경계를 명확히 할 수 있는 법령 근거도 부족하다(김경애, 2018). 이러한 상황으로 인해 의료계에서는 환자 식별이 불가능한 MRI 이미지를 연구 및 학회 발표용으로 공개하고, 환자 측에서는 동의 없이 증례를 발표했다는 소송을 제기하는 등 혼란스러운 상황이 벌어지기도 한다(홍완기, 2018).

때로는 모순적이게도 의학적 이미지가 의학적 근거가 없는 허위 사실을 뒷받침하는 자료로 동원되기도 하면서 사기 수단이 되기도 한다. 위 축소 다이어트 프로그램을 홍보하기 위한 어느 한의원의 광고물에 초음파 사진이 사용되었는데, 초음파 촬영은 위장처럼 공기나 음식물에 의해 변형하는 장기의 관찰에는 적합하지 않으며 무엇보다 한의학 치료로 위장을 축소하고 이를 다이어트로 연계하는 것 자체가 의학적 근거가 없는 것이라는 점에서 허위 과장 광고로 기소되었고 결국 의료법 위반 행위라는 판결이 내려진 사례가 있다(과학중심의학연구원, 2015; 황재하, 2016).

이미지를 활용하는 인공 지능과 윤리

인공 지능이 인간의 뇌처럼 학습하고 판단하며 명령을 실행하면서 인간의 업무 중 많은 것을 대신할 것이라는 전망이 나온 지 오래다. 하지만 과연 인간을 완벽히 대체할 수 있을까? 자율 주행 자동차를 바탕으로 생각해 보자.

세계적인 경쟁력을 가진 IT 업체를 비롯한 첨단 자동차 산업체가 자율 주행 기능을 연구하고 있고 이미 많은 기능이 상용화되어 실제 자동차에 적용되었다. 미국의 경우 도로 위의 자동차 중 90%가 자율 주행 자동차로 전환될 경우, 연간 사고 건수는 현재의 30% 수준으로 축소될 것으로 전망한다(구태언, 2019). 기존 교통사고의 주된 원인인 운전자의 전방 부주의, 안전수칙 위반, 음주, 졸음, 무단횡단 등과 같은 인간의 실수가 자율 주행 기능에 의해 차단될 것이라는 기대감 때문이다.

그러나 자동차의 자율 주행 기능은 오히려 운전자의 부주의를 초래할 수도 있다. 자율 주행 중 운전자가 스마트폰을 사용하거나 잠을 자는 등 운전에 집중하지 않아 사고에 이르는 일도 발생하고 있다. 2018년 미국의 한 운전자는 자율 주행 중 스마트폰 게임을 하는 동안 자율 주행 시스템이 오작동하면서 바리케이드에 충돌해 사망했다(박혜섭, 2021). 2016년 미국에서 일어난 자율 주행 중 사망한 한 사고를 분석한 결과 주행 시간 37분 중 운전자가 운전대를 잡고 있던 시간은 25초에 불과했다는 사실이 밝혀졌다(구정모, 2017).

이러한 문제점은 첨단 기술인 자율 주행 기능에 대한 운전자의 신뢰가 자신의 윤리적 책임감을 압도할 때 일어나는 일이다. 앞으로 이 기술이 더

진보하고 보편화할 가능성이 크다는 점을 감안할 때 이에 대한 신뢰와 운전자의 책임감 중 어떠한 것에 가치를 두어야 하는지 생각해 봐야 한다. 이를 위해 우선 기계가 보는 행위와 인간이 보는 행위의 차이를 비교해 볼 수 있다. 특정 부분에 있어 기계의 눈은 이미 인간 눈의 기능을 앞질렀다. 특히 시력과 관련한 기계의 능력은 매우 뛰어나서 인간보다 신속하고 정확하게 대상을 보고 식별할 수 있다. 이러한 기계 시력을 활용하여 제조업 등에서 생산품의 결함이나 불량을 판별하는 머신 비전machine vision 기술이 활발하게 사용되고 있다(이건한, 2019). 앞서 언급한 자율 주행 자동차의 영상 인식 기능과 그 핵심인 객체 검출 또한 머신 비전에 해당하는 기술이라고 할 수 있다. 기계의 눈은 이처럼 가시적 현상에 대한 감지, 분석, 검출, 정보 입수, 식별과 판별을 중심으로 하는 판단 등과 같은 기능에 특화되어 있다.

이러한 기계의 보기를 물리적 행위라고 한다면 인간의 보기는 물리적 행위에 정신적 행위가 결합한 것이다. 대상을 보고 판단하여 행동으로 이어지는 과정의 속도와 정확성은 기계가 더 빠르고 정확하겠지만 윤리 판단을 하면서 볼 수 있다는 점은 기계가 따라올 수 없는 인간의 능력이다. 윤리 판단은 뇌의 이성적 판단과 감성적 판단의 복합적 작용과 더불어 인류학적, 문화적 가치 판단이 개입되는 매우 고차원적 정신 작용이다(김효은, 2009). 따라서 유사한 상황이라 할지라도 판단 결과가 달라질 수 있으며 때로는 결과가 절대적으로 선하다고 단정 지을 수 없는 모호하고 어려운 상황도 따를 수 있다. 이와 관련해 생각해 볼 수 있는 논제가 트롤리 딜레마trolley problem다. 트롤리 딜레마는 브레이크가 고장 난 상태로 트롤리가 질주하는 상황에서 다수의 생명을 구하기 위해 소수가 희생될 수 있는지를 묻는 가치 판단의 질문이다. 자율 주행 자동차의 인공 지능과 관련하여 트롤리 딜레마는 매우 자주 언급되는 윤리 사안이다. 이는 주행 상황에서 발생할 수 있는 이와 유사한 다른 문제, 예를 들면 동물과 인간, 그리고 인간의 성별, 연령 등 다양한 조건 사이에서 어떠한 가치를 우선적으로 판단해 자동차를 운행해야 할지에 대한 학습(머신 러닝)의 출발점이 되기 때문이다.

인공 지능은 학습을 통해 판단하기 때문에 복합적인 상황, 가치, 경험을 통해 이루어져야 하는 윤리 판단의 경우 인간 능력을 아직 따라올 수 없다. 많은 사람으로 구성된 사회에서 크고 작은 윤리 도덕적 가치 판단을 하면서 살아온 인간에게도 쉽지 않은 트롤리 딜레마가 물리적인 보는 행위에 특화되어 진화하는 기계(인공 지능)에게 더 쉬울 수는 없을 것이다. 특히 인공 지능을 학습시키는 데이터는 사회에서 수집되기 때문에 해당 사회가 지닌 문화적 특성, 사람들의 시대적 편견 등을 반영하고 있어서, 학습 결과가 보편적 타당성과 정당성을 지니고 윤리적 균형을 지니기는 쉽지 않다. 이렇게 만들어진 인공 지능이 탑재된 기계의 '판단'이 물리적 행동으로 이어지는 것은 오히려 큰 위험을 초래할 수 있다.

2015년, 구글의 사물 인식 프로그램인 구글 포토 카메라 앱이 자동 분류 기능을 통해 한 흑인 커플의 얼굴 사진을 고릴라로 분류해 태깅했다. 어두운 피부색의 얼굴만으로 특정 인종을 사람이 아닌 동물로 인식한 것이다. 이는 알고리즘의 인종 차별 문제로 이슈화되었고 구글은 오류를 바로잡겠다고 약속했으나 이 오류는 쉽게 수정되지 않았다. 더 큰 문제는 이와 같은 알고리즘이 구글의 자율 주행 자동차 인공 지능 시스템으로 고스란히 사용될 가능성이 있다는 점에 있다. 알고리즘의 인종 차별, 그리고 그에 이어 이 차별적 오류를 수정하지 않은 인간의 인종 차별이 자율 주행 자동차의 트롤리 딜레마로 이어진다고 생각해 보자. 도로 위에 다양한 인종이 있으면 동물(고릴라)로 인식되는 흑인이 다른 인종보다 사고를 당할 확률이 더 높을 수 있다는 것을 쉽게 짐작할 수 있다.

잠재적이고 가능성 있는 이러한 사고와 관련한 복잡하고도 어려운 책임 소재의 문제를 생각해 본다면 자율 주행 기능에 대해 무조건 신뢰를 하거나, 이 기능을 신뢰하여 일어나는 운전 중 부주의에 대한 정당성을 일방적으로 주장할 수는 없을 것이다. 무언가를 보고 인식하는 물리적 행위와 그에 복합적으로 작용하는 윤리적 판단과 같은 정신적 행위의 주체는 그동안 인간이었지만, 기계가 이 능력을 대체할 때 우리는 이 대체물에게 과연 어디까지 책임을 물을 수 있을 것인지에 대해 생각해 보아야 한다. 특히 인공 지능에게 보는 주체로서의 윤리적 책임과 권한을 어느 정도까지 부여할 수 있는지에 대한 인류학적 합의가 따르지 않는 한 인공 지능과 인간 사이의 윤리 문제는 더 복잡해질 가능성이 크다.

2. 세계화와 영상 문화

앞서 과학을 기반으로 한 영상이 지식을 생산하고 영상 생산의 주체에게 권위와 권력을 부여하는 사회 현상을 살펴보았다. 이는 일찌감치 근대 과학과 영상 분야의 발달을 이룩한 서구 선진국을 중심으로 나타난 현상이었다. 그들은 이러한 배경에 거대한 상업 자본을 더해 특정 분야의 전문 지식뿐만 아니라 영상 콘텐츠의 생산 및 유통에 대한 전문성과 힘을 갖게 되었고 국제 사회에서 영상 문화의 권력을 차지하게 되었다. 현대 사회에서 영상 생산의 주체는 다원화되고 있고 콘텐츠의 문화 다양성도 확산하는 등 영상 문화가 세계화되고 있지만, 이것이 선진국과 주변국 간의 문화 권력이 균등해졌음을 나타내는 것은 아니다. 이에 국제 사회는 편향된 문화 권력에 맞서 다양한 문화 정체성을 지키기 위해 노력하고 있다.

1) 영상 생산의 다원화와 글로벌 유통

문자 문화가 보편적으로 확산하는 데 주요한 계기가 된 것은 15세기 요하네스 구텐베르크 Johannes Gutenberg가 발명한 인쇄술이라고 할 수 있다. 인쇄술의 발전으로 책의 보급은 계몽을 앞당겼고 정보와 지식의 확산과 공유에 이바지하며 주된 커뮤니케이션 수단의 변화를 이끌었다. 이러한 문명사적 변화는 혁명과도 같은 것이었다. 계몽은 확산되었지만 사회·문화적 콘텐츠가 글쓰기를 통해 생산되었기 때문에 교육과 독서, 집필 훈련을 가까인 한 지식인

이 주로 그 생산자가 되었고 따라서 그들이 동경과 선망의 대상이 되는 경우가 많았다.

영상 시대의 경우 구텐베르크의 인쇄술처럼 하나의 혁명적인 신호탄이 무엇인지를 특정하기란 쉽지 않다. 프랑스의 미디어 철학자 레지스 드브레 Régis Debray는 컬러텔레비전이 등장한 1960년대 중반이 영상 미디어가 문자 미디어를 넘어 우위에 서게 된 전환점이라고 본다. 물론 텔레비전 시대 이전, 영상 문화 시대에 이르는 길을 닦은 사건은 사진과 영화의 발명이라 할 수 있다. 사진은 그 미학적 기초를 회화에 두고 있었고, 영화의 이야기체는 소설을 기반으로 한 까닭에 사진과 영화는 문자 중심 문화 시대의 성과물과 어느 정도 관계를 맺고 있다.

그러나 그 후 등장한 텔레비전은 여러 차원에서 구어 문화적 전통을 살리는 미디어로 작동했다. 텔레비전의 콘텐츠는 특별한 교육 없이도 이해할 수 있고, 영화나 책처럼 집중해서 보지 않아도 되며, 우리 일상과 동떨어지지 않아 친숙하게 느껴진다. 이 구어 문화적 특성은 많은 사람이 영상 콘텐츠를 쉽고 부담 없이 수용하게 했다. 콘텐츠 생산의 측면도 마찬가지다. 구어적 특성을 기반으로 한 텔레비전 콘텐츠는 다채로운 삶의 모습, 실생활과 관련한 정보, 대중의 이목을 끌 수 있는 젊음, 성공, 아름다운 육체와 같은 이슈를 주된 소재로 삼아 왔다. 이는 표현 방식의 민주화에도 이바지했는데 문자 언어 시대에 따르던 문학적 글쓰기의 일정한 수준 도달에 대한 부담으로부터 벗어나 다양한 배경의 사람들이 저마다 다채로운 콘텐츠를 가지고 영상 생산 분야에 접근할 수 있게 된 것이다(홍석경 외, 1999). 지금 전개되는 유튜브, 틱톡 등 숏폼의 발전은 모두 텔레비전이 시작한 영상의 민주화 발전의 확장선상에 있다고 할 수 있다.

물론 영상 생산 주체의 확산이 오직 미디어의 특성이나 문자 중심에서 다시 구어 문화적으로 회귀하는 커뮤니케이션 특성의 변화 때문만은 아니다. 특히 세계적으로 보편화한 경제적 수준의 성장 또한 영상 생산 주체의 국경을 허문 주요한 배경이라고 할 수 있다. 2차 세계 대전 이후 근대 기술의 발전과 확산은 각국의 기업을 성장시켰고 이로 인한 경제적 이윤으로 중산층이 증가하였다. 20세기 초중반 무렵까지도 후진국이나 개발 도상국의 위치에 있던 국가들의 경제적 성장, 그리고 영상물 제작 기술과 네트워크 기술의 보급과 확산으로 국가마다 방송국과 프로덕션이 생겨났다. 그러나 영상물은 거대 자본과 정치·문화 권력을 지닌 선진국으로 구성된 중심core에서 생산되어 주변 국가periphery로 일방적으로 전달되면서 세계적 영상 문화에 권력의 위계가 생겨났다. 중심국에서 대량으로 수입되는 문화물이 주변 국가의 문화 주권sovereignty를 해친다는 문화제국주의 개념이 1970년대와 1980년대에 걸쳐 확산되기도 했다. 그러나 미디어 환경 변화와 세계화 진전과 더불어 새로운 지역적 문화 생산 강국들이 생겨났는데, 과거의 주변국, 특히 피식민 국가였던 브라질, 멕시코, 호주, 홍콩 등의 힘 있는 미디어가 국경을 넘어 영향력을 행사하기 시작했다. 이들 국가에서 생산된 영상 콘텐츠는 동일 언어를 공유하는 과거 식민 모국뿐만 아니라 다른 국가로도 역수출되는 현상이 꾸준히 증가했다. 특히 2000년대 이후 동아시아 지역에서 새로운 문화 생산의 강국으로 등장한 한국도 빼놓을 수 없다. 한국 대중문화의 국제적 성공인 '한류Hallyu/the Korean Wave' 현상은 세계화와 디지털 문화가 만나서 벌어지는 새로운 영상 문화의 풍경을 만들어 내고 있다. 넷플릭스와 같은 국경을 넘나드는 새로운 글로벌 영상 서비스 플랫폼은 이와 같은 기존의 세계 영상 문화 현실에 커다란 변수로 등장했다.

이처럼 영상물의 생산이 다원화되는 변화에서 텔레비전 프로그램은 재화로서 저작권을 가지고 수출 및 수입되고 있다. 특히 전 지구적 차원에서 일어나는 영상물 수출입은 텔레비전 권력이 막강했던 20세기 후반을 지나 온라인 미디어가 지배적 힘을 발휘하는 21세기를 거치면서 새로운 양상을 보여 준다. 인터넷 발전은 다양한 국가에서 생산된 영상물이 국경을 넘나들게 했고, 이로 인해 콘텐츠 저작권 문제를 복잡하게 만들었다. 인터넷 환경에서 다수의 불특정 사용자가 협업으로 직접 전문적인 콘텐츠를 생성하는 위키wiki 문화와 포털 문화가 발전했고, 그에 힘입어 불특정 다수, 특히 영상 콘텐츠의 마니아는 타국에서 생산된 영상 콘텐츠에 자발적으로 자막을 달고 공유한다. 이러한 적극적 수용자의 인터넷 활동은 기존 저작권 개념을 적용해서는 용인될 수 없지만, 이 활동은 영상물의 전 지구적 확산과 영향력 증대를 가져왔다. 이를 통해 여러 문화권의 영상물이 전 지구적으로 공유되고 심지어 해당 영상 생산국의 언어나 역사 등 다른 문화 요소로까지 관심을 확대하게 하는 촉매제로 작용하고 있다.

또한 유튜브처럼 영상의 글로벌 유통을 수월하게 하는 소셜 미디어는 영상물의 전 지구적 공유를 가능하게 했고 이에 따라 영상물에 등장하는 인물을 세계적 스타로 발돋움하게 하고 예상치 못한 팬덤 문화를 생성하는 영향력까지 발휘했다. 싸이나 BTS와 같은 한국 뮤지션이 엔터테인먼트 기획사의 거대 자본과 전통적인 미디어의 힘과 노력으로도 달성하기 쉽지 않은 빌보드 차트의 상위권에 진입했다. 그 배경에는 유튜브를 통한 뮤직비디오와 일상 영상을 통해 팬들과 꾸준히 소통하는 활동이 큰 성공 요인으로 자리한다(이규탁, 2018. 1. 2).

그러나 이러한 새로운 경향이 미국을 중심으로 한 소수 선진국이 가진 영상 문화의 지배력을 약화시킨다고 볼 수는 없다. 방송이나 통신과 관련한 주요 사안에 대한 세계적인 논의와 결정에는 여전히 거대 자본을 바탕으로 한 소수 미디어와 국가별 이해관계와 경제력이 개입되기 때문이다. 따라서 기존 영향력의 지각 변동이나 서구와 미국의 문화적 영향력이 감소했다기보다는 영상 생산 주체의 다변화와 세계화 그리고 미디어 환경의 변화로 인해 새로운 영상 문화의 논리가 변화를 매개하는 것으로 봐야 할 것이다.

2) 문화 정체성의 문제

영상 문화의 세계화로 인해 과거보다 다양한 국가들이 자신들의 영상 콘텐츠를 세계에 선보일 기회가 증가한 것은 사실이다. 그러나 영상 문화의 힘(권력)이 세계적으로 균등하게 분배된 것은 아니다. 특히 기술력과 전문성 그리고 거대 자본을 기반으로 막강한 영상 산업을 형성한 경제 대국의 영상 문화가 다양한 문화권으로 침투하고 미디어를 장악하면서 각국에 존재하는 다양한 문화 정체성마저 위협받는 상황이 되었다. 이러한 현상을 극복하기 위해 자국의 영상 문화를 지키고 서로의 문화 다양성을 존중하고 증진하고자 국가적, 국제적 차원의 정책이 만들어졌다.

문화적 예외 정책

'문화적 예외cultural exception'는 문화 상품이나 서비스가 무역을 통해 국경을 넘나들 때 그것을 도입하는 국가의 문화 정체성에 영향을 미칠 수 있으므로 일반 재화와 다르게 취급되어야 한다는 것을 전제로 하는 정책이다. 프랑스는 미국에서 제작된 영화나 드라마와 같은 문화 상품의 경우 그와 관련된 산업적 산물뿐만 아니라 미국식 사고와 생활 방식 역시 자국 내에 스며드는 것을 우려하였다. 이에 따라 미국의 문화 상품에 대한 관세와 쿼터제, 자국 문화 상품 제작 지원책 등을 시행하면서 문화물을 자유 교역에서 제외하는 문화적 예외 대상이라고 주장했다. 프랑스가 주도한 'EU 방송안(The EU Broadcast Directive)'과 같은 정책이 대표적이다. 이 정책은 유럽연합EU 회원 국가가 독립적 방송 시장을 형성하여 유럽 고유의 시청각 문화 시장을 형성하고자 하는 '국경 없는 텔레비전télévision sans frontiers' 정책을 포함한다. 이 정책은 회원국의 방송국에서 유럽 국가가 제작한 영상물을 전체 방영 시간의 50% 이상 편성하도록 규정하면서 미국 프로그램의 영향을 줄이려고 했다.

이와 유사하게 한국도 영화 산업을 보호하기 위한 스크린 쿼터제를 시행해 오고 있다. 스크린 쿼터제는 국산 영화의 의무 상영 기간을 보장하여 해외 영화의 흥행으로부터 국산 영화 시장을 보호하기 위한 제도다. 한국에서는 1966년 처음 시행되었는데, 1980년대 초반까지만 해도 약 5개월 정도의 기간을 시행하였으나, 2000년대에 들어 한국 정부의 방침과 미국 FTA의 조건으로 73일로 축소되었다(한상언, 2010).

문화적 예외 정책은 미국과 같은 문화 상품 수출국의 입장에서 볼 때

그림 73 2006년 정부가 한미 자유무역협정(FTA) 추진을 위해 스크린 쿼터 축소 방침을 발표한 직후 영화인들이 주축이 되어 대규모 항의 집회를 벌였다.

불공정하고 배타적인 제도라고 비난할 수 있으나 거대 자본을 앞세운 외국의 문화 권력으로부터 자국의 문화를 지키기 위한 약자의 대책인 것은 부인할 수 없다. 하지만 방어적 성격의 문화적 예외 정책이 시행 국가의 문화적 경쟁력을 얼마나 높일 수 있을지는 의문이다. 이 정책의 배타성으로 인해 다양한 문화 교류와 경쟁을 통해 자국 문화를 단련하고 발전시킬 기회가 감소할 수도 있기 때문이다. 선진국의 막강한 문화 상품과 유통력은 위협적이긴 하지만, 그 자체로 발전적 문화산업의 산물이기도 하며 이들과의 교류와 경쟁을 통해 문화 상품의 새로운 발전 방향과 질적 재고를 모색할 수도 있다. 따라서 배타적인 문화 상품 보호 정책은 오히려 세계 시장에서 경쟁력을 약화시킬 수 있다. 프랑스 영화의 경쟁력 약화가 지나친 문화적 예외와 지원 정책 때문이라는 지적도 있다. 결국 문화적 예외 제도는 자국 문화 상품의 질적 발전보다는 유통 채널을 확보해 주는 방어적이고 수세적인 정책이다. 따라서 이 보호막에 안주하게 될 경우, 국제 경쟁력을 지닌 고품질의 문화 상품 개발에도 차질이 따를 우려가 있다.

문화 다양성

이러한 문화적 예외 정책의 한계에 대한 인식과 함께 등장한 정책이 문화 다양성cultural diversity이다. 이는 자국의 문화 상품을 방어하는 수세적 정책이 아니라 자국의 고유한 문화 산물의 생산과 산업의 활성화를 지원하여 문화 다양성을 증진하고 보호하자는 적극적 정책이다. 2001년 파리에서 개최된 제31차 유네스코 총회에서 각국의 문화 다양성을 지키자는 취지로 문화 다양성 선언이 채택되었고, 이를 기반으로 2005년 제33차 유네스코 총회에서 다양성 협약(문화적 표현의 다양성 보호와 증진을 위한 협약)을 맺으며 국제적 효력을 갖는 정책이 되었다(박동준, 2010).

이 제도의 핵심은 자국의 문화적 산물을 보호하고 증진하는 것을 모든 국가의 주권 행위로 인정했다는 점이다. 이 정책은 방어적이고 수세적이었던 문화적 예외 정책에 머무르지 않고, 지키고 계승하고 육성해야 할 문화를 적극적으로 지원함으로써 문화의 다양성을 보존, 증진한다는 능동적 철학을 지닌 정책이다. 이 정책은 문화 정체성 보호에 대한 새로운 철학과 방법론을 제시하면서 문화적 예외 정책의 많은 부분을 대체했다. 즉 모든 국가가 국제적 제재 없이 합법적 규정을 따라 예술과 문화 활동을 경제적으로 지원할 수 있게 되었다(박동준, 2010).

이것은 문화 다양성에 대한 개념 규정과 그에 따른 문화 정책 수립의 새로운 계기가 되었다. 문화 다양성은 문화적 산물 자체, 문화 산물의 생산자와 수용자, 그리고 이들을 연결하는 문화산업의 유통 구조까지 아우르며 각 요소를 지원하고 보호하는 매우 포괄적인 개념으로 자리 잡았다. 무엇보다 문화 다양성 제도는 그간 경제적·상업적 논리가 우선시되던 사회 구조에서 소외되었던 약소국의 문화 정체성과 소멸 위기에 처한 문화 산물 등을 살리고 보존할 수 있게 되었다는 점에 의의가 있다.

문화 다양성 제도는 국제적, 국가적 차원에서 시행되고 있다. 국제적으로는 유네스코가 중심이 되어 그간 소외당하여 온 문화 산물을 보존하기 위해 노력하기도 하고, 국가적으로는 자국 내의 문화 다양성을 지원하기 위해 주체적으로 이 제도를 시행하는 경우가 있다. 전자의 사례로 언어 다양성 보존을 위한 제도의 마련과 추진을 들 수 있다. 소멸 위기에 처한 소수 민족 언어는 문화 다양성 제도가 보존하기 위해 노력하는 대표적 대상이다. 2001년을 기준으로 세계 인구의 약 50%가 사용하는 언어들(중국어, 힌디어, 스페인어, 영어, 벵골어, 포르투갈어, 아랍어, 러시아어, 일본어, 독일어 등)이 세계에 존재하는 다양한 언어의 1%도 채 되지 않는다는 사실은 소외당하는 언어의 수가 얼마나 많은지를 가늠할 수 있게 해 준다. 세계 언어 중 20%에 해당하는 언어는 문자 형태가 존재하지 않는 구술 언어이며 그런 만큼 이들의 소멸 위험성이 높다(김귀배, 2007).

인터넷과 교통수단의 발달이 불러온 언어의 독점화는 이러한 현상을 보다 심화할 가능성이 높다. 이미 인터넷 세상은 세계 언어의 10% 이하에 해당하는 적은 수의 언어를 주된 커뮤니케이션 수단으로 사용하고 있다(김귀배, 2007). 특히 인터넷 환경과 소셜 미디어의 발전으로 영상 이미지를 통한 커뮤니케이션이 각광받으면서 새로운 미디어상에서 언어의 입지가 점차 좁아지는 것 또한 우려할 일이다. 이러한 상황에서 유네스코는 소수 언어를 보호하기 위한 문화 다양성 제도의 일환으로 바벨 계획Initiative Babel이나 위험에 처한 언어 프로그램(UNESCO Endangered Languages Programme) 등을 시행하고 있다. 바벨 계획은 언어의 다양성 보호를 위한 정책으로 문자 체계의 개발을 지원하고, 인터넷 환경에서의 다양한 언어 사용을 장려하며, 다양한 언어로 이루어진 문화유산 지식 기반 사업을 지원하는 정책이다. 위험에 처한 언어 프로그램은 소멸 위기에 처한 소수 언어 보호를 위한 정책으로 유네스코와 UN 간 파트너십을 통해 소멸 위기에 처한 세계 언어의 지도화 사업, 그리고 소수 언어를 보호하기 위한 국제 회의 등을 진행한다(김귀배, 2007).

국가가 주체적으로 문화 다양성 제도를 시행하는 사례도 있다. 덴마크는 다채로운 문화 다양성 제도를 시행하고 있다. 덴마크의 독일계 소수 민

표 8－1. 우리나라의 문화 다양성 정책의 세부 시행 사업

사업	내용
문화 다양성 교육	외국인, 다문화 가정, 탈북인, 노인, 청소년, 여성 등 다양한 주체들의 문화 가치와 중요성 교육.
무지개 다리 사업	다문화 가정, 결혼이주여성, 새터민 등과 같은 다양한 문화 주체와 지역민들이 문화 예술로 소통하고 교류하기 위한 사업.
문화 다양성 아카이브	문화 다양성과 관련한 자료를 저장하고 공개하는 사업. 인터넷(www.cda.or.kr)를 통해 시행.
문화 다양성 주간 행사	세계 문화 다양성의 날인 5월 21일부터 일주일간 문화 다양성에 대한 이해와 공감을 확산시키기 위해 다양한 지역에서 문화 예술 행사 개최.

족을 위한 지원 정책은 약 12,000～15,000명 정도인 덴마크 내 독일계 소수 민족의 문화 활동를 위해 덴마크 문화부가 독일어 방송을 제작하고, 독일계 소수 민족 신문 발행에 국가 보조금을 지원한다. 또한 이주민 및 다문화 예술인을 위한 지원 정책을 수행하는 덴마크 예술위원회는 이주민 예술인에게 국가 보조금을 받을 수 있는 정보를 제공하고 이들이 받는 차별을 해결하기 위해 노력한다. 또한 덴마크 예술계에 자리 잡지 못한 이주민 예술인의 활동을 장려하기 위한 멘토링 제도를 시행하고 있다. 난민 도시 제도Danish City of Refuge Initiative는 자국에서 박해받는 예술인이 덴마크로 망명하여 창작을 계속할 수 있도록 지원하는 제도다.

한국은 2010년 유네스코의 문화 다양성 협약에 동의하여 이 정책에 동참한 110번째 국가가 되었다. 특히 문화체육관광부와 한국문화예술위원회가 중심이 되어 문화 다양성 교육, 무지개 다리 사업, 문화 다양성 아카이브, 문화 다양성 주간 행사 등과 같은 사업을 시행해 오고 있다. 이들을 간략히 정리하면 표 8－1과 같다.

우리는 문화 산물의 형식과 그것을 교류하는 플랫폼이 디지털화되는 시대에 살고 있다. 특히 코로나19로 각종 비대면 산업이 성장하면서 이러한 양상은 보다 뚜렷해졌다. 그러나 문화 생산과 배급을 둘러싼 환경이 디지털

화될수록, 이에 취약한 문화 생산 주체, 예를 들면 전통적이고 아날로그 방식의 문화 산물을 창작하는 생산자가 소외당하는 현상 또한 늘어난다. 과학기술 문명이 문화 산물의 위상에 영향을 미칠 수 있으므로 보다 다차원적인 성찰을 통해 문화 다양성 정책을 시행해야 한다. 인터넷 발전이 영어의 지배력을 높이고 소수 언어의 소멸 속도를 빠르게 한다는 관찰처럼, 모든 기술적 발전에는 그것을 제대로 활용하지 못하는 인구가 겪는 불이익이 있다는 것을 생각해야 한다.

문화 전용

영상 문화는 영상 언어가 가진 보편적 특성으로 인해 세계적 시장을 형성할 수 있었다. 세계화 추세와 더불어 해외 문화를 접할 기회가 늘어나면서 영상 문화 소비자의 눈높이는 선진국에서 생산된 영상 문화의 수준에 맞추어졌고 수입 영화와 프로그램을 통해 개발된 평가 기준을 자국 영상물에도 적용하게 되었다. 문화 생산물에 대한 일종의 세계 표준이 있게 된 것이다.

이는 다양한 국가의 영상 창작자에게 영상물의 질을 높이도록 하는 보편적 기준이 될 수도 있지만, 한편으로는 그 기준에서 이탈하지 않으면서 어떻게 각국의 고유한 표현과 정체성을 보존할 수 있는지에 대한 과제를 안겨주었다. 세계 표준이 문화 시장에서 기득권을 지닌 소수 선진국의 미적 기준과 동일시되어서는 안 되기 때문이다. 문화 강국을 중심으로 한 독점 기준으로 인해 비주류 문화가 이해와 존중 없이, 더러는 왜곡되고 무단으로 도용되는 결과를 낳을 수 있다.

문화 전용Cultural Appropriation은 이러한 힘의 불균형 상태에서 문화 교류가 이루어질 때 어떤 문제가 발생하는지를 잘 보여 준다. 문화 전용은 특정 문화에 대한 이해나 경의 없이 문화 산물을 사용하는 행위를 말한다(Cambridge Dictionary). 특히 비서구 혹은 비백인의 문화 산물에 대한 서구의 전용을 칭하기 위해 사용되기 때문에 다른 면으로 지배와 착취의 의미가 담겨 있는 것으로 해석하기도 한다(Oxford Ref.). 미국의 백인이 유희를 위한 행사에

그림 74 2012년 뉴욕의 빅토리아 시크릿 패션쇼에서 미국 원주민 복장을 하고 무대에 선 모델 칼리 클로스.

미국 원주민 의상을 입는 것, 흑인을 웃음의 대상으로 삼는 타 인종의 흑인 분장, 원작에 등장하는 특정 인종의 캐릭터를 백인으로 대체하는 화이트 워싱 등을 예로 들 수 있다.

한편으로는 패션 스타일, 대중음악 스타일, 영상물의 장르와 형식 등 많은 문화 요소가 이미 세계화된 현대 사회에서 창작자의 의도와 무관하게 발생하는 문화 전용 논란마저 모두 비판적으로 바라보아야 하는지에 대해 의문을 가질 수도 있다. 그러나 문화 전용이 문제가 되는 이유는 앞서 언급한 다른 문화에 대한 지배와 착취를 근간으로 한 문화 요소의 남용과 변형일 것이다. 따라서 오마주를 통해 다른 문화에 대한 존중을 기반으로 참조와 인용, 도입을 통해 정당한 문화적 적용을 할 필요가 있다.

그림 75 BTS의 "다이너마이트" 뮤직비디오에서 마이클 잭슨의 안무, 미국에서 디스코가 유행하던 1980년대의 의상 등 타 문화의 흔적을 찾아볼 수 있다.

2020년 한국 뮤지션으로는 최초로 미국의 빌보드 핫 100에서 1위를 차지한 BTS의 "다이너마이트" 뮤직비디오는 문화 전용이 아닌, 오마주를 통한 타국의 문화 활용을 잘 보여 준 사례다. 뮤직비디오는 미국의 디스코와 마이클 잭슨의 팝에서 영감을 얻은 음악 스타일과 안무, 미국의 다른 히트곡에서 사용되었던 가사, 장소 등 미국의 대표적 문화 산물을 차용하지만, 그것은 본래의 내용과 무관하게 맥락을 떠나 도용된 것이 아니다. BTS의 "다이너마이트"가 미국의 빌보드에서 1위를 차지했다는 것만으로도 미국인들이 이것을 문화적 전용으로 보지 않고 좋아했다는 증거다. BTS의 다른 히트곡 "아이돌" 또한 아프리카 부족의 모티프가 생생한 의상과 리듬을 차용하고 있지만, 음악 내외에서 그 차용을 명시하고 그 요소를 아름답게 표현했기 때문에 문화적 전용이라는 비판을 받지 않았다. 이것은 블랙핑크의 뮤직비디오 "How you like it"이 인도네시아의 신상을 전용했다는 비판을 받고 뮤직비디오에서 그 요소를 삭제했던 것과 대조된다. 다시 말해서 비판받을 수 있는 문화 전용을 가려내기 위한 명백하고 절대적 기준을 찾기는 힘들지만 수용자가 자기 문화의 일부가 활용되어 다른 문화에서 문화 생산이 이루어지고 있음을 알게 되었을 때 그것을 긍정적으로 여길 것인지 아니면 박탈감을 느낄 것인지를 보편적 기준으로 생각할 수 있을 것이다.

문화 전용은 앞서 다루었던 문화적 예외, 문화 다양성 등 사회문화적 가치에 대한 관념의 변화에 발맞추어 현시대의 다문화적 참조를 통해 문화물을 생산할 때 반드시 숙고해야 할 문제다. 특히 이미 언급한 바와 같이 문화적 활동에서 타 문화에 대한 지배와 착취의 권력 구조가 반영될 수 있다는 점에서 더욱 그렇다. "서로 믿고 이해하며 문화 다양성, 관용, 대화 및 협력을 존중하는 것이 국제 평화와 안전을 가장 확실하게 보장하는 것임을 확인"한다는 유네스코 문화다양성 선언문(2001)의 내용 역시 문화 전용에 대한 경계의 당위성을 보여 준다.

3) 영상 교육의 필요성

영상을 통한 커뮤니케이션이 이미 많은 분야에서 보편화하는 현대 사회에서 영상 교육은 소수에 머무르지 않고, 일반인은 물론 청소년과 어린이까지 확대해야 한다. 이는 이미 우리 일상생활에 매우 깊게 침투한 현대 영상 미디어의 생태적 특성 때문이다.

영상 교육 대상뿐만 아니라 영상 교육이 다루는 교육 내용 범주 역시 넓어져야 한다. 한국의 영상 관련 교육은 일반적으로 영상의 생산과 관련된 것들, 특히 제작 기술에 대한 교육 프로그램이 주를 이룬다. 하지만 생산된 영상이 유통 및 배포되는 미디어의 특성이라든지 영상물이 우리에게 메시지를 전달하는 방식 등과 관련한 교육 프로그램을 (대학이라는 교육 기관 밖에서) 찾기는 쉽지 않다. 영상이 의사소통의 주요 수단으로 점점 더 각광받는 세상에서 영상 제작과 관련한 교육도 중요하지만 우선은 영상물을 제대로 읽고 이해하는 교육이 선행되어야 한다.

2장에서 스튜어트 홀의 이론을 통해 영상 속 메시지가 수용자에게 전달되고 해석되는 방식을 살펴보았다. 홀은 생산자에 의해 전송된 영상물의 메시지가 수용자에게 일방적으로 받아들여지는 것이 아니라, 영상 속에 상징화된encoding 메시지가 수용자의 다양한 관점에서 해석되고decoding 이것이 결국 영상물 생산에 다시 영향을 미친다는 텔레비전 시대의 문화 현상에 대해 주장한 바 있다.

텔레비전 외에도 PC, 스마트폰 등과 같은 디지털 미디어, 심지어 옥외 전광판 등과 같은 다양한 미디어를 통해 영상 소비가 일상이 되었고, 디지털 기기와 소셜 미디어의의 부흥으로 영상의 제작부터 유통까지 개인이 주도할 수 있는 시대를 살고 있다. 이러한 환경에서 개인은 단순한 영상 소비자가 아니며 영상 문화 참여자 관점에서 여러 능력이 요구된다. 따라서 영상물의 메시지와 미디어를 비평적으로 읽어 내고 이해하며 나아가 올바로 창조할 수 있게 하는 영상 리터러시 교육의 활성화가 절실하다. 특히 특정 분야의 영상물에 대한 리터러시가 아닌, 영상이 사용되는 총체적인 미디어에 대한 리터러시 교육이 필요하다.

이러한 미디어 리터러시 교육의 필요성에도 불구하고 한국은 외국보다 상대적으로 미온적이다. 한국 정부가 주도하는 미디어 리터러시 교육 정책이나 교육의 의무화 법률은 미미하다. 게다가 많은 교육 주관 기관들이 교육 내용을 세분화하고 있어 일관성 있는 교육 철학이나 방안이 적용되고 있는지 불확실한 실정이다(김여라, 2019).

국가 차원에서의 미디어 리터러시 교육이 시작된 것은 2000년대 중반으로 그 역사 또한 길지 않다. 한국콘텐츠진흥원은 2004년부터 미디어 교육 교사 양성을 위한 리터러시 교육을 시작했고, 2009년에 이르러서야 교육부에서 승인한 초등학생 대상 게임 리터러시 교재를 개발하여 교육에 활용했다. 한국문화예술교육진흥원은 2005년부터 국악, 연극, 영화, 무용, 만화 애니메이션, 사진, 디자인 분야 등을 중심으로 문화산업이나 문화재 등을 교육하는 학교 문화 예술 교육 및 사회 문화 예술 교육을 하고 있다(홍유진 · 김양은, 2013).

반면, 유럽을 비롯해 여러 국가가 미디어 리터러시 교육을 일찍 시행했고 국가마다 교육을 시행하는 주체 또한 유기적으로 연관되어 일관성 있는 교육 정책을 펼치고 있다. 영국은 1933년 미디어 교육 연구 기관으로 영화 및 텔레비전 문화 탐구를 위해 영국영화연구소(British Film Institute: BFI)를 설립하고 미디어 리터러시 교육을 실행해 왔으며(홍유진 · 김양은, 2013), 1980년대부터 학교 교육에 도입하여 교육 프로그램을 체계적으로 운영해 오고 있다.

영국 미디어 리터러시 교육의 주체는 교육부, 디지털 문화 미디어 스포츠부, 오프콤(The Office of Communcation: Ofcom) 등과 같은 정부 기관이다. 이들의 가이드를 따라 방송국, 협회, 교육 기관 등, 다양한 분야에서 미디어 리터러시 교육이 활발하게 진행되고 있다. 영국 공영 방송인 BBC도 미디어 리터러시 촉진을 방송사의 중요한 교육 목표로 설정하여 이에 대한 전략을 수립하고 발표하고 있다. 영어미디어센터(English & Media Centre), 영국영화연구소, 런던대학교 등이 긴밀하게 협력하여 다양한 미디어 리터러시 교육 프로그램과 교재를 개발하고 교육을 운영해 오고 있다(김여라, 2019).

핀란드는 1960년대부터 시민 교육의 목적으로 미디어 리터러시 교육을 시행했다. 1972년 처음으로 학교 교과 과정에 포함해 미디어에 대한 발견과 해석, 비판적인 채택, 정보 기술에 대한 이해 등과 같은 교육 프로그램을 체계적으로 운영해 오고 있다. 또한 미디어 리터러시 교육의 정책 가이드라인에 따라 뚜렷한 교육 목표를 설정하고 일관된 교육을 실시하고 있다.

프랑스는 1982년 커뮤니케이션 현상에 관한 탐구와 이해의 필요성을 강조한 유네스코의 그룬발트 선언Grunwald Declaration on Media Education을 계기로 1980년부터 미디어 리터러시 교육을 본격적으로 시행하고 있다. 1983년 교육부 산하 기관으로 설립한 미디어와정보리터러시교육센터(CLEMI: Centre pour l'éducation aux médias et à l'information)가 교육을 진행하고 있다. 특히 CLEMI는 텔레비전, 영화, 인터넷 등 모든 영상 미디어를 교육의 대상으로 설정하여 초·중·고등학교의 교과 과정에서 미디어 리터러시 교육을 시행하도록 하고 있다. 특히 2005년, 학교의 미래를 위한 교과 과정에 관한 기본법loi d'orientation et de programme pour l'avenir de l'école을 개정하여 미디어 리터러시 교육을 공교육에 포함시킨 점은 프랑스가 국민의 필수 덕목으로 영상 문화의 비평, 이해, 창조 능력을 강조하고 있음을 보여 준다(김여라, 2019).

영상 커뮤니케이션이 보편화된 디지털 미디어 플랫폼이 성행하고 있는 현대 사회, 그리고 영상물의 생산은 물론 그 사용 방식과 미디어 유형 등이 현재보다 더욱 다양해질 미래를 생각할 때, 한국도 미디어 리터러시에 대해 보다 체계적인 교육이 이루어져야 한다. 이미 현실화되는 인공 지능의 영상 생산이나 가짜 뉴스 범람과 같은 현상뿐만 아니라 IT 기술 발전의 이면에서 벌어지는 영상 미디어의 악용 범죄 등과 같은 비윤리적 영상 유용 행태를 생각할 때 미디어 리터러시 교육에 기반을 둔 영상 교육은 무척 중요하다.

REVIEW

- 이미지를 활용하는 인공 지능과 윤리적 사안을 통해 언급한 트롤리 딜레마를 생각해 보자. 자율 주행 자동차가 사고 시 누구와 충돌하고 누구와 충돌을 피할 것인지

에 대해 (그 과정에서부터 결과에 이르기까지) 판단하는 것을 신뢰할 수 있는가? 자율 주행 자동차의 사고에 대한 책임은 운전자, 자율 주행차의 인공 지능 시스템 개발사, 자동차 제조사 중 어디에 가장 크다고 생각하는가?

- 인공 지능도 사람이 창조해 낸 지능이므로 인간의 고정 관념을 어느 정도 반영한다고 생각하는가? 구체적 예를 들어 설명해 보자.
- 일본의 욱일기나 나치의 하켄크로이츠 등과 같은 역사적으로 부정적인 상징 이미지가 시간이 지날수록 점점 더 글로벌 문화로 침투하고 용인되고 있다. 그 이유는 무엇이며 주로 어떠한 방식으로 이와 같은 현상이 일어나는지 생각해 보자. 또한 이러한 문화 현상은 막아야 하는지 그리고 그 판단의 이유는 무엇인지도 함께 토론해 보자.
- 2011년부터 온라인 게임을 대상으로 셧다운제를 시행해 오던 정부가 2019년 모바일 게임에도 셧다운제를 도입하겠다는 안을 발표하자 이에 대한 찬반 논란이 분분하다. 게임이 정신적·신체적으로 부정적인 영향력을 형성할 수 있는 것은 사실이지만, 긍정적으로 사용될 경우 스트레스 해소나 긴장 완화에 도움을 주며 교육적 효과까지도 거둘 수 있다. 또한 게임 산업의 경제 효과도 결코 무시할 수 없다. 이러한 점을 고려할 때 정부가 온라인 게임에 이어 모바일 게임에도 규제를 확장하는 정책에 대해 어떠한 견해를 가지고 있는가?

ZOOM IN

- 정영상 이미지를 움직임이 있는 3D 애니메이션으로 만들고 증강 현실로도 구현하는 인공 지능 포토 웨이크업Photo Wake-Up이 탄생했다. 이 인공 지능의 결과물을 소개하는 영상 클립을 본 후 그 원리를 설명하는 기사 "The latest leap forward in visual AI is downright mesmerizing"(Diaz, 2019)을 읽어 보자. 이 기술의 응용 분야와 발전 방향에 대해 상상해 보자.
- 인공 지능 벤자민이 만든 영화 〈존 아웃〉을 감상하고 인간이 만든 영화와의 차이점에 대해 다차원적인 관점에서 생각해 보자.

그림 76 인공 지능 벤자민이 쓴 시나리오로 만든 〈존 아웃〉.

- 미국의 밴드인 콜드플레이Coldplay와 가수 비욘세Beyonce가 함께 작업한 음악 "Hymn For The Weekend" 가사를 읽고 뮤직비디오를 감상하자. 똑같은 방식으로 BTS의 "다이너마이트" 가사를 읽고 뮤직비디오를 감상해 보자. 그리고 그 차이점을 비교해 보자.

"Hymn For The Weekend"

Drink from me, drink from me Then we'll shoot across the Then we'll shoot across the sky

Drink from me, drink from me

Then we'll shoot across the

Symphony

Then we'll shoot across the sky

Oh, angels sent from up above

You know you make my world light up

When I was down, when I was hurt

You came to lift me up

Life is a drink, and love's a drug

Oh now I think I must be miles up

When I was hurt, withered, dried up

You came to rain a flood

So drink from me, drink from me

When I was so thirsty

We're on a symphony

Now I just can't get enough

Put your wings on me, wings on me

When I was so heavy

We're on a symphony

When I'm lower, lower, lower, low

Got me feeling drunk and high

So high, so high

I'm feeling drunk and high

So high, so high

……

"다이너마이트Dynamite"

'Cause I-I-I'm in the stars tonight

So watch me bring the fire and set the night alight

Shoes on, get up in the morn'

Cup of milk, let's rock and roll

King Kong, kick the drum, rolling on like a Rolling Stone

Sing song when I'm walking home

Jump up to the top, LeBron

Ding dong, call me on my phone

Ice tea and a game of ping pong, huh

This is getting heavy

Can you hear the bass boom? I'm ready

Life is sweet as honey

Yeah, this beat cha-ching like money, huh

Disco overload, I'm into that, I'm good to go

I'm diamond, you know I glow up

Hey, so let's go

'Cause I-I-I'm in the stars tonight

So watch me bring the fire and set the night alight

Shining through the city with a little funk and soul

So I'ma light it up like dynamite, whoa oh oh

……

9장

인터넷과 소셜 미디어 시대의 영상

인터넷을 통해 언제 어디서나 접속할 수 있는 소셜 미디어는 다양한 사용자들이 사회·정치적 의견을 개진하여 다채로운 사상을 확산하고 공유하는 등 그 영향을 미치고 있다. 또한 촬영, 편집 등 영상 이미지 생산이 가능한 모바일 기기를 사용해 소셜 미디어에 접속하게 되면서 쉽게 정보를 생산하고 전달할 수 있다. 사용자 중심의 커뮤니케이션이 활성화된 것이다. 그 결과 소셜 미디어는 매스 미디어가 좀처럼 다루지 않는 정보를 드러내고 확산시켜 때로는 사건의 진실을 밝히고 더 나은 사회를 위한 변화를 촉구하는 역할을 하기도 한다. 그러나 소셜 미디어의 긍정적 영향 이면에는 비윤리적 사용으로 인한 위험과 부작용 또한 존재한다. 특정 인물을 겨냥한 악성 댓글, 폭력 현장을 사이버 공간으로 이동시키는 폭행 장면 촬영과 공유, 사회적 혐오 대상을 구체화하고 혐오 표현을 확산하는 행위 등이 그러하다. 특히 이러한 양면성은 인터넷을 기반으로 하는 소셜 미디어가 영상을 주된 정보 표현 및 전달의 수단으로 활용하면서 더욱 뚜렷하게 나타나는 현상이기도 하다. 이 장에서는 소셜 미디어와 영상이 결합하여 생성하는 영향력, 그리고 인터넷 시대의 소셜 미디어와 영상에 대한 윤리적 사안을 살펴본다.

1. 소셜 미디어와 영상

소셜 미디어는 인터넷의 빠른 속도를 기반으로 다양한 콘텐츠를 쉽게 전달하고 공유하는 미디어다. 소셜 미디어를 통해 오가는 콘텐츠는 한 분야에 국한되어 있지 않다. 여러 분야의 전문 지식에서 시작해 개인의 과시성 혹은 자기 홍보성 메시지, 주관적인 신념이나 주장, 사실이 확인되지 않은 소문이나 가짜 뉴스 등에 이르기까지 각양각색이다.

소셜 미디어의 본질은 이와 같은 콘텐츠를 수집, 생산, 혹은 변형하여 개인과 개인 혹은 개인과 사회 간에 자유롭게 전달, 공유, 확산하는 것이다. 이러한 커뮤니케이션을 원활하게 하도록 소셜 미디어는 문자 언어뿐만 아니라 사진, 그림, 다이어그램, 동영상, 사운드 등 복합적인 정보 표현 수단을 사용한다. 특히 정영상과 동영상을 포함하는 시각 이미지는 소셜 미디어 환경의 기술 발달과 정보 처리의 용이성, 신뢰성, 신속성 등을 추구하는 사용자의 수요와 맞물려 소셜 미디어에서 핵심 커뮤니케이션 수단이 되었다.

1) 소셜 미디어의 경향

세계적으로 많이 사용하는 소셜 미디어로는 페이스북, 유튜브, 인스타그램, 트위터 등을 들 수 있다. 이들은 모두 미국에서 21세기에 들어서면서 비슷한 시기에 탄생하였다. 페이스북은 2003년, 유튜브는 2005년, 트위터는 2006년, 인스타그램은 2010년부터 서비스를 시작하였다.

미국의 경우, 페이스북과 유튜브는 방문자 수 기반 데이터 전송량 통계에서 최근 10년(2008~2018)간 꾸준히 상위권을 유지하고 있다. 페이스북과 유튜브는 2008년까지는 거의 비슷한 방문자 수를 유지했으나 2009년부터 2014년 사이에 페이스북의 위상이 급격히 상승하면서 격차가 적잖이 벌어졌다. 하지만 2015년을 기점으로 그 간극이 서서히 줄어들고 있다. 그 원인은 페이스북 위상의 하락과 유튜브의 상승이라는 점에 있지만 특히 주목할

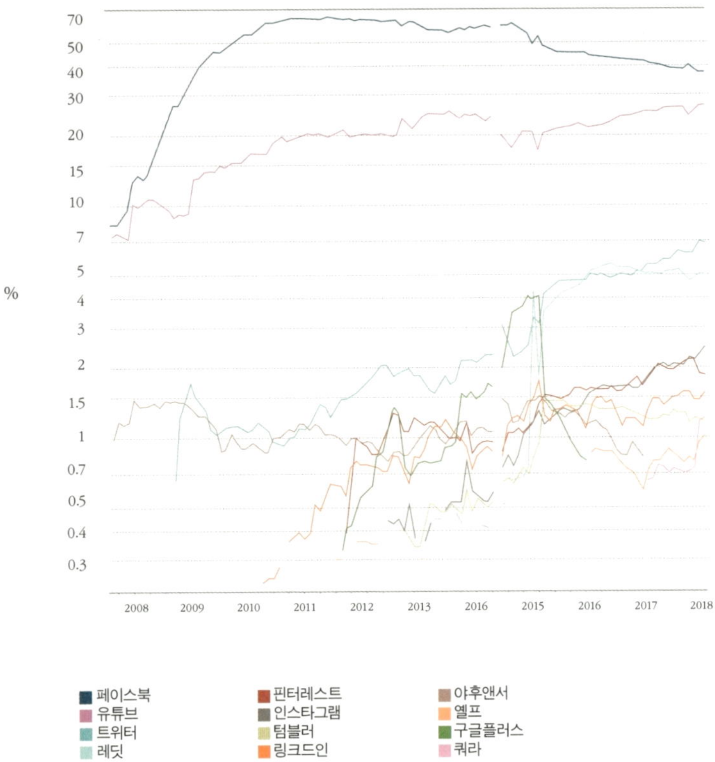

그림 77 2008년부터 2018년까지 방문자 수 기준 상위 10위 소셜 미디어. (출처: https://www.dreamgrow.com/top-10-social-networking-sites-market-share-of-visits/)

점은 이 두 미디어가 속한 상위 그룹과 타 미디어들 사이의 큰 간극이다. 평균적으로 3위의 자리를 차지하는 트위터와 2위를 유지하는 유튜브와 방문자 수 격차는 약 네 배에 이른다(그림 77)(Karl, 2022).

통계의 상위 그룹과 하위 그룹을 구분할 수 있는 대표적인 특성의 차이는 소셜 미디어의 정보 표현 수단에서 뚜렷이 드러난다. 페이스북의 타임라인 게시물은 문자 언어를 비롯해 정영상과 동영상 등의 영상 이미지에 이르기까지 폭넓은 시각 언어를 사용해 작성할 수 있다. 이는 댓글 창에서도 마찬가지이며 좋아요LIKE 버튼과 같은 기능으로 사용할 수 있는 다양한 이모티콘은 간단한 애니메이션 형식으로 작동한다. 유튜브는 동영상을 주된 정

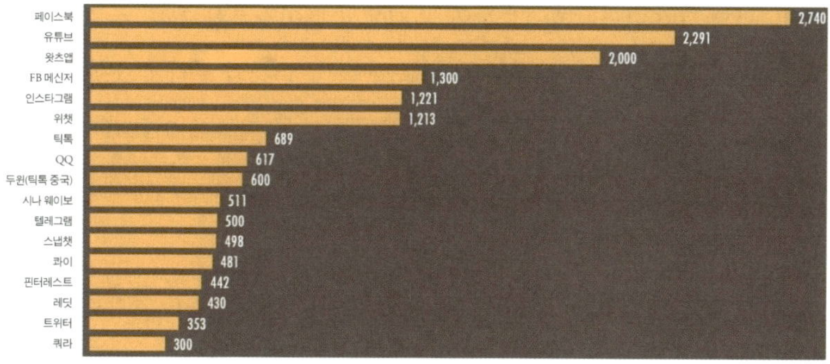

그림 78 세계에서 많이 사용하는 소셜 플랫폼(2021. 1). (출처: https://datareportal.com/reports/digital-2021-global-overview-report)

보 전달과 공유 수단으로 삼고 있다. 심지어 유튜브에는 업로드된 영상 클립을 자르고 붙이는 등, 간단한 영상 편집도 가능하다. 인스타그램은 사진이나 그림 등과 같은 정영상이나 짧은 동영상 포맷에 최적화되어 있다. 게시물은 텍스트 형식만으로 구성될 수 없으며 이미지는 대부분 정사각형 프레임의 구조에 배치된다. 또한 게시물의 텍스트를 읽어 내려가기 위해 다수의 웹 페이지에서 사용하는 상하 스크롤 대신 좌우 슬라이드 기능을 채택하여 페이지를 넘겨 가며 사진을 보던 아날로그 사진첩의 형식을 재현한다. 반면 트위터는 텍스트가 주된 정보 표현의 수단이다. 특히 서비스를 시작한 2006년부터 최대 140자로 게시글을 작성하게 했던 트위터는 2017년부터 280자로 글자 수를 늘리는 등, 여전히 문자 언어를 고려한 정책이 유지되고 있다. 물론 트위터도 사진이나 동영상을 업로드하고 공유할 수 있다. 그러나 페이스북, 유튜브, 인스타그램 등과 같은 미디어보다 업로드할 수 있는 이미지의 파일 용량이나 영상물 길이에 한계가 있다. GIF나 정영상 이미지 파일의 용량은 5메가바이트 이내여야 하며, 동영상 길이는 2분 20초 이내여야 한다.

소셜 미디어의 이러한 차이로 인해 미디어별 주요 콘텐츠의 경향은 물론 주된 사용자층도 서로 다르게 나타난다. 페이스북의 경우 다양한 정보 표현 형식을 허용하는 만큼 다채로운 정보 내용이 업로드되고 공유된다.

2018년부터 2019년까지 한 해 동안 세계에서 페이스북을 통해 주로 소통한 주요 콘텐츠는 환경 보호, 예술과 엔터테인먼트, 건강과 생태를 고려한 라이프스타일, 만들기나 여행과 같은 체험, 일상에 대한 기록에 이르기까지 매우 다양하다(Facebook IQ, 2019). 2020년 주 사용자 연령층도 18~44세에 이르기까지 폭넓은 것으로 나타났다(Clement, 2020a).

유튜브의 경우 2020년 6월을 기준으로 가장 많은 시청 횟수를 기록한 동영상 콘텐츠는 주로 육아 관련 콘텐츠와 음악 콘텐츠다(Clement, 2020d). 또한 유튜브가 텔레비전보다 선호하는 미디어로 자리매김하면서 광고 효과도 더 높아져 마케팅의 주요 미디어로 각광받기도 한다(Mohsin, 2020). 2017년 주요 사용자 연령층은 25~54세에 이르는데 페이스북과 달리 사용자 간 소통보다는 제품이나 서비스의 정보나 사용법을 검색하기 위한 수단으로 사용되면서 보다 높은 연령층을 끌어들인 것으로 보인다(Bennet, 2022; Mediakix, 2019).

인스타그램은 사회·경제·문화적 영향력을 행사하는 유명인과 브랜드 등을 중심으로 생산된 콘텐츠가 주로 공유되고 확산되는 경향이 있다(McLachlan, 2020). 또한 사용자들은 18~34세에 이르는 젊은 연령층에 집중되어 있다(Dixon, 2022). 이는 텍스트보다 이미지로 소통하고 최신 유행 브랜드나 유명인의 행보를 추적하고 공유하면서 나타나는 현상으로 보인다.

트위터는 짧은 텍스트를 주요 커뮤니케이션 수단으로 사용하는 까닭에 빠르게 메시지를 전달하는 실시간 소통에 최적화되어 있다. 따라서 사회 이슈나 뉴스 등이 트위터를 통해 주로 공유되고 확산되는데, 이는 트위터가 구글 플레이 스토어나 애플 앱 스토어에서 뉴스 카테고리에 속해 있는 이유이기도 하다(이상우, 2020). 트위터는 성폭력이나 학교 폭력을 폭로하는 미투 운동, '블랙 라이브스 매터Black Lives Matter'로 대표되는 흑인 인권 시위, '아랍의 봄'으로 불리는 아랍권 국가의 자유 민주화 시위에서 신속하게 정보를 전달하고 관심을 빠르게 확산시키는 데 기여한 미디어로 평가받는다(이상우, 2020; Watson, 2020). 트위터는 페이스북, 유튜브, 인스타그램보다 사용자 수는 적지만, 주된 사용자의 연령이 18~49세에 분포되어 있어 가장 넓은 연령층을 포용한다(Dixon, 2022). 이는 누구나 일반적으로 관심을 가질 만한 뉴스나 사회적 현상들을 자연스럽게 공유할 수 있어서인 것으로 보인다.

이러한 통계와 경향은 결국 영상 이미지로 정보를 전달, 공유, 확산하는 소셜 미디어가 대중에게 선호된다는 점을 보여 준다. 물론 커뮤니케이션 수단으로 영상 이미지가 각광받는 것은 단지 소셜 미디어의 부흥을 통해서만 나타난 것은 아니다. 그것은 이미 기존의 매스 미디어의 진화와 함께 진행된 것이라고 볼 수 있다. 텔레비전의 등장 이후 신문이나 잡지 등과 같은 인쇄 미디어는 기존에 차지하던 높은 위상과 인기를 새로운 영상 미디어에 내어줄 수밖에 없었다. 최근 신문과 잡지는 아날로그 미디어인 종이에서 탈피해 디지털 미디어에 적합한 온라인 신문과 온라인 잡지 형식으로 이동하고 있다. 이러한 변화는 콘텐츠 형식에도 변화를 가져왔다. 이제 온라인 신문과 잡지에서 동영상 기사를 접하기는 어렵지 않다. 결국 영상 이미지는 커뮤니케이션 미디어의 오랜 변화에서 점차 효과적 정보 표현의 수단으로 자리를 잡아 왔으며 특히 소셜 미디어와 결합하면서 누구나 쉽게 접하고 사용할 수 있는 민주적 커뮤니케이션 수단이 되었다.

2) 소셜 미디어와 영상 이미지의 기능과 영향력

영상 이미지는 정보 표현과 전달, 공유의 효과적인 수단이다. 하지만 이미지 제작 기술 여건이나 공유 환경이 오래전부터 효율적으로 작동해 왔다고 보기는 어렵다. 때로는 그림을 그리는 것이 글을 쓰는 것보다 기술을 요하는 경우가 있었고 큰 화폭의 그림을 다수 제작하여 배포하는 것, 책을 생산해 배포하는 것도 물리적 제약이 따랐다.

그러나 현대의 디지털 이미지 생산 기술과 인터넷 환경의 발전은 이러한 어려움을 허물었다. 손바닥만 한 스마트폰 안에 그림 그리는 도구부터 정영상과 동영상을 모두 촬영할 수 있는 카메라, 영상 편집 도구까지 (물리적으로나 기술적으로나 큰 부담이 될 수도 있는) 이미지 생산 수단이 간편해졌다. 인터넷 환경은 갈수록 큰 용량의 데이터를 빠르게 전송할 수 있게 진화했다.

이러한 변화는 영상 이미지 생산의 민주화를 이끌어 낸 것들이며 동시에 다양한 이미지의 생산이 소셜 미디어를 통한 공유로 곧바로 이어질 수 있게 함으로써 정보 공유의 민주화에도 이바지하였다. 또한 짧은 영상 이미지로 표현된 메시지라 할지라도 이를 무제한으로 확산시키고 그 메시지에 연대하는 세력을 증식시키는 등, 소셜 미디어와 영상 이미지를 통한 커뮤니케이션의 영향력을 증폭시킨 중요한 촉매제가 되었다. 영상 이미지와 결합한 소셜 미디어의 중요한 사회적 기능과 영향력을 살펴보자.

새로운 공론장으로의 참여 유도

공론장Öffentlichkeit/Public Sphere은 근대 사회의 계몽을 통해 대중의 지식 수준이 상승하면서 비권력 계층의 시민이 정보를 교환하고 토론하며 사회적 담론을 형성하여 근대 정치의 민주화에 이바지한 물리적 공간을 일컫는 용어다(Habermas, 1962/2001). 독일의 철학자 위르겐 하버마스Jürgen Habermas는 17세기 유럽에서 성행한 커피하우스를 대표적인 공론장으로 언급한다. 하버마스는 이러한 민주적 여론 형성의 장이 매스 미디어에 의해 변화했다고 본다. 그는 매스 미디어가 사회적 권력층을 중심으로 일방향적 메시지를 전달하고 이 영향력 안에서 대중이 정보를 교환하고 담론을 형성하게 된 변화를 가리켜 공론장의 구조가 변화하였다고 주장했다(Habermas, 1962/2001).

그러나 인터넷을 기반으로 하는 현대의 소셜 미디어는 매스 미디어가 변화시킨 공론장의 구조를 다시 원형에 가까운 모습으로 변화시키고 있다. 소셜 미디어가 커피하우스의 물리적 공간을 대체하는 새로운 공론장으로 기능하게 된 것이다. 소셜 미디어에 모인 대중은 능동적이고 민주적으로 정보를 교환하고 여론을 형성하며 사회·정치적 영향력을 행사하게 되었다. 특히 이 가상 공간의 공론장은 방문과 사용에 대한 시공간적 제약을 허물며 과거보다 훨씬 더 많은 이들의 참여를 가능하게 하였고 이러한 증가는 다시 새로운 공론장의 영향력을 증가시켰다.

더구나 이 새로운 공론장에서는 참여자의 지적 능력의 중요성이 과거보다 훨씬 감소했다. 정보를 표현하기 위해 동원되던 언변이나 필력이 충분하지 않더라도 손쉽게 촬영한 이미지로 정보를 전달할 수 있게 되었기 때문이다. 이에 따라 과거의 전통적 공론장보다 더 많고 다양한 배경의 사람들이 이 새로운 공론장에 참여하여 자신들의 의견을 쉽게 개진할 수 있게 되었다. 또한 보는 것이 최고의 믿음의 수단이 되어 가는 세상에서 소셜 미디어에 게시되는 영상 이미지는 전통 미디어들이 문자 언어로 서술된 정보보다 더 높은 신뢰를 얻는 경우도 늘어났다.

2009년 영국에서 일어난 이안 톰린슨 사망 사건은 이러한 경향을 보여 주는 사례다. 신문 판매업자로 일하던 이안 톰린슨은 퇴근길에 런던에서 대규모로 열린 G20 반대 시위 현장을 지나다가 갑자기 쓰러져 사망했다. 경찰은 그의 사인이 심장마비였다고 발표했고 이는 일간지와 뉴스를 통해 전달되었다. 공권력과 매스 미디어가 전한 이 내용은 곧 거짓이었음이 드러났다. 런던 시위 현장에 있던 한 뉴욕 출신 출장객의 모바일폰 촬영 영상에 이안 톰린슨이 사망하기 10분 전, 무방비 상태로 경찰에게 이유 없이 폭행을 당하는 장면이 기록되어 있었다. 이 출장객은 사건 발생 며칠 후 귀국을 위해 공항으로 향하던 중 이 사실을 깨닫고 폭행 영상을 영국 신문 〈가디언*The Guardian*〉에 제보했다. 이 영상으로 인해 톰린슨은 경찰의 폭행으로 쓰러져 간에 내출혈이 발생하였고 10분 후에 죽음에 이르게 된 사실이 밝혀졌다(Walker & Lewis, 2012).

그림 79 경찰이 이안 톰린슨을 폭행하는 모습과 톰린슨이 경찰에 항의하는 모습이 담긴 제보 영상.

흥미로운 점은 〈가디언〉이 이 영상을 공개한 방식이다. 〈가디언〉은 신문사이기 때문에 제보 영상을 텔레비전 방송으로 내보낼 수 없었고 인쇄 미디어인 종이 신문으로 전달하기에는 동영상의 생생함을 포기할 수 없었다.

〈가디언〉이 해당 영상을 공개하는 데 사용한 미디어는 자사의 온라인 웹 사이트와 소셜 미디어인 유튜브였다. 특히 동영상이 그대로 게재된 온라인 신문 기사에는 독자들의 소셜 미디어, 블로그, 홈페이지 등에 해당 영상의 공유를 권유하는 안내와 링크를 제공했다. 실제로 이 영상은 많은 이들의 소셜 미디어에 공유되었다. 경찰 폭력에 반대하며, 톰린슨의 사망에 관한 진실을 촉구하는 시위를 촉발시키기도 하였다.

2020년 발생한 조지 플로이드 사망 사건과 항의 시위의 확산 역시 소셜 미디어가 공론장으로 기능하는 것을 확인할 수 있는 사례다. 그 내용을 자세히 살펴보자. 미국 미네소타주 미니애폴리스에서 흑인 남성 조지 플로이드가 위조지폐 사용 용의자로 체포되었다. 이 과정에서 과격한 저항 없이 수갑을 찬 비무장 상태로 그는 세 명의 백인 경찰관들에 의해 제압당해 쓰러졌다. 특히 경찰관 데릭 쇼빈은 무릎으로 약 9분간 쓰러진 플로이드의 목을 압박해 결국 질식사에 이르게 했다. 이 과잉 진압 장면은 그곳에 있던 10대 흑인 고등학생 다넬라 프레이저가 모바일폰으로 촬영한 것이다. 그녀는 촬영한 후 이 영상을 자신의 페이스북에 업로드해 세상에 공유했다.

그림 80 다넬라 프레이저가 모바일폰으로 촬영한 조지 플로이드 사망 장면.

이 영상은 소셜 미디어를 통해 급속히 퍼졌고 그 지역뿐만 아니라 미국에서 벌어지는 백인 경찰의 인종 차별에 대한 세계적 공론화의 방아쇠를 당겼다. 뿐만 아니라 이 영상은 플로이드의 사망이 의료 사고 때문이었다는 경찰의 거짓 해명을 일축하는 중요한 증거가 되기도 하였다. 특히 프레이저는 이런 사건은 자주 은밀하게 발생하며 세상은 그것을 목격할 필요가 있었다고 말했다(동아닷컴, 2020). 이 사건은 소셜 미디어가 매스 미디어에서 좀처럼 거론되지 않는 사건과 현실을 다루고 그 이슈를 세계적으로 확산시키는 미디어의 기능을 한다는 사실을 보여 준다.

그림 81 왼쪽: 조지 플로이드 사망 항의 시위에 동참한 미국의 경찰들. 오른쪽: 조지 플로이드의 죽음을 조롱하는 조지 플로이드 챌린지 사진.

소셜 미디어와 영상 이미지는 단순히 이 사건의 진실을 드러내는 역할에만 그치지 않았다. 그것은 인종 문제에 대한 대립적인 시선과 갈등이 여전히 존재하고 있음을 뚜렷이 보게 해 주었다. 그 대립의 양쪽 진영 중 한편에서는 인종 차별에 저항하고 항의하는 뜻을 표현하기 위해 엎드리거나 무릎을 꿇는 등으로 시위를 벌였다. 이 장면은 영상으로 기록되어 소셜 미디어를 통해 퍼졌다. 반면에 플로이드의 죽음을 조롱하고 사망 장면을 희화화하는 모습을 촬영해 소셜 미디어를 통해 공유하는 이들도 있었다. 소셜 미디어가 옳고 그름과 무관하게 개인적·집단적 관점과 사상을 여과 없이 쏟아내는 배설구로 기능한 것이다.

감응과 사상의 확산력

소셜 미디어와 그에 사용되는 영상 이미지들은 개인 혹은 사용자 그룹 사이에 공유될 수 있는 감정적 상태나 그로 인해 형성될 수 있는 집단의 사상을 확산시키기도 한다. 특히 소셜 미디어의 확산력을 통해 증식하고 더 강렬해질 수 있는 감응 상태의 하나로 혐오를 들 수 있다. 미국 윤리학자이자 법철학자인 마사 누스바움Martha Nussbaum은 혐오를 원초적 혐오Disgust at primary objects와 투사적 혐오Projective disgust라는 두 가지 유형으로 구분하였다. 원초적 혐오는 배설물, 체액, 시체, 부패의 진행, 바퀴벌레 등에 대하여 느끼는 감염의 위협과 이로 인한 직관적인 거부 반응이라고 할 수 있으며 이는 안전과 생존을 위해 오래전부터 본능적으로 작동한 인간의 정신적·신체적 작용이다. 반면 투사적 혐오는 이와 같은 오염원의 속성을 인종, 성별, 국적, 성 정체성 등에 따른 특정 집단이나 구성원들에게 귀속된 것으로 보는 사회적 편견인데 이러한 전가에는 대체로 정당한 근거가 없는 경우가 많다(Nussbaum, 2004/2015).

문제는 이러한 사회적 혐오의 전염성에 있다. 이와 관련하여 '감응 경제Affective Economies' 개념을 참고할 만하다. 인종 문제, 후기제국주의, 감응 경제 등을 연구하는 사회학자 사라 아메드Sara Ahmed가 제시한 이 개념은 감응적 상태가 한 개인에게 고정적으로 머무는 것이 아니라 타인과 집단을 향해 계속해서 순환한다고 본다. 슬픔, 분노, 기쁨, 두려움 등과 같이 밖으로 표현된 정서적 상태를 감정으로, 그리고 이러한 감정 표출의 기반이 될 수 있는 그 이전의 정서적 상태를 감응이라고 할 때, 혐오는 아직 분노, 두려움, 역겨움 등과 같은 표면으로 드러나지 않은 감응적 상태에 해당한다고 볼 수 있다. 표출되지 않은 정서라는 점에서 감응은 겉으로 드러난 감정보다 더 고정적이고 옮겨다니기 어렵다고 생각할 수 있지만 아메드가 혐오를 예로 들며 설명하는 감응의 확산력은 매우 크다. 그 이유는 혐오가 그 대상을 일컫는 기호를 통해 효과적으로 옮겨 다니고 증폭되기 때문이다. 이는 누스바움이 제시한 투사적 혐오의 작동 원리와 매우 유사하다. 두 경우의 공통분모에서 예를 들어 설명하자면, 동성애자, 흑인, 빈곤층 등과 같이 구체적으로 칭할 수 있고 유형화하여 혐오를 대입시킬 수 있는 대상을 통해 혐오가 보다 잘 전염되고 확산된다는 것이다(Ahmed, 2004).

현대의 소셜 미디어는 혐오의 대상이나 그 혐오의 대입에 대한 이유를 기호나 서술과 같은 언어 표현이 아닌 영상 이미지로 제시하여 더욱 뚜렷하게 구체화하고 형상화한다. 게다가 소셜 미디어가 가진 정보 공유의 간편함과 빠른 속도는 혐오의 확산력을 증가시킨다. 사용자들이 구구절절 자신의 혐오 표현을 늘어놓지 않아도 누군가가 작성해 놓은 혐오 표현과 혐오 대상의 형상을 공유해 자신의 미디어로 가져오면 되는 것이다. 따라서 소셜 미디어는 혐오 확산을 훨씬 편리하게 만들고 혐오가 개인을 넘어 집단으로 쉽게 번져 나가도록 한다.

2020년 초, 전 세계를 뒤흔든 코로나19 시기에 소셜 미디어를 통해 퍼진 영상물은 많은 부정적 영향을 미쳤다. 코로나19 바이러스라는 보이지 않는 실체에 대한 혐오감, 팬데믹에 대한 공포는 이상 증상을 보이는 사람들을 필두로 중국 우한 거주자, 중국인, 아시아인, 특정 종교인과 직업 종사자 등에 이르기까지 우후죽순 혐오의 대상을 생산했고, 이후 이들에 대한 혐오감은 널리 확산하였다.

코로나19 확산과 함께 소셜 미디어와 영상물은 혐오 확산의 매개체로 작동했다. 감염 확산 초기의 대표적 혐오 대상은 이 바이러스로 인한 병과 유사한 증상을 보이는 이들이었다. 이들 대부분은 코로나19의 일반적 감염 증상이 아닌, 더욱 강렬하고 충격적인 이상 증세를 보였다. 가령 피를 토하거나 갑작스럽게 거리에 쓰러지는 모습이 코로나19 증상으로 둔갑하여 소셜 미디어에서 급속도로 퍼져 나갔다. 특히, 중국의 전철에서 한 남성이 많은 양의 피를 토하며 쓰러졌으나 주변 사람들이 도움을 주기보다는 그 자리를 피하는 등 처참한 광경을 담은 자극적인 영상물이 각종 소셜 미디어를 통해 공유되었다. 특히 그의 토혈이 코로나19 감염 증상으로 오인되면서 남성을 혐오의 대상으로 만들었다. 그러나 이 영상은 코로나19 사태가 일어나기 전인 2019년에 촬영되었으며 영상 속 남성의 증상은 그가 이미 앓고 있던 간암에 의한 것으로 밝혀졌다(Lajka, 2020).

코로나19에 대한 정보가 부족했던 시기에 바이러스의 원인으로 박쥐가 거론된다. 중국 우한 지역의 음식 문화로 박쥐 요리가 있는데, 실제로 요리된 박쥐를 들고 사진을 찍거나 그것을 먹는 중국 사람들의 이미지가 소셜 미디어에 오르내리며 중국의 일부 식문화에 대한 혐오 확산에 불을 지폈다. 이후 사태가 팬데믹으로 진전되자 미국을 비롯한 유럽 다수의 국가에서 중국인은 물론, 아시아인을 코로나19 바이러스로 칭하며 물리적 폭행을 가하는 일이 발생했다. 이러한 장면은 때로는 가해자에 의해 때로는 피해자에 의해 스마트폰으로 촬영되어 소셜 미디어를 통해 확산되었다.

한국에서는 확진자 발생이 많지 않던 초기에는 확진자의 행적과 동선이 공개되면서 문제가 되기도 했다. 그들의 방문지들, 종교 자체, 사생활 등으로 옮겨붙었다. 확진자가 들렀던 식당 등 다수의 장소가 소셜 미디어를 타고 공유되기도 했다. 이를 이용한 사기와 협박 시도까지 등장했다. 서울의 한 식당은 익명의 시민으로부터 자신이 코로나19 확진자이며 이미 감염이 된 상태에서 그 식당을 방문했는데 금전적 요구에 응하지 않으면 자신의 방문 사실을 소셜 미디어에 공개하겠다는 협박을 받았다(동아닷컴, 2020b). 슈퍼 전파자로 비난받은 한 감염자의 경우, 그의 실제 모습이라는 허위 주장을 담은 타인의 사진이 소셜 미디어를 통해 유포되기도 했다(권혜림, 2020). 혐오 대상의 구체적 형상화를 통해 혐오를 확산시키는 데 소셜 미디어에 사용된 이미지가 동원된 것이다.

2. 인터넷과 소셜 미디어의 잘못된 사용

인터넷을 기반으로 하는 현대의 소셜 미디어는 사용자가 자유롭게 자신의 계정을 운영하며 콘텐츠를 생산하고 배포할 수 있다. 이러한 면에서 소셜 미디어는 매우 개인적이면서도 특정한 사상이나 행동을 공유하며 연대할 경우 단체의 영향력을 행사하므로 매우 집단적이기도 하다.

개인 성향의 미디어라는 점에서 그 콘텐츠들을 일일이 검열하고 통제하는 것은 매우 어려우며, 이처럼 걸러지지 않은 개별 콘텐츠들이 모여 집단적 메시지를 형성하기도 한다. 그래서 소셜 미디어를 그릇되게 사용하는 것은 매우 치명적인 악영향을 낳기도 한다. 특히 그 영향력이 개인의(그리고 유사한 사례들이 모여 집단의) 생명을 위협할 정도로 막중하다. 소셜 미디어에 관한 윤리적 사안을 검토하고 올바르게 사용하는 것은 중요하다.

1) 소셜 미디어와 감시 형식의 변화로 인한 사생활 침해

소셜 미디어는 사적인 정보와 미디어 사용 행위에 대해 어느 정도 비밀이 보장되는 미디어로 여겨지기 쉽다. 사용자가 설정한 고유한 비밀번호와 아이디를 갖는 개인만의 계정을 소유할 수 있으며, 사용자가 자유롭게 생산한 콘텐츠를 얼마든지 비공개로 돌리거나 제한적으로 공개할 수도 있다. 게다가 사용자들 간의 친구 맺기, 이를 조건으로 공개되는 '함께 아는 친구' 리스트와 정보는 전혀 모르는 타자와는 단절하고 원하는 사용자들과는 유대감과 소속감을 느끼게 할 수도 있다. 실제로 이러한 사적인 공간의 느낌을 제공하는 기능은 소셜 미디어의 인기 요인이기도 하다(Standage, 2013/2015).

그러나 개인의 계정은 소셜 미디어 회사에 의해 제공된 것으로 미디어 플랫폼과 시스템도 그 회사에서 관리되고 운영된다. 사용자가 자신의 정보를 어떻게 관리하는지와 무관하게 회사의 보안 상황에 따라 사용자의 정보가 공개될 수 있다. 2015년 영국의 정치 컨설팅 회사인 케임브리지 애널리티카Cambridge Analytica가 페이스북 사용자들의 개인 정보를 불법적으로 수집해 미국의 테드 크루즈Ted Cruz 상원의원의 대선 캠프에 제공한 사례가 있다. 페이스북은 이 사건으로 인한 미국 내 개인 정보 유출 피해자의 인구가 무려 8,700만 명으로 추산된다고 밝혔다(Kozlowska, 2018).

정치적 이유로 소셜 미디어의 사용자 정보가 유출되거나 게시물에 대한 검열이 이루어지기도 한다. 트위터나 페이스북의 사용을 금지하는 중국에서 가장 인기가 많은 소셜 미디어인 웨이보의 경우, 중국인 사용자 수억 명의 미디어 이용이 체계적으로 검열받고 있으며, 중국 내 여론을 통제하는 수단으로 사용하기도 한다(Standage, 2013/2015). 또한 소셜 미디어 회사는 사기업이며 광고 유치를 통해 대부분의 수익을 창출한다(Standage, 2013/2015). 광고주를 중요하게 고려해야 하는 이와 같은 상황에서 소셜 미디어(특히 페이스북)는 광고

그림 82 파놉티콘의 개념을 기반으로 만들어진 쿠바의 프레시디오 모델로Presidio Modelo 감옥.

주의 마케팅 활동을 위해 회원들의 데이터를 사용하기도 한다.

이처럼 다수 사용자의 정보가 미디어 회사, 기업, 정부 등 소수에 의해 감시되고 남용되는 사생활 침해는 파놉티콘panopticon의 속성을 닮아 있다. 파놉티콘은 모두라는 뜻의 라틴어 pan과 본다는 뜻의 라틴어 opticon이 결합한 용어다. 산업 혁명이 진행 중이던 18세기 후반, 영국의 철학자이자 법학자인 제레미 벤담Jeremy Bentham이 노동자와 생산 과정을 효율적으로 감시하기 위한 시설의 설계 방안을 고민하면서 생겨난 개념이다. 그는 이를 감옥의 구조에 적용하였고 결국은 감옥 건축의 한 양식을 일컫는 개념으로 사용되었다. 파놉티콘은 중앙에 감시탑이 위치하고 그와 마주 보는 수많은 감방이 감시탑을 원형으로 둘러싼 구조다. 감시탑의 간수는 한꺼번에 많은 감방을 감시할 수 있지만 수감자들은 감시탑에서 비추는 밝은 조명 때문에 간수가 보이지 않는 상황에서 감시당한다.

파놉티콘은 인터넷 시대에서도 여전히 유효한 개념이다. 소셜 미디어를 포함한 온라인 공간에서 우리가 필요로 입력한 개인 정보 데이터, 예를 들면 거주지, 신용 카드 정보, 온라인 쇼핑몰에서의 구매 명세 등, 이용자의 정보는 정부나 기업과 같은 소수의 통제자들에게 우리도 모르는 새 수집되고 감시된다. 현대 사회의 이러한 새로운 유형의 감시를 전자 파놉티콘Electronic panopticon이라고 부른다(Lyon, 1994).

소셜 미디어는 이러한 전통적인 형식의 감시와 통제에 더하여 그에 반하는 새로운 감시 체제를 추가했다. 누구나 정보를 검색할 수 있는 인터넷 환경과 개방적인 소셜 미디어 플랫폼의 특성 때문에 감시자와 피감시자의 구분이 모호해지고 서로서로 감시하는 여건이 조성된 것이다. 따라서 다수가 소수를 감시하는 역파놉티콘Reverse panopticon이나 사용자들이 동시에Syn 서로를 응시하는opticon 시놉티콘 Synopticon 형태의 감시가 더해졌다(홍성욱, 2001).

소셜 미디어 공간에서 중요한 것은 뜻을 전달하는 발언 기능도 공존한다는 사실이다. 특히 감시의 시선이 편견이 되고 발언의 내용이 비난과 폭언이 될 때 그 두 가지가 결합하면 가해 행위가 될 수 있다. 소셜 미디어는 역파놉티콘이나 시놉티콘의 특성으로 인해 이 가학의 주체가 소수에서 다수로 늘어나 심각한 문제가 양산되고 있으며 특히 그것이 극심한 사생활 침해나 폭력으로 연결되면서 그 심각성은 더 무거워진다.

소셜 미디어상의 폭력은 주로 특정인의 소셜 미디어 계정에 무분별한 댓글로 사생활에 간섭하는 언어폭력이나, 채팅앱에서 일어나는 언어폭력, 소셜 미디어에 선정적이거나 굴욕적 동영상과 사진 등을 유포하는(혹은 그렇게 하겠다고 협박하는) 등의 인권 침해 유형을 들 수 있다. 특히 파놉티콘과 시놉티콘의 개념이 '보는 것'과 연관되었듯, 이들 폭력 역시 시각 이미지 게시물과 맞물려 행해진다는 점에서 영상 이미지를 사용하는 소셜 미디어를 통해 더 심화하는 경향이 있는 것으로 보인다.

2019년 그룹 f(x)의 멤버 설리의 자살은 소셜 미디어를 통한 심각한 언어폭력과 인권 침해, 이를 활용하는 매스 미디어의 문제를 극명하게 드러낸 비극적 사례다. 그녀의 소셜 미디어에 게시된 영상과 사진, 그리고 그녀가 진행하는 소셜 미디어 생방송 등에 쏟아지는 악성 댓글과 확인되지 않은 악성 루머가 자살의 주요 원인으로 지목되었다. 국내의 일간지와 방송사 등 매스 미디어도 소셜 미디어 게시물을 가져와 사실과 다른 논란을 생산하거나 소셜 미디어에 달린 악성 댓글을 그대로 기사화하는 등 자극적 기사 생산에 열을 올렸다. 특정 방송 프로그램은 악플 자체를 방송 콘텐츠로 삼아 언어 폭력을 희화화했고, 설리는 방송 출연 4개월 후 악성 댓글로 인한 괴로움을 토로하는 메모를 남기고 스스로 목숨을 끊었다. 악성 댓글에 대처하는 연예인의 모습을 이용한 이 프로그램은 가학적이라는 비판과 논란 아래 결국 폐지되었다. 한국 사회의 매스 미디어가 얼마나 프로그램의 흥행에 집착하여 개인의 고통과 인권 침해에 무감한지를 드러낸 사건이다.

2) 소셜 미디어와 사이버 폭력

소셜 미디어는 시놉티콘의 특성으로 인해 쉽게 폭력과 연결된다. 특히 2017년 폭력에 가장 많이 사용된 가해 수단이었으며, 2018년에 채팅앱이나 메신저에 이어 두 번째로 많이 활용된 것으로 드러났다(최두진 외, 2018). 다양한 사이버 폭력의 유형 중 가장 많이 발생하는 것은 언어폭력이었지만(최두진 외, 2018), 영상이나 사진 등 이미지를 이용한 폭력도 그 심각하다. 그 위중함을 보여 주는 사례를 주로 청소년 폭행 사건에서 찾을 수 있다. 또래 간 집단 폭행을 촬영하고 소셜 미디어에 게재하는(혹은 그렇게 하겠다고 협박하는) 행위 등으로 나타난다. 가해자들은 주로 신고를 막기 위해 협박을 하면서도 신고 여부와 무관하게 영상을 유포하기도 한다. 이러한 가해 행위는 동영상 촬영이 손쉬운 모바일폰, 영상을 쉽게 업로드할 수 있는 인터넷 환경이 조성된 이래 꾸준히 일어나고 있으며 중고등학교의 경우 학교 폭력의 제3 유형이 되고 있다. 피해 학생은 정상적으로 학교생활을 하기 어렵고 언제든 공격을 받을 수 있다는 불안감을 떨쳐내지 못한다.

노르웨이의 심리학자 댄 올베우스Dan Olweus는 학교 폭력의 피해자와 그를 둘러싼 다양한 역할의 학생들을 제시한다. 가해자The Bully/Bullies, 추종

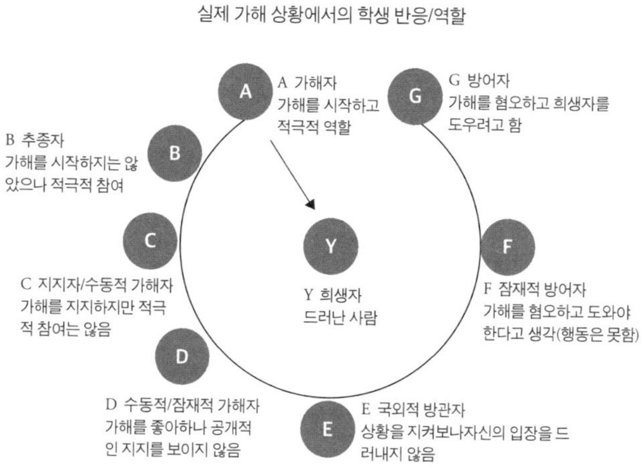

그림 83 댄 올베우스의 가해 원형

자Followers/Henchman, 지지자Supporters, 수동적 가해자Passive Bully, 수동적 지지자 Passive supporters, 잠재적 가해자Possible bully, 국외적 방관자Disengaged Onlookers, 잠재적 방어자Possible Defenders, 방어자Defenders of the Victim 유형에 속하는 이들이 가해 원형Bully Circle을 이룬다고 그는 말한다(Olweus, 2003).

폭력 상황에는 이렇듯 다양한 역할이 있을 수 있지만, 이들 모두에게 공통점이 있는데 그것은 바로 피해자가 겪는 가혹 행위를 목격한다는 점이다. 같은 공간에서 모든 이들이 동시에 사건을 목격한다면, 그 목격자의 수는 시공간적 여건에 따라 제한적이다. 하지만 이 행위가 영상 이미지가 되고 소셜 미디어 공간으로 이동할 때, 가해자와 추종자를 제외한 나머지 유형에 속하는 목격자의 수는 짐작할 수 없을 정도로 커질 수 있다. 결국 불특정 다수가 소수의 피해자를 응시하는 시놉티콘 형식으로 시선이 증식한다.

피해자의 경우, 이 상황에서 사건 현장을 목격한 누군가에게 도움받고자 할 것이다. 이때 필요한 시선은 방어자의 시선일 것이다. 하지만 철저히 가해자의 시각에서 영상이 촬영되고 소셜 미디어에 유포되면 어떤 목격자든 결국은 가해자의 입장으로 폭력 행위가 전달될 것이다. 거기다 가해자의 시선을 체화한 불특정 다수의 목격자는 이 게시물에 폭행을 정당화하고 피해자를 조롱하게 될 가능성도 매우 크다.

가해자의 행위와 시선은 피해자가 벗어나고 싶은 폭력이기 때문에 결국 소셜 미디어를 통해 (가해자의 행위와 시선을 고스란히 담은) 폭행 동영상을 유포하는 것 역시 또 다른 유형의 폭력에 해당한다. 또한 이를 찾아서 보거나 공유하는 이들은 비록 방관자나 잠재적 방어자의 역할에 해당한다 해도 사이버 공간으로 옮겨온 또 다른 폭력을 퍼뜨린다는 점에서 결코 폭력 행위와 무관하지 않다. 소셜 미디어를 통한 영상 이미지의 사용에 윤리적 사유와 책임감이 따라야 하는 이유다.

2) 욕망과 허상의 추구: 소셜 미디어 스타되기

소셜 미디어의 주된 커뮤니케이션 수단이 영상 이미지로 이동하면서 나타난 또 다른 현상은 소셜 미디어가 스타를 만들어 내는 미디어로도 기능한다는 것이다. 게다가 유명 유튜버나 스트리머의 경우 연예인을 능가하는 인기를 얻고 큰 경제적 수익을 얻기도 한다. 특히 소셜 미디어에서의 인지도와 경제적 수익의 관계는 어떻게든 소셜 미디어에서 유명해지고자 하는 사용자의 욕망을 부추긴다.

유튜브는 경제적 수익을 올릴 수 있는 대표적 소셜 미디어 플랫폼이다. 유튜브에서 수익을 창출하는 방법은 여러 가지가 있는데, 동영상 광고의 게재를 통한 광고 수익, 특정 채널의 회원들이 지불하는 이용료, 각종 브랜드 상품의 판매, 채팅 메시지의 강조 도구 판매, 유튜브 프리미엄 구독자의 구독료 등을 들 수 있다. 수익을 창출하기 위해서는 일정 인원수 이상의 구독자가 확보되어야 한다. 광고 수익도 광고 시청자 수에 따라 수익이 나기 때문에 어떻게든 많은 이들에게 노출될수록 유리하다. 시청 횟수와 구독자 수를 늘리려는 과정에서 문제가 나타나기도 한다.

수익을 창출할 수 있는 소셜 미디어는 유튜브만이 아니다. 한국의 아프리카 TV는 유튜브처럼 구독과 광고에 따른 수익을 제공하지만 그에 더해 별풍선이라는 독특한 수익 창출 방식을 가지고 있다. 별풍선은 온라인상에서 통용되는 화폐의 일종인데 시청자들은 별풍선을 구입해 이를 BJ라고 불리는 아프리카 TV의 스트리머에게 선물할 수 있다. BJ는 이를 현금으로 전환할 수 있다. 특히 선물하는 별풍선의 액수와 이에 대한 BJ의 반응이 공개적으로 노출되는 까닭에 별풍선을 둘러싼 부작용을 낳기도 한다.

소셜 미디어 플랫폼의 방송 콘텐츠는 일방향 커뮤니케이션 방식으로 운영되어 온 텔레비전 방송과는 달리, 시청자와 동등한 입장의 소셜 미디어 사용자가 자신의 관심 분야 혹은 스트리밍 가능한 분야를 파고들어 제작함으로써 공중파 텔레비전에서는 좀처럼 다루지 못하던 다양하고 세분화된 내용을 제공한다. 특히 먹방처럼 개인적으로 실현하기 어려운 일에 대리만족을 줄 수 있는 콘텐츠, 패션, 뷰티, 엔터테인먼트 등과 같이 개인적으로 흥미를 가진 특정 분야에 대한 정보를 제공하는 콘텐츠, 장난감 놀이 등과 같이 바쁜 일상에서 자신의 역할을 대신해 줄 수 있는 콘텐츠의 인기가 높다. 이러한 콘텐츠는 방송 프로그램에 대한 전문적인 지식 없이도 기획 및 제작될 수 있기에, 예상치 못한 배경의 매우 다양한 이들이 스타가 되기도 한다.

비전문적인 소수 집단에 의해 운영되는 채널에서 나타날 수 있는 문제가 바로 노동법 관련 문제다. 이와 관련한 사례를 살펴보자. '보람튜브 토이리뷰'는 2018년 8월부터 2019년 7월까지 한국에서 가장 많은 소득(연간 소득 약 48억으로 추정)을 올린 유튜브 채널이었다. 장난감을 가지고 노는 모습을 보여주는 이 채널의 운영자는 놀랍게도 2013년에 출생한 어린이였다. 세계적으로도 이와 유사한 사례들이 있는데, 2019년 세계에서 가장 많은 소득을 벌어들인 유튜버는 "라이언 토이스 리뷰Ryan Toys Review"라는 채널의 운영자로 2012년생 어린이다(이진원, 2019).

이처럼 아동이 유튜버로 활동하는 경우 채널의 실질적 운영과 수익 관리는 성인이 관여할 수밖에 없고, 프로그램 주인공은 물론 어린이 시청자들에게도 부적절한 콘텐츠를 생산하기도 한다. 이 채널은 아동의 정서적 학대에 해당할 수 있다는 우려와 함께 한 어린이 구호 국제 기구가 이 채널을 고발하기도 했다. 콘텐츠를 통해 드러나는 문제뿐만 아니라, 콘텐츠 제작 과정에서도 고려할 점은 많다. 가령 촬영에 소요되는 시간, 정당한 수익의 분배, 아이의 사생활 보호를 위한 노력 등이 제대로 이루어지고 있는지 따져 봐야 한다.

시청자의 호응과 관심, 이를 기반으로 한 구독과 참여가 스타를 만들 수 있다는 점에서 일부 유튜버나 BJ에 의해 자극적이고 선정적인 영상이 제작되고 유포되는 윤리 문제 또한 자주 발생한다. 아프리카 TV의 경우, 시청자가 BJ에게 별풍선을 선물하는 이유는 다양하겠지만, 시청자 개인의 특정한 요구를 들어주는 일도 심심찮게 일어난다. 시청자와 BJ 간에 권력 구조가 생겨나며 오프라인으로도 관계가 이어져 계약 연애, 성매매, 음란물 생산 등이 벌어지기도 했다.

2017년 미국의 미네소타주에서 동거 중이던 젊은 커플이 유튜브 스타가 되기 위해 하드커버 백과사전으로 총알을 막는 장면을 유튜브를 통해 생중계하려는 계획을 세웠다. 당시 임신한 상태였던 십대 여성은 양장본 백과사전을 가슴 부위에 대고 있던 남자 친구를 향해 권총을 쏘았다. 총알은 사전을 관통했고 남자 친구는 그 자리에서 숨졌다. 촬영 현장에는 이를 지켜보려는 이웃 주민들과 그들의 세 살짜리 딸도 있었던 것으로 알려졌다 (Wright, 2018).

소셜 미디어의 방송 플랫폼을 위한 영상물은 윤리 측면에서 신중하게 제작되어야 한다. 다수의 영상물을 소수 인원이 기획 및 생산하기 때문에 윤리적 성찰의 과정이 결여되기 쉽고, 업로드된 수많은 영상물의 윤리적 측면을 미디어 운영자가 일일이 검토하는 데도 한계가 있기 때문이다.

소셜 미디어의 수용자는 성인뿐만 아니라 어린이에 이르기까지 다양하며 누구나 방송 채널을 운영할 수 있다. 손쉽게 접할 수 있는 미디어이므로 어린이에게도 선망의 대상이 되기도 한다. 실제로 2019년 교육부와 한국 직업 능력 개발원이 시행한 초중등 진로 교육 현황 조사 결과, 초등학생들의 장래 희망으로 유튜버처럼 인터넷 방송을 제작하고 운영하는 '크리에이터'가 3위를 차지했다(남윤서, 2019).

소셜 미디어 영상물은 주로 가족이 모여 시청하는 텔레비전 프로그램과는 달리 개인적으로 시청하는 경우가 많다. 이러한 시청 환경으로 인해 자극적이고 선정적이며 무모한 콘텐츠가 미성년자에게 쉽게 노출될 수 있고 그것이 모방으로 이어질 수도 있다. 소셜 미디어 콘텐츠를 생산하는 개인이 영상에 대한 윤리적 성찰이 필요하지만 그에 못지 않게 소셜 미디어 서비스를 운영하는 기업의 섬세하면서도 적극적 규제가 필요하다. 사회 차원에서 시청 지도가 이루어져야 하며 관련 정책도 세심하게 만들어가야 한다.

REVIEW

- 인터넷상에 유포된 특정 영상이나 메시지가 조작된 것이라는 의심을 해 본 적이 있는가? 어떠한 요소에 의해 영상이나 메시지의 진실성을 판단하는가?
- 사회·정치·경제적인 사건에 대해 텔레비전, 신문, 유튜브 사이의 견해가 서로 다를 때 어떠한 미디어를 더 신뢰하는가? 그 이유는 무엇인가?
- 설리가 진행자로 출연했다가 그녀의 자살과 함께 폐지된 케이블 TV 프로그램 〈악플의 밤〉은 악성 댓글의 심각성을 더 잘 드러내는가 아니면 희석시키는가? 이러한 프로그램이 시청자를 위한 것인지 아니면 악성 댓글에 시달리는 유명인들을 위로하기 위한 것인지 생각해 보자.
- 소셜 미디어 방송 플랫폼의 인기 콘텐츠인 먹방은 주로 많은 양의 음식을 과식하는 장면을 내보낸다. 이러한 방송은 혼자 식사를 하는 1인 가구 생활인들에게 위로를 주거나 폭식을 대신하여 스트레스 해소에 도움을 준다는 평가가 있다. 먹방은 그러한 점에서 긍정적인가? 아니면 신체에 가하는 학대 행위이며 시청자가 그것을 모방할 가능성이 있다는 점에서 부정적인가?

ZOOM IN

- 다음의 기사를 읽고 가짜 뉴스에 맞서기 위해 어떠한 조치와 행동을 할 수 있을지 생각해 보자.

"거짓과 진실 싸움 넘어 거짓과 거짓 싸움" SNS 자화상 | 김호기 | 〈한국일보〉 | 2020. 1. 7.

- 소셜 미디어의 진화를 살펴보고 그 과정에서 나타난 소셜 미디어의 특성에 대해 사유하기 위해 다음을 읽어 보자.

《파피루스에서 페이스북까지 소셜미디어》 | 톰 샌디지 | 노승영 옮김 | 열린책들 | 2015 | pp.317~351(11장 소셜미디어의 부활: 아파넷에서 페이스북까지)

10장

디지털 시대의 영상 윤리 정립을 위해

영상 문화 콘텐츠는 사회를 변화시키고 또 다른 문화의 도래를 이끌고 있다. 앞서 살펴보았듯, 새로운 기술을 기반으로 한 영상 미디어는 우리 사고와 생활에도 영향을 미치고 있다. 디지털 시대에 이르러 영상의 제작과 유통, 소비와 소유 등은 과거와 달리 전문가뿐만 아니라, 다양한 주체들이 참여하게 된다. 따라서 디지털 시대를 살아가며 영상 문화를 누리는 모든 이들은 영상물의 내용과 아울러 제작 과정, 미디어 특성, 유통, 소비, 소유에 대한 제도와 윤리 문제를 이해해야 한다. 이 장에서는 영상 콘텐츠와 더불어 전통적인 영상 미디어인 텔레비전과 영화에서부터 디지털 환경을 기반으로 새롭게 진화 중인 영상 분야에 이르기까지 윤리를 짚어 본다.

1. 영상의 폭력성과 선정성

인터넷 시대에 소셜 미디어로 전파되는 영상의 부정적인 면은 폭력성과 선정성으로 압축될 수 있다. 이러한 측면이 단지 콘텐츠의 무제한 확산을 보장하는 인터넷 기술과 대중의 인기도를 추구하는 소셜 미디어의 특성에서 기인한 것일까? 올드 미디어인 영화와 텔레비전 시대의 영상 문화는 폭력성과 선정성 문제가 없었을까? 특정 미디어와 무관하게 영화와 텔레비전, 게임 등에 이르기까지 다양한 영상물을 둘러싼 선정성과 폭력성 문제는 이미 과거부터 공론화되어 온 문제다.

영상의 선정성과 폭력성은 특정 미디어나 장르의 속성 때문이라기보다 문화산업 시장의 사회 변화를 통해 더욱 드러났다. 커뮤니케이션 미디어가 인쇄 미디어에서 영상 미디어, 즉 텔레비전으로 변화하면서 대중은 일상적이며 쉽고 재미있는 콘텐츠에 열광했다. 또한 1970년대 이후 전 세계로 서서히 확산된 포스트모더니즘 문화는 자유와 다양성을 중시하면서 육체, 욕망, 상업적 대중문화 등이 중심이 되는 문화산업 시장을 확장시켰다. 대중은 다양한 문화 상품을 원했고, 선정적·폭력적 표현물은 대중의 욕망을 증폭시키고 한편으로는 충족시키는 역할을 하게 되었다. 방송 또한 시청자의 요구와 방송사의 시청률 경쟁으로 인해 프로그램 내용의 폭력적이고 선정적인 표현의 허용 기준치를 높였다. 이와 같은 환경 변화는 사회적, 정치적, 경제적 세계화를 위해 용인되었던 탈규제 정책과 맞물려 보다 빠르게 이루어지고 확산되었다(한국방송영상산업진흥원, 2000)

이러한 사회문화적 환경은 영화, 뮤직비디오, 광고 등과 같은 영상 분야에도 영향을 미쳤다. 광고는 소비자의 무의식적 기재를 활용하기 위해 섹스어필을 이용했고, 선정적 장면의 사실적인 재현을 위해 예정되지 않고 합의되지 않은 강제 행위로 영화를 찍기도 했다(이에스더, 2016). 뮤직비디오는 지상파 텔레비전보다 음악 전문 케이블 채널이나 온라인 미디어를 통해 주로 방송되기 때문에 표현 수위를 더 높였다. 따라서 영상의 폭력성과 선정성은 사회문화적 체계와 인식의 변화, 그리고 이를 가속화한 영상 미디어의 확산과 무관하지 않다. 그것이 결국 현시대의 영향력 있는 인터넷 기반 소셜 미디어로 전이되고, 이제는 영상 소비자들까지 폭력적이고 선정적인 재현에 가담하게 되었다고 보는 것이 옳을 것이다.

결국 미디어 환경의 변화가 가져온 선정성과 폭력성에 소비자가 가담하면서 더욱 그 수위가 높아졌고, 수많은 사회적 문제들을 발생시켰다. 2019년 각종 성착취 음란물을 생산하고 텔레그램의 단체 채팅방을 통해 거래한 충격적인 N번방 사건이 그 대표적인 사례이다. 또한 일간베스트나 메갈리아 등과 같이 이성 혐오와 성차별을 담은 극단적 표현 사용으로 과격한 성별 갈등을 조장하는 온라인 커뮤니티들도 등장했다. 이들은 자신의 기존 신념에 부합하는 영상 게시물과 정보만을 편향적으로 제공하여 제한적인 정보에 스스로를 가두고 온라인 방송이나 인터넷 커뮤니티를 통해 서로에 대한 폭력적 비난과 가짜 뉴스 생산을 일삼고 있다.

이와 같은 기존 사례는 새로운 영상 기술과 문화가 등장할 때에도 다시 영향을 미칠 수 있다. 디지털 기술을 기반으로 창조된 메타버스metaverse와 같은 환경이 경제적, 문화적으로 새로운 가치를 형성하고 있음에도 윤리에 대한 성찰을 지속해야 할 필요가 바로 여기에 있다.

트위터, 페이스북, 인스타그램 등과 같은 기존 소셜 미디어의 경우, 사용자가 생산한 콘텐츠가 그들의 정체성, 일상, 활동을 보여 주는 대체물로 존재한다. 하지만 메타버스는 사용자가 그 세계에서 매우 주체적인 자아로 등장한다. 즉 메타버스는 또 다른 자아인 아바타를 통해 이용자가 미디어 속 주인공으로 활동한다. 이처럼 사용자가 현실 세계에서처럼 주체적임에도 불구하고 메타버스 세계는 현실 세계가 아니라는 점에서 복잡한 윤리 문제가 발생한다. 참여자는 이 가상의 영상 세계에서 자신이 하고 싶은 대로 할 수 있지만, 가상적 실체라는 존재론적 인식이 강하다 보니 그 세계의 다른 존재자에 대한 인식도 현실과 같아야 하는지 혹은 달라야 하는지에 대한 구분이 모호할 수 있다. 메타버스에서 만나는 인물(아바타), 동물, 사물 등 모든 대상이 지닌 현실에서의 존재감이 희석될 우려가 있고, 이것은 현실에서 인간관계와 사회성에 다시 위협을 가할 수 있다.

가상 세계는 접속하는 순간에만 존재하고 일상에서 지나치는 공간임에도 불구하고 그 세계의 삶에 크게 익숙하게 된다면, 사회를 구성하고 그 구성원들이 어떻게 상호 작용해야 하는지에 대한 실제적 경험이 점점 사라져 실제 현실 사회 체계가 빈약해질 우려도 있다. 결국 현실에 존재하는 부도덕한 일이 가상 세계로 반영될 수 있고, 반대로 그 안에서 일어나는 일이 현실로 고스란히 연장될 수 있다. 즉 현실 세상에서 가능한 폭력도 성추행도 이 가상 공간에서 모두 발생 가능하며 이 공간에서 이루어지는 부정 행위가 이른바 '현실 도피'처럼 현실로 확장되어 일어날 위험도 있다.

2. 영상의 윤리 문제에 대한 사회적 대응

영상의 폭력성과 선정성이 지닌 사회적 영향의 심각성을 고려할 때, 개인에게만 모든 책임을 전가할 수는 없다. 세계 각국은 앞에서 설명한 영상 미디어의 발전이 내포하는 사회적 위험을 충분히 인식하고, 그 실효성에 대해 많은 논쟁이 있지만 창작의 자유를 허용하면서도 시청자를 윤리 문제로부터 보호하기 위한 사회 규제를 이미 시행하고 있다. 우리나라에서 시행해 온 미디어의 폭력과 선정성에 대한 사회 규제 정책을 살펴본다.

1) 영상물 및 텔레비전 등급제

우리나라를 비롯한 많은 국가가 연령에 적합한 영상물 콘텐츠를 등급으로 제시하여 보호자에게 미성년자의 시청을 지도하도록 정보를 제공하는 것을 목표로 하는 등급제를 실시하고 있다. 등급제는 미디어 내용을 정부가 사전에 검토하여 유통 권한을 준다거나 특정 표현에 개입하는 사전 검열과 달리, 콘텐츠 생산자가 스스로 그 내용을 평가하고 시청자에게 폭력, 선정 등 우려되는 내용의 정보를 제공하도록 하는 자율 규제에 속한다. 따라서 영상물에 표시된 등급을 고려해서 미성년자에게 해당 영상 시청 허용 여부는 온전히 보호자의 몫이다. 대부분 연령에 따라 등급을 적용하거나 우려되는 내용을 기호로 표시하기도 하는데, 영상물 등급은 각국의 문화적 허용도와 매우 밀접해 동일한 영화가 나라에 따라 상이한 연령 등급을 달고 개봉된다. 한 나라에서도 등급을 분류하는 주체와 규제 정도도 다르다. 한국의 경우 크게 영상물 등급제와 텔레비전 등급제로 구분되는데, 영상물 등급제는 영상물등급위원회, 텔레비전 등급제는 방송사 자체적으로 영상 제작물에 대한 등급을 결정한다. 넷플릭스와 같은 글로벌 구독형 스트리밍 서비스(SVOD)는 연령 등급과 더불어 세부적인 우려 내용을 기호로 표시한다.

영상물 등급제는 극장에서 상영되는 영화, 디스크(블루레이) 등의 미디어나 저장 장치에 기록되거나 인터넷, VOD 등을 통해 시청 가능한 비디오물에 대해 적절한 시청 연령을 제시하는 제도다. 등급 심의의 기준 항목으로 영상물에 나타난 주제, 선정성, 폭력성, 언어, 약물, 공포, 모방 위험 등을 구분하여 영상물의 시청 연령을 결정한다. 시청 연령은 전체 관람가, 12세 관람가, 15세 관람가, 청소년 관람 불가, 제한 상영가로 구분되며 제한 상영가에 해당하는 영상물의 경우 지정된 특정 상영관 혹은 비디오 소극장에서의 시청만이 허용된다.

텔레비전 등급제는 방송사 자체 심의를 통해 등급을 결정하며 등급의 구분은 영상물 등급제보다 세부적이지만 등급 책정의 기준은 영상물의 주제, 폭력성, 선정성, 언어 사용, 모방 위험 등으로 다소 단순하다. 텔레비전 등급제의 연령은 모든 연령 시청가, 7세 이상 시청가, 12세 이상 시청가, 15세 이상 시청가, 19세 이상 시청가로 나뉜다. 19세 이상 시청가에 해당하는 방송 프로그램의 경우 청소년 시청 보호 시간대에 방영할 수 없다. 청소년 보호 시간대는 지상파를 기준으로 평일 7~9시 및 13~22시, 토요일, 일요일, 공휴일 및 초중고교 방학 기간 중 7~22시 등으로 규정되어 있다.

텔레비전 시청은 주로 가정에서 행해지므로 이러한 등급제의 실효성이 불명확한 것이 사실이다. 이로 인해 미국, 캐나다, 브라질과 같은 나라에서는 텔레비전에 V칩(Violence Chip)과 같은 기능을 장착하도록 의무화되어 있다. 이는 보호자가 설정한 등급 이상의 프로그램이 어린이나 청소년에게 노출되지 않도록 시청을 제한하는 텔레비전 수상기의 자체 기능이다.

2) 게임 분야의 규제 정책

다른 영상 콘텐츠처럼 디지털화되면서 게임을 통해 전달할 수 있는 유희 거리가 다양해지고, 영상을 통해 제시할 수 있는 표현 대상의 폭이 넓어졌다. 게다가 실감 나는 체험을 가능하게 하는 가상 현실이나 증강 현실 등을 적용해 스펙터클이나 긴장감, 이로 인한 몰입감 등이 점차 높아지는 추세다.

또한 게임을 할 수 있는 미디어나 유통도 온라인 환경과 결부되면서 게임 이용자는 쉽게 원하는 게임을 즐길 수 있게 되었다. 2020년 만 10~65세 연령대 약 3,000명의 게임 이용자를 대상으로 분야별 이용률을 조사한 결과 모바일 게임이 91.1%로 1위, PC 게임이 59.1%로 2위를 차지한다는 사실은 보편화된 장비를 통해 쉽게 즐길 수 있는 온라인 게임의 높은 선호도를 보여 준다(장은혜 외, 2020).

이처럼 디지털 기술과 온라인 환경은 게임 산업의 확장과 게임 이용자의 자유로운 콘텐츠 향유를 가속화한 중요한 요인이지만 이로 인해 다양한 사회 문제가 나타나기도 한다. 그중에서도 대표적으로 아동 및 청소년의 장시간 게임 이용이 낳을 수 있는 게임 중독 문제나 이용자의 연령에 맞지 않는 선정성과 폭력성을 띤 부적합한 콘텐츠 이용 문제 등을 들 수 있다.

이러한 문제는 게임 중독에 취약한 특정 이용자층이나 게임을 통해 이윤을 얻으려는 기업의 자율적 의지만으로 해결되기 어렵다는 점에서 정부나 전문 기관의 정책이 개입되기도 한다. 특히 정부 정책으로 특정 시간대 혹은 이용 누적 시간을 기준으로 게임이 자동 종료되는 게임 셧다운제를 들 수 있다. 셧다운제는 강제성을 띠는데 이는 아동이나 청소년에게 심각한 신체적 정신적 피해를 줄 수 있는 게임 중독의 방지와 치료가 개인적인 문제가 아니라 정부가 개입해야 할 문제라는 인식을 기반으로 하고 있다. 하지만 그 실효성과 지나친 강제성 및 중복 규제 문제, 게임 산업에 대한 막대한 영향으로 논란의 대상이 되었다.

또한 이러한 규제는 사전 검열이 아니지만 온라인 게임 콘텐츠의 다양성이나 범주의 확산을 저해하는 요인이 될 수도 있다. 주로 16세 미만 청소년에 초점을 맞춘 규제이다 보니 이를 피하기 위해 게임사들이 16세 이상 이용자를 대상으로 하는 게임 개발에 집중할 가능성이 있다. 규제를 피하기 위해 청소년 게임 이용자가 저지르는 비윤리적 혹은 불법 행위도 부작용 중 하나다. 규제가 적용되지 않는 이용자로 게임을 즐기기 위해 부모나 다른 성인의 계정을 불법 도용하는 경우를 들 수 있다.

게임 셧다운제는 한국뿐만 아니라 이미 해외에서도 시행된 바 있는 국제적 제도이지만, 위에서 거론한 것과 같은 부작용들로 인해 많은 나라에서 폐지했거나 유명무실하게 유지하는 제도이기도 하다. 2003년 셧다운제를 도입한 태국은 실명 인증 제도의 약점 때문에 타인의 계정이 도용당하는 부작용이 심해져 결국 규제를 폐지했다. 2007년부터 쿨링오프제와 유사하게 다섯 시간 내로 온라인 게임 이용 시간을 제한하는 제도를 시행한 중국은 규제 실효성에 대한 불신과 게임 산업을 장려하는 정책 방향으로 인해 해당 제도를 폐지했다. 2011년부터 셧다운제를 실행한 베트남은 이 규제가 적용되지 않는 PC 패키지 게임 혹은 외국의 온라인 게임으로 이용자가 몰리면서 사실상 유명무실한 제도가 되고 말았다. 이러한 부작용으로 인해 셧다운제를 폐지한 영국과 미국은 민간 단체나 기관을 중심으로 게임 중독에 대한 예방과 치유를 위한 프로그램 및 가이드라인을 개발하고 이를 활용하고 있으며 일본은 게임업계와 가정의 자발적 관리를 권하고 있다(이승우, 2018).

게임 중독 문제로 인해 이용 시간을 제한하는 강제적 규제 외에도 이용자 연령에 적합한 게임 콘텐츠를 구분하기 위한 제도도 있다. 게임 콘텐츠에 연령에 맞도록 등급을 부여하는 등급 분류제가 그것이다. 특히 이 제도와 관련하여 국제적 등급 분류 기준 이용에 대한 필요성이 강조되는데, 이는 게임의 온라인 유통과 관련이 있다. 온라인 네트워크 발전으로 게임 생산자는 국경을 초월해 어느 곳이든 게임을 배포할 수 있게 되었고, 게임 이용자도 해외에서 개발된 게임에 접근할 수 있는 기회가 늘어나게 되었기 때문이다. 이러한 상황에서 게임의 연령별 등급 기준과 등급 판정 제도가 국가별로 다르기 때문에 이 상이한 절차를 매번 거치는 것은 결코 쉽지 않을 뿐더러 합리적이지도 못하다. 그렇다고 등급 판정을 생산자의 자율적 판단과 제도에만 맡긴다면 비윤리적 결과를 낳게 될 위험성도 있다.

이러한 문제의식하에 국제 등급 분류 연합 IARC(International Age Rating Coalition)가 발족되었다. 미국의 ESRB(Entertainment Software Rating Board), 유럽의 PEGI(Pan European Game Information), 독일 USK(Unterhaltungssoftware Selbstkontrolle), 브라질 ClassIND(Classificação Indicativa) 등 각국의 등급 분류 기관이 2013년 결합하여 탄생한 연합이다. 현재 IARC는 호주 ACB(Australian Government Classification Board), 한국 GRAC(Game Rating and Administration Committee)을 포함하여 총 6개국의 기관으로 구성되어 있다. 이처럼 다양성 속에서 등급 절차를 합리화하기 위해 IARC는 설문 방식을 사용한다. 국제 표준화가 반영된 설문지를 제공하고, 생산자의 설문 결과를 바탕으로 각 국가 고유의 등급 분류 기준에 맞게 연령 등급을 도출하는 것이다. 현재 구글, 마이크로소프트, 오큘러스, 닌텐도 등이 이 방식을 사용한다(GRAC 홈페이지, 2020).

한국은 선정성, 폭력성 및 공포, 범죄 및 약물, 언어, 사행성 등 다섯 가지 요소를 등급 분류 세부 기준으로 적용한다. 이 등급 분류는 PC, 온라인, 모바일, 비디오 게임물 등에 적용한다. 등급은 총 여섯 가지로 전체 이용가, 12세 이용가(12세 미만 이용 불가), 15세 이용가, 청소년 이용 불가, 시험용(평가용 게임물), 공익 목적(등급면제 게임물) 등으로 구분한다(게임물관리위원회 홈페이지, 2020).

이 제도의 대표적인 장점은 등급 분류의 일관성이다. 어떠한 글로벌 게임 사업자이든 등급 분류를 위한 통일된 설문이 제공되어 어디에서 생산된 게임이든 차별 없이 일관성을 지닌 등급을 부여받을 수 있다. 또한 이로 인해 게임 콘텐츠를 쉽고 빠르게 세계화할 수 있고 이용자들이 다채로운 문화를 향유할 권리를 누린다(신창환, 2020).

게임은 여가 활용, 스트레스 해소, 교육 등과 같은 긍정적 목적과 효과로 우리의 일상 속에 존재해 온 문화 콘텐츠다. 그러나 이를 너무 과하게 사용할 경우 게임 중독이나 유해 콘텐츠의 지속적 노출 등과 같은 심각한 문제를 야기할 수 있다. 이에 대한 정부와 국제적 차원의 규제가 있지만 무엇보다 중요한 것은 올바른 게임을 선택하고 개인의 신체적 정신적 역량을 고려하여 적정 시간 동안 부작용 없이 게임을 즐기는 이용자의 자발적 의지라고 할 수 있다.

3) 잊혀질 권리

회화에서 사진, 사진에서 영상에 이르는 시각 커뮤니케이션 발전에서 나타난 주목할 만한 현상은 작품 생산 기술 장벽이 낮아졌다는 것이다. 이러한 변화와 함께 작품의 복제도 쉬워졌다. 고급 기술과 충분한 시간이 요구되는 회화는 많은 복제품을 만들어 내기에 부적합했다. 반면, 사진은 피사체를 기록한 필름을 또 다른 필름으로 고스란히 옮길 수 있고, 얼마든지 다량 인화를 할 수 있다. 때로는 인화된 사진을 다시 카메라로 촬영하여 또 다른 필름에 기록하면서 다량의 복제품을 손쉽게 생산할 수 있었다.

동영상도 마찬가지다. 필름과 필름 간 복제도 가능했지만 가정용 비디오테이프가 보급된 후 테이프와 테이프의 복제는 더 용이해졌다. 가정용 비디오테이프의 표준이었던 VHS 테이프는 두 대의 VCR(비디오 재생 장치), 혹은 비디오카메라와 VCR의 연결을 통해 가정에서도 손쉽게 복제가 가능했다.

디지털 영상 파일은 개인의 컴퓨터에서 몇 번의 클릭, 혹은 화면 기록 애플리케이션을 통해 보다 빠른 시간 안에 더욱 손쉽게 이루어진다. 복제가 쉬워지면 그만큼 많은 이들에게 복제품이 보급되는 결과를 낳는다. 특히 인터넷 기반 디지털 세계는 텍스트에서부터 동영상에 이르기까지 모든 데이터를 손쉽게 복사하고 저장하며 빠르게 확산시킨다.

이러한 현상에서 아카이브archive의 개념과 형식에 변화가 나타났다. 인터넷을 통해 넓고 깊게 연결된 네트워크를 통해 개인이 손쉽게 복제하고 소장하는 영상, 음원, 텍스트 등 각종 디지털 데이터에 접근하고 공유할 수 있는 시대가 된 것이다. P2P(Peer to Peer) 네트워크 개념의 등장이 이러한 현실을 잘 설명해 준다. 이와 같은 변화는 디지털 아카이브가 더 이상 도서관과 같은 중앙 서버의 형식으로 존재하는 것이 아니라 각 개인의 컴퓨터가 온라인 네트워크를 통해 형성된 메타아카이브에 속한 하나의 저장소가 되어 간다는 것을 뜻한다. 따라서 한 번 형성되고 복제되어 확산된 과거의 디지털 데이터는 짐작조차 힘들 만큼 다양한 불특정 다수의 인터넷 사용자들이 소장될 수 있다. 그만큼 그 디지털 데이터를 완벽하게 소멸시키기는 어려운 세상이 되었다.

문제는 이렇게 삭제하기 어려운, 그러나 손쉽게 복제되고 확산되는 다양한 데이터(사진, 영상, 음성, 그 외 각종 개인 정보 등)가 무분별하게 오남용되고 이는 결국 사생활 침해나 개인 정보 유출로 이어지는 등 사회 문제가 된다는 것이다. 시간이 흘러도 언제든 불특정 사용자들에 의해 소환되고 이슈가 될 수 있는 개인적 자취는 (그것이 자의든 타의든 누가 기록했든 상관없이) 더 이상 그 주체가 통제할 수 있는 영역을 벗어나게 되었다.

이처럼 망각을 불허하는 환경으로 인해 '잊혀질 권리The right to be forgotten'라는 개념이 등장했다. 잊혀질 권리는 삭제되기 어려운 개인적 데이터의 관리와 통제를 국가가 법적으로 행사하는 것을 뜻한다. 특히 유럽연합은 개인정보보호 일반 규정(GDPR: General Data Protection Regulation)을 마련해 개인 정보의 보호를 강화하는 한편, '잊혀질 권리'를 부제로 하는 삭제권Right to erasure이라는 세부 조항을 두어 정보 처리자 혹은 저장 주체가 규정에 따라 개인 정보를 즉시 삭제할 의무를 부여한다. 유럽의 이러한 정책은 인터넷이 광범위하게 보급되기 이전인 1995년부터 이미 삭제권 조항이 포함된 EU 개인정보보호 지침을 통해 수행되어 오고 있다(박용숙, 2016).

그러나 아직 이 제도가 국제적 차원에서 적극적으로 권고 혹은 시행되고 있는 것은 아니다. 미국은 잊혀질 권리보다 표현의 자유에 더 큰 가치를 부여하는 까닭에 극단적인 일부 학자들은 잊혀질 권리의 존재 자체를 거부하기도 한다. 그런데도 제한적인 차원에서 유사한 제도의 필요성이 논의되기도 한다. 일례로 미국의 아동추적금지법(Do Not Track Kids Act of 2011)은 미성년자가 온라인 세상에 남긴 과거의 흔적을 지울 수 있도록 '지우기 버튼Eraser Button'을 인터넷 사이트에 설치하도록 하는 제도다. 또한 캘리포니아주의 '디지털 세계의 캘리포니아주 미성년자 프라이버시권(Cal. Bus & Prof. Code. Chapter. 22.1 Privacy Rights for California Minors in the Digital World)'은 미성년자가 소셜 미디어에 업로드한 게시물에 대해 향후 소셜 미디어 플랫폼에 삭제를 요청할 수 있는 제도다(박용숙, 2016).

한국은 '정보통신망 이용촉진 및 정보보호 등에 관한 법률 제44조 2(정보의 삭제요청 등)이 잊혀질 권리 제도에 해당한다. 이를 통해 대중적으로 공개된 정보 중 사생활 침해나 명예훼손 등의 피해를 받은 경우, 정보 통신 서비스 제공자에게 이를 알리고 삭제 또는 반박 내용 게재를 요청할 수 있다. 또 정보 통신 서비스 제공자는 이 요청에 대해 지체 없는 삭제 혹은 기타 필요 조치를 취할 것을 규정하고 있다(국가법령정보센터). 또한 '인터넷 자기 게시물 접근배제 요청권 가이드라인'을 통해 인터넷 게시물을 작성한 이용자의 요청에 따라 검색 목록에서 배제하거나 게시물 자체를 보이지 않게 하여 타인의 접근을 차단하도록 하고 있다(방송통신위원회, 2016).

정보 유통 환경과 관련한 이론적·기술적 차원의 변화도 나타난다. '정보 만료일Expiration date for information' 개념은 설정된 만료 시간이 지나면 이미 작성되어 유통된 정보가 자동으로 삭제되는 원리다. 이 개념이 적용된 소셜 미디어도 있다. 스냅챗Snapchat, 인스타그램Instagram 등은 개인의 게시물이나 채팅 글 등이 일정 시간 뒤 자동으로 삭제되는, 이른바 휘발성 콘텐츠를 사용하는 소셜 미디어다. 또한 디지털 에이징 시스템(DAS: Digital Aging System)은 게시물 작성자가 주체적으로 게시물의 소멸 시점을 설정할 수 있는 기술이다(박용숙, 2016).

그러나 이러한 제도의 시행이나 이론적·기술적 개념의 적용으로 개인의 잊혀질 권리를 완벽하게 지켜낼 수 있는 것은 아니다. 어떻게든 주목받는 콘텐츠를 만들어 유포하려는 미디어의 성향, 그 소유자를 짐작할 수 없을 정도로 개별 사용자들에게 깊숙하게 침투해 버린 디지털 기록물의 속성, 타인의 인권이나 프라이버시를 고려하지 않는 인터넷 사용자들의 무딘 윤리의식 등은 이 권리의 작동을 저해하는 주요 요인이다. 이러한 문제는 콘텐츠와 미디어를 사용하는 개별 주체의 근본적인 변화가 따라야 비로소 개선될 수 있다.

3. 영상의 소유권과 윤리

영상물에 대한 권리와 윤리 문제가 점차 복잡해지고 있다. 인터넷에는 간단하게 저장하거나 복사할 수 있는 영상물이 넘쳐나고 인터넷을 기반으로 한 소셜 미디어의 사용 과정에서 그것을 가공하거나 유포하는 것이 수월한 일이 되었기 때문이다. 타인의 저작물을 사용할 때 창작물의 권리 침해가 일어날 수 있다는 문제의식을 갖고 영상 문화를 향유할 필요가 있다.

1) 저작권

저작권은 학술적, 문학적, 예술적 문화 산물에 대한 독점적 권리로서, 창작된 모든 저작물을 보호하기 위해 그 저작자가 갖는 고유한 권리를 뜻한다. 저작권이 적용되는 창작물은 어문, 음악, 미술, 건축, 사진, 연극, 영상, 무용, 컴퓨터 프로그램 등이다(김기태, 2000).

저작권 제도는 국제적으로 저작권을 보호하기 위한 목적으로 열린

1886년 '베른협약(Berne Convention for the Protection of Literary and Artistic Works)'을 통해 시작되었고, 1952년 스위스 제네바의 국제회의에서 '세계저작권협약(Universal Copyright Convention: UCC)'이 맺어진 이래로 주요 국가가 시행하고 있다.

베른협약 이전에는 다수의 국가들에 적용될 수 있는 합의된 저작물 보호 기준이 모호했다. 하지만 1886년 영국, 프랑스와 같은 유럽 국가를 중심으로 한 다자간 협약으로 '문화·예술 저작물의 보호를 위한 협약'으로 베른협약이 체결되어 오늘날 저작권 보호에 대한 가장 기본적인 국제적 조약으로 자리매김하고 있다. 그러나 베른협약은 높은 저작권 보호 수준과 무방식주의라는 저작권 보호 조건을 기반으로 그와 반대 노선에 있던 미국이나 보호 수준이 낮았던 개발 도상국 사이에서 가입을 꺼리는 제도이기도 했다. 베른협약의 강력한 저작권 보호 수준이 저작권 수출국이나 서구의 문화적 강국에 절대적으로 유리하다고 생각했기 때문이다. 이러한 문제를 해결하기 위해 2차 세계 대전 이후 유네스코는 미주 국가와 기존 베른협약 가입국의 협의를 통해 보다 다양한 문화적 전통을 가진 국가들 간의 저작권을 보호하기 위해 1952년 세계 저작권 협약을 체결하였다. 이는 베른협약의 체계를 존중하면서도 보다 간단한 절차와 다양한 국가 간의 저작권 보호를 특징으로 한다. 우리나라는 1987년 이 협약에 가입 같은 해 10월부터 제도를 발효하였다.

한편, 지식재산권 보호를 위해 세계지식재산기구(World Intellectual Property Organization: WIPO)가 출범하여 'WIPO 저작권 조약'과 'WIPO 공연 및 음반 조약'을 체결하면서 세계 저작권 협약과 함께 베른협약의 불완전한 부분을 상당 부분 보완하게 되었다(문화체육관광부).

그러나 이러한 국제적 저작권 협약에도 불구하고 저작권 보호가 첨예하게 적용되기 힘들어 타 국가의 도용이 여전히 성행하는 분야들도 있는데 특히 방송 프로그램이 이에 해당한다. 이는 방송 포맷을 아이디어 차원으로 간주해 저작권을 행사할 수 있는 부분으로 인정하지 않거나, 전반적인 프로그램의 진행이나 구성이 흡사하더라도 그 안에 등장하는 개별 요소들의 간단한 변형만으로 저작권 제도를 빗겨 갈 수 있기 때문이다(권하영, 2020). 이미 베른협약에서부터 WIPO 저작권 조약에 이르기까지 저작권 관련 협약이 추가되고, 기존 협약들에 수많은 수정과 보완이 이어져 왔다는 사실은 저작권 제도와 보호가 현존하는 모든 창작물에 완벽하게 적용되기 어려우며 따라서 국경을 초월한 윤리적 인식이 필요하다는 것을 보여 준다.

2) 초상권

파파라치에 의해 의도적으로 몰래 촬영된 유명인들의 사진이나, 누군가가 허락 없이 찍은 연예인 사진 등에서 초상권 침해라는 표현을 익숙하게 들을 수 있다. 초상Portrait은 구체적 의미로 특정인의 모습이나 형태를 사진 혹은 그림으로 옮긴 것을 뜻하지만 광의적 의미에서는 성명, 서명, 음성 등과 같이 그의 정체성을 나타낼 수 있는 많은 것들을 포함한다(박경신, 2009).

초상은 인격적 권리와 재산적 권리로 구분될 수 있는데 전자를 프라이버시권, 후자를 퍼블리시티권이라고도 부른다. 프라이버시권은 개인의 비밀정보를 보호하기 위한 권리로, 해당 정보를 허락 없이 소유하거나 공개하는 것은 침해에 해당한다. 퍼블리시티권은 특정인을 지명의 남용으로부터 보호하기 위한 것으로 이미 언급한 초상의 광의적 요소인 성명, 음성, 정체성 등 그를 인식할 수 있는 모든 것에 대한 보호에 해당한다. 이 두 권리는 통합적으로 작용하므로 프라이버시권의 침해가 곧 퍼블리시티권의 침해로 이어지기도 한다. 따라서 초상권이 단순히 얼굴을 중심으로 포착된 사진에만 적용되는 것으로 여기는 것은 적절치 못하다. 초상권 개념을 보다 명확하게 이해하려면 다음 사항을 고려해야 한다. 첫째, 얼굴을 포함하여 해당 인물을 알아볼 수 있는 외적 특징이 허락 없이 촬영 또는 표현되지 않을 권리(촬영 및 작성 거절권), 둘째, 사진으로 촬영되거나 그림으로 그려진 초상이 허락 없이 공개 및 복제되지 않을 권리(공표 거절권), 그리고 셋째, 초상이 허락 없이 상업적 영리를 위한 목적에 이용되지 않을 권리(초상 영리권) 등이다(박경신, 2009).

그러나 초상권은 인물을 표현한 저작자가 가지는 저작권과 표현된 인물이 가지는 초상권의 이중적 권리에 의해 위와 같은 설명보다 더 복잡한 특성을 갖는다. 예를 들어 제3자가 특정인의 초상 사진을 사용하려면 저작권을 가진 사진 촬영자와 초상권을 가진 초상권자의 허락을 동시에 얻어야 복제 혹은 공표나 전시가 가능한 것이다(박경신, 2009). 이는 우리가 누군가의 사진을 동의하에 찍었다 하더라도 초상권자의 허락 없이 그 원본 사진을 복제하거나 배포하는 것은 초상권 침해에 해당한다는 것을 보여 준다. 초상권자는 위와 같은 초상권 침해에 대해 저작물이 사용되는 동영상 플랫폼이나 블로그와 같은 미디어 업체에 요청하여 그 사용을 중단할 수 있고, 법적 조치를 취하거나 방송통신위원회에 이를 신고할 수 있기 때문에 초상권 침해를 결코 간단한 문제로 간주할 수는 없다.

헌법 제10조에서 모든 국민은 인간으로서 존엄과 가치를 지니며 국가는 개인의 기본적 인권을 보장할 의무가 있다고 명시하는데 인간의 존엄과 가치는 타인의 인격, 성명, 명예, 초상 등에 대한 침범을 금하는 기본권에 기반한다(신현국, 2013). 따라서 초상권은 법적으로 보호받아야 할 권리로 제도화되어 있음과 동시에 타인의 기본권을 존중하는 윤리적 의식을 기반으로 지켜져야 하는 권리임을 늘 인식해야 한다.

3) 기타 저작권: 건축 설계 저작권

저작권이 적용되는 저작물의 종류는 매우 다양하지만, 특히 영상물의 제작과 관련하여 인물만큼이나 중요한 피사체로 여겨지는 것이 공간인 만큼, 기타 저작권으로 건축물에 대한 저작권을 살펴본다. 건축 분야의 저작물은 건축 설계 행위를 통해 생산되는 설계 도서나 모형 등과 같은 준비 과정에서의 저작물과 완성된 건축물들을 포함한다. 그런데 이러한 건축 설계 저작물이 저작권에 의해 보호받기 위해서는 저작권법에 의거하여 제작자의 사상이나 감정이 반영되어 이루어진 표현물로서 창작성과 독창성을 지녀야 한다. 따라서 이 필요조건을 충족하지 못하는 아이디어, 원리, 스타일, 형식 등은 저작물로 성립될 수 없고, 실제 표현물로 생산되었다 하더라도 모든 건축물이 저작권을 갖는 것은 아니다.

이에 따라 일반적인 빌딩이나 주거 건물은 저작물에 해당하지 않으나, 예술성이 높은 건물, 주택, 사찰, 공공 기관용 건축물 등이 사회적 통념에 따라 미술적 범주에 해당하는 것으로 인정되는 경우 건축 저작물로 간주한다. 예컨대 일반적 주택이 아닌 개성적인 내·외부 디자인이 적용된 주택, 펜션, 고층 아파트, 아파트 단지를 구성하는 생활 시설, 공동 시설, 복지 시설, 놀이터, 조경 등의 시설물 등과 이들의 구조와 형태를 미적으로 표현한 배치도, 특이한 형태의 등대, 골프장의 동선 코스 등도 건축 저작물로서 창작성을 인정받는 대상에 해당한다(김주덕, 2008).

광고나 드라마, 영화는 물론, 개인이 찍는 셀피에 이르기까지 이러한 창의적 공간의 안과 밖은 늘 촬영의 배경으로 각광받아 왔다. 유념해야 할 점은 이러한 공간들이 저작물로서 저작재산권을 갖고 있다는 점이다. 따라서 저작권자인 설계자의 동의를 구하지 않고 건축 저작물을 광고나 홍보 동영상 등, 상업적 영리를 위한 영상물 제작을 위해 촬영하는 것은 저작권 침해에 해당한다(서수정 · 유제연, 2017). 건축물은 시대적·지리적·문화적 특성을 반영하여 생산되는 창작물이므로 예술 작품이나 디자인과 같이 저작권을 갖는 것은 당연하다고 할 수 있다. 따라서 건축물이 중요한 구성 요소로 등장하는 영상물을 제작하는 경우 반드시 그 저작권을 고려하고 저작자의 허락을 얻은 후 촬영해야 한다.

4) 영상 작품의 새로운 소유권의 등장: NFT 예술

창작자의 저작물에 대한 권리를 말하는 저작권에서 나아가 그 창작품의 매입자가 갖는 소유권에 대한 관심도 높아지고 있다. 그 원인은 다름 아닌 디지털 기술을 기반으로 한 '완벽한' 소유권 개념의 등장 때문이다. 이로 인해 주로 예술품의 거래가 이루어지던 갤러리 체계에 변화가 일어나고 예술품 거래에 대한 창작자와 소비자의 진입 장벽이 낮아지고 있다.

NFT(None Fungible Token)는 대체 불가능 토큰으로 특정 자산의 소유자를 증명하는 디지털 인증서에 해당한다. 그간 디지털 포맷의 예술 작품은 손쉬운 대량 복제로 원본의 개념이 희박했고 소유자 또한 특정하기 어려웠는데 NFT가 적용되면서 디지털 작품이 고유한 암호를 가지고 원본으로 존재하며 작품의 소유권 또한 NFT를 구입한 단 한 사람으로 한정되는 것이다. 작품에 적용된 토큰은 암호 화폐처럼 거래되어 그 소유권을 넘길 수도 있고 작품의 창작자는 해당 NFT로 유지되는 저작재산권을 유지하며 토큰이 재거래될 때마다 로열티도 받을 수 있다(레베카 손, 2021).

NFT 예술이 기존 예술의 패러다임에 대해 새로운 사유를 불러일으키지만, 디지털 환경 속의 원본으로서의 가치나 소유권을 강조하면서 본래의 예술에 대한 가치와 중요성을 희석시킬 우려도 있다. 예술가의 사유와 창작으로 시대의 철학을 반영하는 문화적 산물로 존재해 온 예술 작품이 그에 합당하게 평가받고 거래되어 온 기존의 예술 시장을 이미 NFT 예술이 뒤흔들기 때문이다. 원본 작품의 물리적 특성에서 기인하던 예술 작품의 아우라가 사라지고 기술의 아우라라는 개념이 떠오르면서 예술적 실력을 검증받지 않은 작가의 작품이 고가에 거래되기도 한다.

NFT 예술의 핵심인 소유권과 디지털 환경에서 원본의 가치를 높이고자 실제 원본 작품을 파기하는 사건도 일어났다. NFT 미술의 팬을 자처하는 집단이 풍자적 그래피티로 유명한 영국 작가 뱅크시Banksy의 작품 〈멍청이들*Morons*〉을 고가에 구매하고 이를 스캔하여 디지털 이미지로 NFT화 한 후 원본을 불에 태워 없애버린 것이다. 이들은 실물이 없어졌으니 그것을 변환한 NFT 이미지가 바로 유일한 진품이 되었다고 주장했고 이렇게 NFT 예술이 된 디지털 이미지는 한화로 4억 원이 넘는 고가에 거래되었다.

NFT 예술은 소유권이라는 개념이 영상 문화계에 미칠 수 있는 새로운 형태의 영향력을 보여 준다. 영상 작품의 가치보다 투기를 위한 소유권이 우

그림 84 'Burnt Banksy'(불탄 뱅크시)라는 계정으로 뱅크시의 그림을 태우는 장면을 유튜브에 공개하였다.

선시되는 순간 영상 문화 콘텐츠의 질적 측면에 대한 중요성이 희석될 수 있으며, 원본 작품의 취급 방식에도 변화가 따를 것이다. 한편에서는 무명 작가가 이 수단을 통해 검증되지 않은 실력으로 (실력을 키우려 하기보다는) 작품 거래에 뛰어들려 할 것이고, 다른 한편에서는 거장의 작품이 저작권법을 위반한 채 NFT로 발행될 수 있기 때문이다. 실제로 김환기, 박수근, 이중섭 등 한국 근대 미술 거장의 작품이 NFT로 발행되어 판매되는 과정에서 저작권 침해 논란이 일었다는 점(전재림, 2021)은 그러한 혼란이 이미 현재 진행 중임을 보여 준다.

4. 영상과 모방

예술과 미학의 역사에서 모방은 창작의 근원으로 부정적인 의미만을 지닌 행위는 아니었다. 아리스토텔레스는 예술 행위가 곧 자연에 대한 모방에서 시작된다고 보았다. 또한 그리스의 예술을 응용한 로마의 예술, 고대 고전주의 미술을 기반으로 신고전주의를 발전시킨 르네상스의 예술 등은 모방을 통해 자신들의 고유한 문화를 창조한 사례라고 볼 수 있다. 이는 단순히 과거의 것을 흉내내는 모방의 문제가 아니라 과거의 것을 학습하는 과정에서 문화가 발전한다는 것을 보여 준다.

하지만 오늘날 우리가 부정적으로 간주하는 모방은 이러한 문화적·창조적 계승이라는 맥락과 무관하게 상업적·경제적 이해에 따라, 유행하는 작품을 그대로 베끼는 형식으로 이루어진다. 이것은 모방이라기보다는 표절이라 할 수 있다. 모방은 어떠한 문화적 스타일을 대상으로 하지만, 표절은 이미 창작되어 존재하는 작품을 대상으로 하기 때문에 지적 소유권이나 저작권을 침해하는 법적·윤리적 문제를 야기한다. 특히 방송 프로그램과 같은 영상물의 표절은 국경을 초월해서 발생하고 있으며 저작권 제도를 교묘하게 피하는 형식으로 이루어져 매우 심각한 문제라 할 수 있다.

1) 표절

예술 창작의 일부인 모방과 달리 표절은 이미 만들어진 학설, 논문, 문학 작품, 저작물 등과 같은 창작품을 그 창작자나 저작권자의 허락 없이 몰래 가져와 자신의 작품으로 공표하는 행위를 말한다. 모방과 표절은 철학·윤리 차원에서 동기가 다르고 따라서 그 효과도 다르지만 수많은 창작물이 제작되고 유통되는 현실에서 그것을 구별하는 일은 쉽지 않다.

어떠한 영상물이 모방인지 표절인지를 구분하기 위해서는 창작자의 모방 의도와 목적, 창작의 결과와 관련된 복잡한 논의가 필요하다. 표절은 범죄 행위의 증거임에도 다양한 해석이 가능한 문화 콘텐츠에 해당한다는 점과 피해 당사자의 고발을 통해서만 법적 대응이 가능하다는 점에서 주로 도덕적·윤리적 차원의 문제 제기에 그치는 경우가 흔하다.

특히 디지털 포맷의 창작물을 대상으로 쉽게 행해지는 복제와 복제물의 확산은 표절을 둘러싼 현상을 보다 복잡하게 만든다. 원작자는 자신의 작품이 표절당하는지를 인지하기 어렵고, 때로는 표절한 작품이나 복사본이 원본이라고 주장하는 일도 발생할 수 있다. 이러한 현상은 디지털 환경에서 불특정 다수에 의해 매우 빈번하게 일어날 수 있기 때문에 법적 대응이 그 위반 사례의 양적 규모를 따라가기에도 벅찬 것이 사실이다. 이미 살펴본 NFT 예술이 작품 본연의 가치보다도 디지털 작품의 원본 가치나 소유권을 더 중시하면서 그토록 비싼 작품 가격을 책정하는 현상이 나타난 것도 이러한 기존의 환경과 밀접한 연관이 있어 보인다.

표절은 창작자 입장에서 타인의 저작물의 근간을 이루는 아이디어와 창의성을 절도하는 것이나 다름없다. 따라서 이는 법적 문제임과 동시에 심각한 윤리 문제다. 표절로 판명된 작품의 창작가(특히 유명 창작가일수록)는 창작계에서 다시 인정받기 어려운 경우가 많다. 이는 이미 창작가 간, 또 그것을 수용하는 문화 소비자 간에 표절이라는 행위가 범법 행위이고 비윤리적인 문제라는 것에 대한 공감이 있기 때문일 것이다. 모방과 표절 문제는 새로운 영상과 이미지가 나날이 활발하게 창조되는 시대에서 꼭 해결해야 할 중요한 문제다(홍석경 · 이영음, 1999).

2) 오마주

오마주hommage는 특정 작품이나 그 창작자에 대한 경의의 의도로 원 작품의 일부를 자신의 작품에 도입하는 일종의 모방 행위다. 경우에 따라, 그리고 보는 사람들에 따라 이것은 표절과 별반 다를 것 없이 인식되기도 한다. 그러나 오마주를 표절과 가장 명확하게 구분해 줄 수 있는 것은 모방의 의도와 행위의 공개라는 지점에 있다. 결과물은 표절과 다를 바 없으나, 창작가가 작품의 공표와 함께 특정 부분에 사용된 오마주를 공개적으로 밝힌다면 이것은 표절로부터 거리가 멀어진다(홍석경 · 이영음, 1999).

그러나 우선 모방하고 나중에 문제를 회피하기 위해 오마주라고 주장하는 것은 그 의도부터 표절과 다를 바 없거니와, 그 결과물도 오마주와는 다르게 나타날 수밖에 없다. 오마주가 존경심의 표현인 만큼 한 작품에서 남용되는 것이 아니며, 마땅히 경의 표현이 어울릴 맥락에서 적합하게 사용되어야 하기 때문이다. 무분별한 표절은 이러한 적합성 거리가 멀어지며 이는 원작자가 자신의 작품이 경의로 모방되었다는 것을 인정하기 어렵게 만들 가능성이 크다. 오마주와 표절을 구분할 수 있는 가장 핵심 관건은 바로 원작자의 인정이다. 작가가 아무리 오마주라고 밝혀도 원작자가 이에 동의하지 않으면 그것은 표절이자 저작권 침해에 해당한다(백세희, 2019)

3) 패러디

패러디parody는 원작품을 희화적인 요소로 차용하거나 이를 이용하여 사회를 풍자하는 방법을 말한다(백세희, 2019). 사람들이 원작품이 사용되고 있음을 알아차릴 수 있도록 큰 변형을 가하지 않고 그 형식을 그대로 반영한다는 측면에서 패러디 또한 모방의 일종이라 볼 수 있다.

이처럼 패러디에는 원작을 알아차릴 수 있는 요소를 포함해야 하는데, 이에 더해 원작을 통해 전달받을 수 없었던 다른 요소들, 이를테면 비평, 논평, 해학, 풍자 등의 요소가 추가되어야 한다. 따라서 패러디는 시대·사회 여건을 반영하여 원작을 창조적으로 재해석하는 것에 핵심 가치가 있다(이종락·안상락, 2007).

패러디는 모방을 기반으로 하지만, 기존의 형식과 내용을 반복하거나 베끼는 모방이 아니라 의미를 생산하는 모방이라고 할 수 있다(공종구, 1996). 패러디는 새로운 모든 모방이 표절과 같이 단순히 다른 작품의 일부를 가져오는 부정 행위가 아니라는 점을 보여 준다. 그것은 해학과 풍자를 통해 사회적 담론을 형성하고 시대적·사회적으로 금기시되는 이슈에 대해 간접적으로라도 의사를 표할 수 있는, 표현의 자유를 가능케 하는 생산적 모방이기도 하다.

REVIEW

- 드라마 〈경이로운 소문〉(2020~2021/OCN), 영화 〈내 안의 그놈〉(2018/강효진)에서 청소년 폭력을 해결하는 방안으로 이에 대응하는 그보다 강력한 폭력이 제시된다. 이 아이러니함에 대해 생각해 보자. 드라마나 영화가 보여 준 것처럼 학교 폭력을 막을 길은 학교 폭력밖에 없다고 생각하는가? 선한 주인공의 폭력 행위가 정당하고 통쾌하다고 느끼며 자신도 그러한 힘을 가졌으면 좋겠다는 생각을 한 적이 있는가?
- 다양한 메타버스 플랫폼을 이용하면서 비윤리적인 상상이나 욕망이 생겼던 적이 있는지 떠올려 보자. 그러한 생각이 든 이유가 메타버스의 어떠한 특성에서 기인하는지 생각해 보자.
- 전통적으로 미술 작품은 작가가 오랜 기간 사유해 온 철학이 숙련된 기술로 표현되면서 그 가치를 더해 간다. 하지만 이러한 과정을 거치지 않은 신인 혹은 무명 작가가 손쉽게 생산한 이미지가 NFT 작품으로 등록되어 전통적 미술 시장과 비교하여 매우 높은 가격에 거래되기도 하고 때로는 더 높은 예술 가치를 지녔다고 평가받기도 한다. 이러한 현상에 수긍하는가 아니면 반대하는가? 그 이유는 무엇인가?
- 왕뚜껑 광고(2019/팔도)는 영화 〈기생충〉의 일부 장면을 패러디한다. 광고의 어떠한 점이 비평, 논평, 해학, 풍자 등의 기능을 하면서 패러디를 성립하는지 생각해 보자.

그림 85 왕뚜껑 광고.

ZOOM IN

- 다음 신문 기사를 읽고 나날이 변화하는 영상 분야의 미래상을 예측해 보자. 그에 따라 발생 가능한 윤리 문제를 생각해 보자.
  VR 성추행·유전자 편집… '혁명'은 윤리를 곤경에 빠뜨린다 | 음성원 | 〈한겨레〉 | 2017. 1. 24.
- 다음 논문을 읽고 메타버스 공간에서 펼쳐지는 범죄에 대한 방지책에 대해 생각해 보자.
  메타버스 내 범죄발생 유형과 확장성에 관한 연구 | 송혜진·남완우 | 〈한국재난정보학회 논문집〉 | 2022 | vol. 18, Issue 1 | pp.218~227

영화로 성찰하기 5

사이버 공간의 양면성
: 〈디스커넥트〉

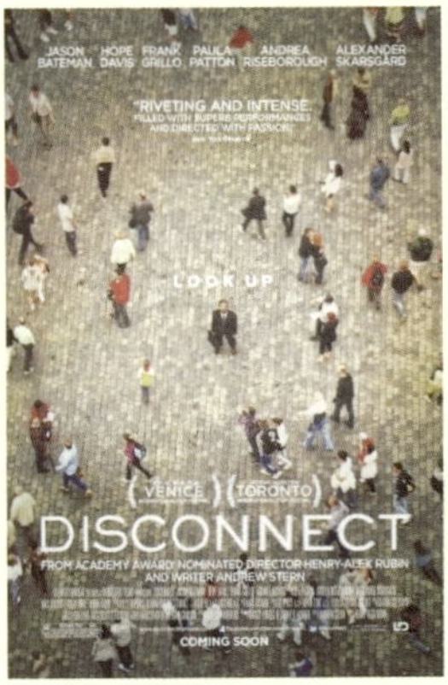

영화 〈디스커넥트*Disconnect*〉를 본 익명의 관객은 “오늘날 인터넷으로 연결된 세상에서 인간관계를 찾는 사람들을 중심으로 한 드라마”라는 평을 남겼다.

이 영화의 핵심을 짚은 평이라고 생각한다. 이 영화에서는 인터넷에서의 사이버 범죄나 사이버 괴롭힘 또는 미성년자들을 성적으로 착취하는 불법 인터넷 사이트를 소재로 다룬다. 그러나 결국 무수한 인터넷의 연결에서도 이 영화는 가족, 부부, 친구, 직장에서의 소외와 단절을 다루고 있다. 2012년 헨리 알렉스 루빈Henry Alex Rubin 감독이 만든 이 영화는 각기 다른 세 가지 에피소드들 안에 인터넷에서 벌어지는 새로운 유형의 폭력을 소재로 대중의 관심을 끌었지만, 결국 인간관계 회복이라는 근원적 주제를 결론까지 비교적 흡인력 있게 이끌어내 여러 영화제에서 호평을 받았다.

이 영화는 갖가지 사연을 지닌 세 가지 에피소드를 큰 줄기로 해서 전개되며 결말에는 각 에피소드가 서로 절묘하게 연결돼 마무리된다. 한 방송국의 변호사로 일하는 리치(제이슨 베이트먼)의 십대 아들 벤(조나 보보)은 무척 내성적인데다가 자기 자신만의 세계에 빠져 지낸다. 그런 벤은 인터넷의 한 여자아이에게 호감을 갖게 된다. 혼자 제이슨(콜린 포드)을 키우는 전직 경찰 마이크(프랭크 그릴로)는 아들에게는 별 관심이 없고 십대 아들을 억압한다. 그런 아버지에게 꼼짝 못 하던 제이슨은 평소 못마땅하게 여기던 학교 친구 벤을 희생양으로 삼는다. 제이슨은 여자아이로 위장해 벤에게 사적인 사진을 자신에게 전송하게 만들고 그것을 학교 친구들에게 뿌린다. 이 사건으로 벤은 비극적 선택을 하고 만다. 군인 출신 데릭(알렉산더 스카스가드)의 부인 신디(폴라 패튼)는 최근 아이를 잃고 난 후, 견딜 수 없는 슬픔으로 매우 힘겨운 시간을 보내다 위안을 얻기 위해 상처 받은 사람들을 위한 인터넷 채팅 사이트에 접속했지만, 그로 인해 계좌의 모든 돈을 강탈당하고 만다. 벤의 아버지가 변호사로 일하는 방송국의 기자 니나(안드레아 라이즈보로)는 CNN에 자신의 리포트가 뜨기를 간절히 바란다. 결국 그녀는 불법 성인 사이트에서 화상 채팅을 하는 미성년자 카일(맥스 티에리엇)을 설득해 인터뷰를 따내고 꿈에 그리던 특종을 한다. 그러나 그 일로 카일은 위험에 빠진다.

현실에 드러난 사이버 공간의 양면성

팬데믹 이후, 비대면 접촉이 늘어나면서 소셜 미디어와 같은 사이버스페이스에 접속하는 일이 많아지고 있다. 그런데 인터넷을 이용한 사이버 스페이스에 대한 접촉이 많아질수록 더 많은 사회적 문제가 터져 나오고 있다. N번방 사건 같은 중범죄에서 보듯이 사이버 그루밍, 사이버 스토킹, 사이버 괴롭힘, 카카오톡이나 스마트폰 문자를 이용한 피싱 등 갈수록 사이버 범죄의 수법이 더 치밀해지고 있을 뿐만 아니라, 그 피해의 규모도 점점 더 늘어나고 있다. 심지어 이 영화에 등장한 신디와 벤은 사실 우리 주변에서 만날 수 있는 아주 평범한 사람들이다. 아이를 잃고 슬픔에 빠져 의지할 곳을 찾던 그들은 사이버 도박 사이트에 접속하거나 사이버 채팅 사이트를 통해 만난 친구에게 자신의 비밀을 털어놓기도 한다. 하지만 신디와 벤이 맞이한 파국은 소셜 미디어의 공간이 마냥 위로가 되거나 현실의 문제를 해결해 주는 곳이 아니라는 사실을 직시하게 만든다. 사이버 피싱으로 재산상 피해를 입거나, 집요한 악성 댓글로 인해 스스로 생을 마감하거나, 소셜 미디어를 통한 왕따 등이 당면한 사회 문제를 드러낸다.

한국 영화 〈오늘도 평화로운〉(2015)은 중고 거래 사이트에서 겪은 감독 개인의 실제 피해담을 바탕으로 만든 영화다. 이 영화를 만든 백승기 감독은 중고나라에서 맥북 프로 최신형 애플 노트북을 사 카페에서 에스프레소를 마시며 영화감독이라는 꿈을 이뤄 줄 시나리오를 쓰겠다는 야심찬 계획을 세운다. 그러나 믿었던 인터넷 중고 거래 사이트에서 황당한 사기를 당하고 만다. 그는 중국에까지 찾아가 사기단을 쫓았던 경험을 바탕으로 C급 코미디 영화를 표방하며 코믹 영화를 완성한다. 이 영화 초반부에 주인공이 사이버 광역 수사대에 사기 피해 신고를 하러 가지만, 결국 담당 형사도 보이스 피싱 사기를 당하는 것을 암시하는 등 곳곳에 만연한 사이버 상거래 문제를 풍자한다.

또 다른 영화로 〈사이버 포비아〉(2013)는 이른바 현피(현실 파이트의 준말) 인터넷 중계 사이트가 사이버 폭력 집단으로 변질하며 이들로 인해 자살에 이르게 되는 사람들의 이야기를 미스터리하게 다루고 있다. 특히 인터넷 사용에 대단히 민감한 우리 사회 주변부 청년들의 현실을 바탕에 깔고 있다.

현역 군인에게 악플을 달아 자살로 몰아간 여성 악플러의 집을 찾아가는 현피 사이트 운영자(류준열)가 인터넷 생중계 채널로 중계하는 인터넷 동영상과 그 아래로 빠르게 달리는 실시간 댓글은 보는 이로 하여금 상당한 압박감과 공포감을 불러일으킨다. 그런 압박감은 현실에서 관계 맺기를 두려워하며 사이버 공간에 절대적으로 의존하던 당사자들을 극한 선택으로 몰고 간다. 현피 사이트는 또다시 다른 가해자를 지목하는 악순환을 만들며 지목된 이를 공포에 빠지게 한다. 이때 그 중심에 있던 인터넷 현피 사이트의 운영자 또는 이를 방관한 인터넷 플랫폼은 어떠한 법적 책임도 지지 않는다. 오히려 피해자를 노트북으로 생중계하면서 조롱한 대가로 금전적 이득을 취할 뿐이다.

인터넷상에 엄청난 화제가 된 이 사건이 어느 걸 그룹 멤버의 초대형 스캔들로 대중의 기억에서 사라진다는 결말마저 너무나 사실적이다. 이 두 영화는 우리 사회에 제기된 사이버 공간의 양면성을 풍자적이거나 냉소적으로 드러낸다.

PICK

사이버 공간의 이미지: 〈서치〉

2018년 개봉한 할리우드 영화 〈서치*Searching*〉는 영화의 모든 장면을 컴퓨터 모니터 화면으로 구성하였다. 홀로 십대 딸을 키우며 IT 전문가로 실리콘 밸리에서 일하는 데이빗(존 조)은 몇 해 전 사랑하는 아내 파멜라(사라 손)를 암으로 잃고 나서 실의에 빠진 채 살고 있다. 친구 집에서 밤샘 공부를 하겠다고 집을 떠난 딸 마고(미셸 라)가 하루 만에 실종되자, 데이빗은 딸을 찾기 위해 사이버 공간을 파고든다. 그러나 딸의 소셜 미디어를 찾아갈수록 점점 더 자신이 알던 딸과 사이버상에서의 딸이 차이가 많이 난다는 사실을 알게 된다. 얼마 후 실종된 딸이 탄 차가 시 외곽지 호숫가에서 발견되고, 주인공은 사이버 공간에서 딸과 친밀한 인물을 찾게 되지만, 사건은 점점 더 미궁으로 빠져든다.

현실의 가족이면서도 실종 후에야 비로소 딸의 소셜 미디어를 찾아나가면서 그동안 죽은 아내를 잊기 위해 정작 자신의 딸에게는 무심했던 자신을 깨달아가는 아버지의 변화는 이 영화의 주된 내용이다. 페이스북 사진 같은 정영상 이미지나 노트북 내장 렌즈로 기록된 영상, CCTV에 찍힌 영상, 스마트폰의 영상 통화 기록 등 사이버 공간에서 구동할 수 있는 동영상 이미지들이 사건의 단초가 되어 실마리를 풀어간다는 점은 디지털 시대의 새로운 스토리텔링 방식으로도 인상적이다.

REVIEW

- 자기 주변에 중고 거래 사기와 사이버 피싱 등을 겪은 일이 있었는지 알아보고 이런 일들이 반복되고 근절되지 않고 더 늘어나고 있는 이유에 대해서 생각해 보자.
- 외로움으로 인해 소셜 미디어 등에 지나치게 집착하는 등의 사이버 중독에 대해 생각해 보자. 자신이 하루에 소셜 미디어를 이용하는 시간을 측정해 보고 소셜 미디어 이용 시간을 줄이지 못하는 이유에 대해서도 생각해 보자.
- 사이버 피싱을 당한 신디의 경우처럼 카카오톡, 메일, 채팅 등에서 사생활 보호를 위해 우리가 취해야 할 행동은 무엇인지 이야기해 보자.
- 'N번방' 사건과 같은 심각한 사이버 범죄의 재발 방지를 위해 우리 인터넷 문화에서 바뀌어야 할 것들에 대해 토론해 보자.
- 다음 사이버 폭력 백신 앱을 체험하는 〈스브스뉴스〉의 유튜브 영상을 시청하고 각자의 느낌을 이야기해 보자.

실제 피해자의 경험을 바탕으로 한 사이버 폭력 체험 앱, 직접 실행해 본다면… | 스브스뉴스 | 2019. 3. 19.

가상 세계virtual world 디지털 기술 기반으로 생성한 가상 세계로 사용자의 자아가 반영된 아바타가 핵심 구성원이다. 동물의 숲과 같은 게임, 제페토와 같은 가상 세계가 이에 해당한다. → 10장

감응 경제 사라 아메드는 감응 경제 개념의 일환으로 두려움의 감응 경제Affective Economies of Fear를 논한다. 이 개념에 의하면 두려움과 그로 인한 불안이라는 감응 역시 확산되는 것으로 이는 의도적인 전략 아래 정치적으로 이용될 수 있다. 예를 들어 미국 정부는 2001년 발생한 9·11 테러 당시, 납치된 비행기가 세계무역센터에 충돌하는 장면을 반복적으로 노출하여 국민에게 이 테러에 대한 두려움과 불안감을 확산시켰고 그로 인해 (훗날 테러와는 무관한 것으로 밝혀진) 이라크 전쟁의 당위성과 지지를 얻어 내는 것에 성공했다. → 9장

GAN(Generative Adversarial Network) 원본을 바탕으로 그와 유사한 결과물을 만들어 내는 생성자generator와 그 결과물이 진짜인지 가짜인지를 판단하는 판별자discriminator의 적대적 경쟁으로 원본과 흡사한 결과물을 생산하도록 스스로 학습하는 딥 러닝 알고리즘이다. → 8장

거울 세계mirror world 실제 세계를 기반으로 하지만 제공되는 정보와 데이터는 보다 확장되는 세계다. 구글어스와 같은 지도 기반 서비스, 에어비엔비 등이 이에 해당한다. → 10장

계열체 관계paradigmatic relation 통합체 관계와 함께 영상을 구성하는 요소들이 의미를 생산하는 과정에서 기호학적으로 적용되는 두 가지 원칙 중 하나다. 여기서 통합체나 계열체란 개념은 소쉬르의 구조주의 언어학에서 빌어온 것으로 인간이 의

미를 전달하는 언어 현상에 보편적으로 적용되는 원칙이다. 계열체란 일련의 단위들의 집합으로, 여기에서 하나의 단위가 선택되어 다른 계열체들의 단위와 결합하여 의미화된 전체인 통합체를 형성한다. 알파벳은 하나의 계열체이며 이로부터 글자 몇 개가 선택되어 조합됨으로써 단어, 즉 통합체를 형성한다. 이 원칙은 문장 단위에서도 서로 다른 문법적 역할에 따른 선택에도 적용된다. 옷장에서 여러 개의 계열체들인 셔츠, 바지, 치마, 넥타이, 양말 등이 있고 이들 중 하나씩을 선택, 조합하여 하나의 통합체인 그날 입고 나가는 의복이 형성된다. 계열체는 문화 구성원들 사이에서 일반적으로 공유되며, 통합체는 그때그때 창조되는 고유한 조합이다. 영상 기호의 계열체 관계란 영상을 이루는 요소와 영상에 사용되지는 않았으나 그 요소 대신 사용될 수 있었던 요소들의 관계를 뜻한다. → 4장

공동 취재pool reporting 여러 언론사의 기자 중에서 몇 사람만을 뽑아서 어떤 사건을 공동으로 취재하여 기사 원고나 사진 등을 각사에 배포하는 대표 취재 형식이다. 취재 경비, 시간 제약 등으로 여러 언론사의 모든 기자가 현지 취재하는 것이 어려울 때 사용한다. 걸프전 취재처럼 경우에 따라서는 정부의 홍보 효과 및 언론 통제를 위해 이용되기도 한다. → 5장

공론장 독일의 철학자 위르겐 하버마스가 지목한 대표적 공론장인 커피하우스에서는 사회·정치적 이슈만이 아니라 각종 소문에서부터 과학적 실험을 통한 지식에 이르기까지 다양한 정보가 자유롭게 오고 갔다. 비록 당대의 엘리트들에 의해 주로 이용되긴 하였지만 계급과 지위의 구별 없이 다수가 모여 주체적으로 정보를 교환할 수 있는 평등한 공간이기도 했다(Standage, 2013/2015). → 9장

그래피티 graffiti 스프레이나 페인트 등으로 벽이나 공공 시설물의 외관 등 공공장소에 표현하는 그림이나 글자. (주로 무단으로 제작되지만 목적에 따라 합법적으로 제작되는 경우도 있다.) → 2장

다의미성polysemy 기호가 맥락적으로 해독되기 때문에 본질적으로 지니는 속성을 말한다. 정보 전달이 명확한 단어도 여러 가지로 의미가 해석되는데, 영상의 경우 외연적 의미가 드러나 있더라도 함축적 의미는 본질적으로 모호하다. 즉 시청자나 관객의 기억이나 경험 등에 따라 각기 다른 의미를 전달할 수 있다. → 4장

라이프 로깅life logging 사람과 사물에 대한 경험이나 정보가 경제 수단이 되는 기술로 애플 워치와 같은 웨어러블 디바이스, 혹은 지능형 CCTV가 이에 속한다. 이러한 미디어는 우리 실생활이나 신체 경험 및 상태와 관련된 데이터를 우리가 인식하지 못하는 사이에 저장하고 이를 바탕으로 자동으로 특정 기능을 작동하기도 한다. 자전

거를 타다가 넘어져 신체 활동이 없는 상태에서 구조 요청 신고를 자동으로 수행한 애플 워치 사례가 이에 해당한다. → 10장

리터러시literacy 영상 언어의 등장 이전 리터러시 개념은 '성문화'된 기록을 이해하고 정보와 지식을 얻는 능력으로 통용되었다. 하지만 현대 사회의 리터러시 개념은 단지 문자 언어에 국한하지 않고 시대적 혹은 문화적으로 통용되는 폭넓은 문화적 언어를 아우르며 핵심 메시지를 읽어 내고 이해하는 것으로 변화하고 있다. → 8장

머신 비전machine vision 머신 비전은 카메라와 이미지 처리 시스템 등을 통해 인간의 시각 능력에 의해 이루어지던 검사, 판단, 의사 결정 등을 기계가 처리하는 시스템으로 정확성, 신속성, 정밀성 등의 특성을 갖는다. → 8장

몽타주montage 내용을 전달하는 영상의 서술 방법. 하나의 장면에서 그것을 구성하는 요소들로 정보를 전달하는 미장센과 달리 몽타주는 짧은 시간에 여러 장면을 전환하면서 의미를 전달하는 방식이다. 따라서 미장센은 연출의 단계에서, 몽타주는 편집의 단계에서 깊이 있게 고려되고 진행되는 경향이 있다. → 2장

무방식주의 저작권은 어떠한 절차나 방식과 무관하게 창작과 함께 발생한다고 간주하는 것을 말한다. → 10장

미디어 이벤트media event 현실 속의 중요한 사건을 미디어가 중계하는 것을 넘어서서 미디어가 중계함으로써 사건이 되는 현상, 더 나아가 미디어가 사건의 생산자가 되는 현상을 일컫는다. 텔레비전 생방송의 강한 영향력에 기초해 갈수록 사건과 미디어가 상호 침투하는 경향을 개념화한 용어다. 달 착륙 장면의 생중계, 생방송 이산가족 찾기, 올림픽 개막식 중계 등 강한 집단적 감정을 생산하는 텔레비전 프로그램들이 여기에 속한다. → 3장

미장센mise-en-scène 하나의 장면에서 프레임 내 화면을 구성하는 배경, 세트, 인물, 사물의 배치 등을 이용하여 의미를 전달하는 영상의 서술 기법이다. → 2장

보이스 러브 Boy's Love(BL) 일본 여성 만화shojo manga의 전통에서 생겨난 남성 간의 연애 이야기 장르를 말한다. 여성의 로맨틱 환상을 충족시키기 위해서 이성애가 필연적으로 전제하는 성 역할과 권력의 차이, 이성 간 연애 관계에서 여성이 필연적으로 벗어날 수 없는 임신 위험과 사회적 압력으로부터 해방되어 온전히 로맨스 감정만을 추구하기 위해 만들어진 내러티브 장치다. → 6장

사용자 경험(User experience: UX) 특정 제품, 시스템, 서비스 등을 사용할 때 느껴지는 총체적 경험과 기분 등을 일컫는 말이다. 수많은 브랜드를 사용하면서 우리가 가지게 된 이미지나 인식, 평판 등이 사용자 경험을 통한 결과에 해당한다. → 8장

사이버 폭력 채팅, 메신저, 소셜 미디어, 이메일, 게임 등 매우 다양한 사이버 환경을 통해 언어나 영상 등의 수단으로 타인에게 피해를 입히는 모든 행위들을 의미한다(최두진 외, 2018). → 9장

사회 구성 이론 1980년대 이후 수많은 영역에서 주목받았던 이론으로, 사실로 여겨지는 것의 대부분이 이데올로기적 권력, 언어, 경제적 관계 등을 통해 사회적으로 구성된 것이라고 본다. 이는 사물의 의미가 이미지나 언어와 같은 재현 체계를 통해 구성되는 과정에서 파생된 것이지 인간의 해석과 분리된 객관적 의미를 갖는 것이 아니라고 이해한다. 따라서 우리는 재현을 통해서 우리를 둘러싼 세계의 의미를 만들 수 있고, 그 세계가 곧 우리가 살아가는 물리적 세계를 구성한다. 예를 들어 사회과학에서 사회구성론자들은 실험실의 실험에 영향을 끼치는 사회 요소(계급, 성, 이데올로기 등)을 면밀히 살펴본다. → 6장

선전propaganda 보통 정치적 목적을 갖고 대중을 선동하거나 여론을 조작할 목적의 캠페인을 말한다. 예를 들어 이미지를 정교한 선전 도구로 조직화한 독일의 나치당은 1936년 베를린 올림픽을 장엄한 아리아인의 정통성을 선전할 목적으로 유치한다. 베를린 올림픽 공식 다큐멘터리 영화인 〈올림피아*Olympia*〉(1938)에서 레니 리펜슈탈Lenni Ridfenstahl 감독은 그리스의 신상과 동시대의 선수들의 몸을 등치하고 선수들의 몸을 유미적으로 표현하며 독일인의 인종적 우수성을 신화화한다. → 4장

선호된 해독preferred reading 기호의 의미는 본질적으로 다의미적이고 고정되어 있지 않기 때문에, 기호 생산자는 자신이 원하는 의미로 해독될 수 있도록 여러 장치를 사용해 의미를 고정시킨다. 신문의 보도 사진이 특별한 프레임으로 선택된 현실의 모습만을 보여 주거나 제목을 달아서 뉴스 생산자가 이미 선택한 현실과 원하는 의미를 생산하도록 유도하는 것을 말한다. → 4장

스마트 콘택트렌즈smart contac lens 시력을 교정하는 목적에 더해 가상 이미지를 함께 볼 수 있는 콘택트렌즈로 증강 현실AR의 구현을 위한 새로운 디스플레이 장치로 주목받고 있다. 안구에 직접 착용하므로 체액을 분석할 수 있고 따라서 당뇨나 녹내장 등 건강 상태까지 측정할 수 있다. → 3장

스크린 쿼터제 거대 자본이 투입된, 인기 있는 수입 영화의 높은 극장 점유율로부터 자국 영화의 상영관을 확보하기 위한 의무 상영 제도로, 1년 내 일정 기간 이상 자국 영화를 상영하게 하는 자국 영화 산업 보호 정책이다. → 8장

스테레오타입stereotype 사전적 용어로는 몇 개의 요소가 서로 떨어지지 않는 단단한 관계로 고정되어 사람들의 마음속에 흔들리지 않는 관념이나 상식으로 통용되는

것을 말한다. 이것은 단단히 고정되어 있기에 변하지 않고 오랫동안 반복되며 그로 인해 하나의 편견이 되어 사회구성원에게 영향을 미친다. 젠더, 인종, 지역, 국가, 나이와 종교에 관련된 다양한 고정 관념이 존재하며 우리 스스로가 사로잡혀 있었거나 의식하지 못하고 동의하는 영상에는 이러한 사회적 편견과 고정 관념이 담겨 있다. → 4장, 6장

스트리밍streaming　인터넷을 통한 소리와 영상 데이터의 다운로드를 모두 마친 후 재생하는 것이 아니라 다운로드와 동시에 재생이 이루어지도록 하는 기술이다. 데이터의 전송과 재생 처리가 물 흐르듯 끊기지 않고 진행된다는 의미다. → 3장

CRT(Cathode-ray Tube)　CRT는 음극선관, 혹은 브라운관이라 불린다. 전기 신호를 전자빔으로 변환하고 이를 통해 시각적 형상을 생성하는 진공관을 뜻한다. 전기 신호에서 변환된 전자빔은 형광 물질이 덮인 유리로 투사되어 영상을 형성하게 되는데 전자빔을 투사하는 장치가 전자총이다. 과거 아날로그 텔레비전이나 CRT 모니터의 부피가 큰 이유는 전자총과 화면 사이에 필요한 거리 때문이다. → 3장

식민주의colonialism　제국주의의 식민 지배를 정당화하는 사고 체계를 말한다. 식민주의에서 헤게모니 즉 권력은 지배/피지배, 선진/후진, 근대/전근대 등 이분법적 사고를 통해 강화된다. 경제, 문화, 군사력 등이 우수한 국가에 의해 피지배 국가도 근대화할 수 있다는 논리이며, 이를 통해 제국주의 국가는 식민국가들보다 우월함을 당연시한다. → 7장

아비투스habitus　프랑스 사회학자인 피에르 부르디외Pierre Bourdieu 사회학 이론의 핵심적 개념. 개인의 문화적 소비 취향과 선호를 이루는 성향, 무의식적인 경향과 차별화의 전략들 전체를 이르는 말이다. 부르디외에 따르면, 이것은 하나의 가치 체계로 개인 각각에 따라 특유한 것이 아니라, 사회적 위치, 교육 배경, 계급적인 위상에 따라 파생된 것이다. 이것은 자신이 소속한 사회 계급에 고유한 취향과 생활방식으로 이루어졌으므로 계급 간에 서로 다른 아비투스들을 가진다. 이것은 후천적 노력에 의해 학습되거나 습득되기 어려운 공통의 계급 경험 위에서 형성되는 취향이고 태도다. → 6장

엑사바이트　1엑사바이트는 10억 기가바이트다. 캘리포니아 주립대학교의 연구 결과를 기반으로 미국 작가 베를린 크린켄보그Verlyn Klinkenborg는 인간이 태초부터 2003년까지 만든 데이터의 양이 5엑사바이트에 이른다고 추정했다(강상규, 2012). 16기가바이트짜리 USB 저장 장치가 62,500,000개 모여야 1엑사바이트를 이루며, 이 경우 긴 변이 새끼손가락만 한 4.5cm짜리 USB 저장 장치를 길게 연결하면

2812.5km로 해발고도 8,848m의 에베레스트산보다 300배 이상 높다. → 9장

LCD(Liquid Crystal Display) 전압의 변화에 따라 다른 액정 투과도와 그 변화를 사용하여 전기 신호를 시각 정보로 변화시키는 방식의 평판 디스플레이이다. 액정 표시 장치 혹은 액정 디스플레이라고도 부른다. → 3장

LED(Light Emitting Diode) 반도체는 내부에 첨가하는 화학 물질로 인해 전류의 전도력을 다양하게 할 수 있다. 이러한 성질을 기반으로 특정 전자의 흐름을 생성하여 전자를 광자로 변환하면서 발생하는 빛이 LED(발광 다이오드)다. → 3장

OTT 미디어 서비스Over-The-Top media service 인터넷으로 영화, 드라마, 예능, 교육 등 각종 미디어의 프로그램을 스트리밍해 보여 주는 서비스다. 과거 케이블이나 위성 방송이 쓰던 셋톱박스가 필요 없으며, 현재 인터넷 기술이 발달함에 따라 바로 스마트폰이나 아이패드 같은 모바일로도 콘텐츠를 사용할 수 있다. → 4장

위키wiki 인터넷 환경의 블로그나 게시판과는 다른 협업 소프트웨어로 불특정 다수의 인터넷 사용자들이 함께 작성하고 수정하면서 형성하는 온라인 콘텐츠를 뜻한다. 하와이 언어로 '빨리'를 뜻하는 단어인 'wiki'에서 시작되었다. 검증되지 않은 불특정인이 콘텐츠를 형성한다는 점에서 신뢰도가 낮다는 단점이 있지만, 많은 사람이 콘텐츠 작성과 수정에 참여할수록 신뢰도가 높아지고 빠르고 간단하며 다양하게 정보를 반영할 수 있다는 특징도 지닌다. → 8장

응시gaze 영화 이론이나 예술사와 같은 시각 예술의 이론에서 응시는 욕망의 역동에서 붙잡힌 바라보는 행위를 기술하기 위해 사용된 용어다. 응시는 그 대상물을 지배하고자 하는 욕망에 의해 촉발된다. 응시의 이론은 바라보고 바라봄의 대상이 되는 행위의 일부인 복잡한 권력관계를 탐구하였다. 전통적인 정신분석학 이론에서 응시는 환상과 긴밀히 연결되어 있다. 프랑스의 정신분석학자인 자크 라캉Jacques Lacan은 어린이의 자아 발달 단계에서 욕망과 정체성 형성의 기본 기제로서 거울상에 대한 응시 이론을 제안했다. 1970년대 정신분석학 영화 이론은 프로이트와 라캉의 이론을 영화에 적용하여 영화에서 이미지에 대한 관객의 응시를 스크린 위에 여성을 대상화하는 잠재적인 남성적인 것으로 두었다. 응시에 대한 현대의 이론은 이 원래의 모델을 더 복잡하게 발전시켜서 다양한 종류의 응시를 논의하고 있다. 예를 들어 응시는 성, 젠더, 인종과 계급에 따라 다르게 작동할 수 있다. 프랑스의 후기구조주의 철학자 미셸 푸코는 이 '응시'라는 용어를 주어진 제도적인 환경에서 권력의 네트워크 내에서 주체들의 관계(그리고 그 네트워크 안에서 교섭하고 이동하는 권력의 수단으로서의 시각의 메커니즘)를 기술하기 위해 사용한다. 푸코에 따르면, 사회 제도는 주체를 감

시하고 표준화시키는 응시가 주체의 활동을 계속 기억하고 있다가 결과적으로 훈육할 수 있도록 해 준다. 이 공식에서 응시는 누군가가 가지고 있거나 사용하고 있는 무언가가 아니라 오히려 그가 놓여 있는 공간적이고 제도적으로 묶인 관계에서 그에게 작용하고 있는 감시의 권력이다. →6장

〈이란의 사형 집행 부대*Firing Squad in Iran*〉 1980년 퓰리처상 최초로 작자 미상 수상작으로 선정된 작품. 1979년 촬영된 이 사진은 촬영자의 신변을 위해 이란 신문에 작자 미상의 보도 이미지로 사용되었는데, 2006년 이란의 사진 작가 자한기르 라즈미의 작품으로 밝혀지면서 2007년 퓰리처상 시상식에서 라즈미를 수상자로 정정한 바 있다. →2장

인터넷 텔레비전 방송 프로그램 영상을 전기 신호가 아닌 디지털 데이터로 변환하고 이를 전파가 아닌 인터넷을 통해 송수신하는 체계의 텔레비전이다. 인터넷 텔레비전의 활성화는 영상 파일의 압축 시스템과 디지털 데이터 수신 시스템의 발전으로 이루어졌다(Lea, 1994). 이것은 곧 인터넷을 통해 디지털 영상 데이터의 다운로드와 동시에 영상을 시청한다는 것을 의미한다. 따라서 더 이상 NTSC, SECOM, PAL 등과 같은 서로 다른 형식의 아날로그 신호가 아니라, UHD나 H.264와 같은 디지털 화면 해상도와 디지털 영상 파일 포맷이 화면 형식을 논하는 기준이 되었다. →3장

재현representation 무언가의 외관을 그리거나, 묘사, 상징하고 드러내는 기술로, 언어, 회화나 조각, 더 나아가 영화, 텔레비전, 비디오와 같은 시각 예술 일반이 실제 세계를 그려 내고 의미를 부여하는 체계를 말한다. 재현은 종종 현실의 반영과 구별되는 것으로 이해된다. 현실의 객관적인 반영은 어떤 의미도 전달하지 않으므로, 문화에서 수많은 재현의 결과는 현실에 대해 특정한 의미를 부여하는 재현 과정의 결과물이다. →6장

저널리즘journalism 궁극적으로 뉴스로서 가치 있는 정보를 수집해 전달하는 것을 말한다. 그 결과 스토리, 기사, 칼럼, 사진, 라디오 인터뷰, TV 시사 프로그램 등이 전통적인 저널리즘 미디어를 통해 대중에게 전달되었다. 현재 디지털 시대가 도래하면서 블로그, 트위터, 페이스북, 인스타그램의 게시글과 사진 그리고 유튜브 동영상에 이르기까지 사회적 책임 윤리를 공유했던 전통적인 저널리즘 미디어가 생산하지 않은 다양한 디지털 생산물이 대중에게 전달되고 있다. 객관성, 투명성, 공정성, 공익성 등의 기존 저널리즘적 가치들 밖에 있는 블로거, 편집자, PD, 유튜브 크리에이터와 같은 평범한 시민도 이러한 저널리즘의 가치를 신중하게 고려해야 하는 시대가 왔다. →4장

전자 파놉티콘 전자 기기의 사용에서 이루어지는 감시의 체계를 의미하며 정보 파놉티콘이라고도 부른다. CCTV를 통해 우리도 모르게 촬영되는 일상, 검색 엔진에 타이핑한 검색어, 택시나 자가용으로 이동한 출발지와 목적지 그리고 동선 등과 같은 정보와 데이터도 감시의 대상이 될 수 있다. 이러한 감시 유형은 전통적인 의미의 파놉티콘과 다른 특성을 갖는데 그것이 바로 탈중심화다. 전통적 파놉티콘은 감시자가 피감시자들의 중앙, 중심의 위치에 자리했다면, 전자 파놉티콘(정보 파놉티콘)은 감시자의 위치를 파악하기 어렵고 심지어 다양하게 분산되어 있다. → 9장

제국주의imperialism 유럽 국가들이 로마 제국을 표방하면서 결국 자신의 소유가 아닌 영토에 대한 지배를 핵심으로 한다. 경제적, 정치적 이득을 취하기 위해서 3대륙(아시아 대륙, 아프리카 대륙, 남미 대륙)에 제국들을 형성하였던 스페인, 포르투갈, 영국, 프랑스와 같은 유럽 국가들의 지배 담론이 된다. → 7장

주체subject 개인이 자신을 생각과 행동의 주체로 느끼지만 궁극적으로 이데올로기가 개인을 주체로 느끼도록 만든다는 이론적 의미를 지닌 용어다. 현대 소비문화는 다양한 영상이 개인을 주체로 생산하는 데 중요한 역할을 한다. → 4장

증강 현실augmented reality 현실 공간을 기반으로 가상 사물을 배치시켜 상호 작용이 가능하게 하는 환경을 말한다. → 10장

GUI(Graphical User Interface) 컴퓨터에 명령어를 입력하고 결과를 얻어 내는 정보 교환 과정 대신 그래픽 요소로 이를 수행하는 사용 환경을 칭한다. 마우스로 아이콘을 클릭하여 컴퓨터 프로그램을 실행하고 다룬다거나 스마트폰의 앱 아이콘을 터치하여 해당 앱을 다루는 사용 방식 등이 이에 해당한다. → 8장

탈식민주의postcolonialism (포스트모더니즘postmodernism의 개념처럼 식민주의 종말을 뜻하기도 하지만) 제국주의나 식민주의 담론에 대해 비판적인 이론이다. 즉 식민주의 또는 제국주의의 이론적 토대가 되었던 서구 계몽주의와 인문주의에 대해 의문을 제기한다. 탈식민주의는 백인 중심의 마르크스주의 비판과 서구 중심의 역사 인식 비판을 포함하고 비서구 대륙의 역사에 관심을 둔다. → 7장

통합체 관계syntagmatic relation 계열체 관계와 함께 영상을 구성하는 요소들이 의미를 생산하는 과정에서 적용되는 두 가지 원칙 중 하나. 통합체란 의미화된 전체를 구성하기 위해서 가능한 요소의 집합인 계열체에서 선택된 단위들의 조합을 말한다. 따라서 문장은 단어의 통합체이고, 광고는 시각적 기호의 통합체이며, 멜로디는 음조의 통합체다. 통합체는 공간상의 조합을 이루는 시각적 통합체일 수도 있고, 시간상의 조합을 이루는 언어적 또는 음악적 통합체도 존재한다. 통합체 속의 단위는

상호 작용할 수도 있고, 서로의 의미를 변화시킬 수도 있다. 하나의 사진에서 등장한 인물과 사물의 위치, 색, 몸짓 등 모든 볼 수 있는 영상 요소는 서로의 조합에서 하나의 의미화된 전체를 구성하게 된다. 즉 통합체 관계란 한 프레임 내에 동시에 등장해 있는 요소들 사이의 관계를 말한다. 영상을 구성하는 요소는 통합체 관계와 계열체 관계 때문에 의미를 생산한다. →4장

트롤리 딜레마 Trolley Problem　트롤리 딜레마는 브레이크가 고장 난 상태로 질주하는 기차를 방치할 경우 다섯 명의 선로 작업자가 기차에 치일 수 있고 선로의 방향을 바꿀 경우 한 명의 선로 작업자가 치일 수 있는 경우에 대한 판단이나, 선로를 바꿀 수 없어 기차의 운행을 정지시킬 무거운 장애물이 필요한 경우 당신의 옆에 있는 뚱뚱한 사람을 선로로 밀쳐 기차를 막는 것이 정당한지 등과 같은 극단적 상황에서 개인과 집단의 윤리적 가치 판단을 묻는 질문이다(김준호, 2019). →8장

패러디parody　패러디는 기존 작품 속 일부를 희화하거나 비틀어 재사용하는 것으로, 그 사회가 지닌 문화적 상호 관계에서도 만들어진다. 한 문화에 익숙한 장면이나 기억을 활용하여 새롭게 의미를 생산하는 영상이 그 대표적 사례다. →4장

풀뿌리 저널리즘 Citizen Journalism　시민이 직접 자신의 미디어와 취재 콘텐츠로 저널리즘에 참여하는 것을 일컫는다. →3장

프레스코 벽화　'신선하다'는 뜻의 이탈리아어인 프레스코fresco는 완전히 마르지 않은 회반죽(석고) 벽면 위에 물에 용해한 안료를 칠하여 그리는 벽화 기법을 뜻한다. 안료가 스며든 회벽이 마르면 벽면으로 그림이 고정되고 습기에 지워지지 않아 건축물의 벽과 동일한 수명을 지닌다. 석고의 응고 속도가 빠른 까닭에 신속히 그림을 완성해야 하고 그림을 수정하는 것 또한 어렵다는 제약이 있다. →3장

프레임frame　영상의 의미 생산 기본 단위를 프레임이라 한다. 영상 미디어이자 기계인 카메라 렌즈가 세상을 보는 사각형 공간인 프레임이고, 프레임 속 세계는 바깥 세계 상의 선택된 일부일 뿐이다. 프레임은 한 언론사가 사건을 이해하고 해설하는 논조나 성향을 뜻하기도 한다. 저널리즘 사진의 경우 이미 현실의 프레임인 그 사진을 설명하는 캡션을 통해 각 언론사는 선호하는 의미를 강력하게 전달한다. →4장

PDP(Plasma Display Panel)　플라스마를 이용하여 문자나 영상을 표시하는 장치. 물질은 그것에 가해지는 열에 의해 고체, 액체, 기체 등으로 변하는데, 기체를 고열로 가열하여 전자와 원자핵을 분리시켜 전류의 흐름을 극대화한 상태로 '제4의 물질 상태'를 플라스마라고 한다. PDP에 사용되는 플라스마는 가열이 아닌 전기적 방전을 통해 생성한다. PDP는 두 장의 유리 사이에 주입된 네온과 아르곤 가스가 방전을 일

으키며 플라스마가 형성되는 과정에서 발생하는 자외선으로 시각적 형상을 생성한다. → 3장

픽토그램 pictogram 그림을 뜻하는 단어인 picture와 전보를 뜻하는 단어인 telegram이 결합한 단어로, 그림으로 표현된 시각 언어다. → 2장

현실 효과l'effet de réel 현실 효과란 소설과 같은 픽션의 세계에서 어떤 사물이나 인물이 다른 내러티브상의 이유 없이 오직 지금 기술 중인 사실의 현실 정합성을 증거하기 위해 존재하는 경우, 그 기능을 지칭하는 말이다. 롤랑 바르트는 프랑스 사실주의 소설의 기술 방식을 분석하면서, 발자크가 소설에서 부르주아 살롱을 묘사하는 부분을 언급한다. 그 살롱의 피아노 위에 걸린 벽시계를 언급할 때, 이 벽시계가 소설에 존재하는 이유는 내러티브적인 것이 아니라 오직 그것이 부르주아 살롱의 생생한 존재감을 더해 주는 현실 효과를 내기 때문이라고 바르트는 분석한다. → 5장

참고 문헌

2장

김윤주 (2020). 예수를 덮었다는 '토리노의 수의'… 코로나 극복위해 온라인 공개, 〈조선일보〉. https://www.chosun.com/site/data/html_dir/2020/04/07/2020040700203.html

김현강 (2015). 《이미지》. 연세대학출판문화원.

문학비평용어사전. https://terms.naver.com/entry.nhn?docId=1529821&cid=60657&categoryId=60657

박명진 외 (1989). 《비판커뮤니케이션과 문화이론》. 나남.

박선의 · 최호천 (1997). 《시각 커뮤니케이션 디자인》. 미진사.

박정순 (1995). 《대중매체의 기호학》. 나남.

윤경희 (2020). 1년 동안 130억 벌었다… 스타 능가하는 '버추얼 인플루언서', 〈중앙일보〉. https://news.joins.com/article/23932550

이성규 (2011). '토리노의 수의'에 얽힌 미스터리 (하), 〈사이언스 타임스〉. https://www.sciencetimes.co.kr/news/토리노의-수의에-얽힌-미스터리-하/

이영음 · 홍석경 (1999). 《영상학개론》. 참미디어.

정상혁 (2021). 가상 인플루언서, 현실 세계 휘어잡다, 〈조선일보〉 https://www.chosun.com/culture-life/culture_general/2021/01/28/NB6HJUUHBFDU7GAXRWLHI3N4AE/

Barthes, Roland (1957). *Mythologies. Les Lettres nouvelles.* [정현 옮김. 《신화론》. 현대미학사. 1995].

Hall, Stuart (1973). *Encoding and decoding in the television discourse.* University of Birmingham.

Jean, Georges (1987). *L'écriture, mémoire des hommes. Gallimard.* [이종인 옮김. 《문자의 역사》. 시공사. 1995].

Jean, Georges (1989). *Langage de signes, l'´ecriture et son double. Gallimard.* [김형진 옮김. 《기호의 언어 — 정교한 상징의 세계》. 시공사. 1997].

Lester, Paul Martin (2006). *Visual communication: images with messages.* Thomson Wadsworth.

Sasson, Rosemary & Gaur, Albertine (1997). *Signs, symbols and icons: Pre-history to the computer age.* Exeter: Intellect Books.

3장

김주희 · 박장웅 (2019). 질병 진단용 스마트 콘택트렌즈 바이오 센서의 연구 동향, 한국고분자학회, 〈고분자 과학과 기술〉. Vol. 30(1), pp.24~27.
박상우 (2019). 《박상우의 포톨로지: 베르티옹에서 마레까지 19세기 과학 사진사》. 문학동네.
최성우 (2017). 획기적 과학 성과, 'X선 발견, 〈사이언스 타임스〉. https://www.sciencetimes.co.kr/news/획기적-과학-성과-x선-발견/
Globaldata Technology (2020). History of virtual reality: Timeline, *Verdict*. https://www.verdict.co.uk/history-virtual-reality-timeline/
Lea, William (1994). *Video On Demand*, House of Commons Library.
Leslie, Esther (2013). Loops and joins: Muybridge and the optics of animation, *Early Popular Visual Culture*, pp.28~40.
Ranganath, K., et al. (2011). Screenless display – The emerging computer technology, *International Journal of Engineering Research and Applications*. Vol. 1, Issue 3, pp.942~947.
Rouillet, Andr & Marbot, Bernard (1986). *Le corp et so image*. Contrejour.
Toulet, Emmanuelle (1988). *Cinématographe, invention du siècle*. [김희균 옮김. 《영화의 탄생》. 시공사. 1996].

4장

김훈순 · 김미선 (2008). 여성담론 생산의 장으로써 텔레비전 드라마, 〈한국언론학보〉, 52권.
박명진 외 (1989). 《비판 커뮤니케이션과 문화이론》. 나남.
박정순 (1995/2009). 《대중매체의 기호학》. 나남.
홍석경 외 (1999). 《영상학개론》. 참미디어.
홍석경 외 (2008). 《영상학》. 한국방송통신대학교 출판부
Aumont, Jacques (1990). *L'image*. Paris: Nathan.
Berger, Arthur A. (1996). 한국사회언론연구회 매체비평분과 옮김. 《대중매체비평의 기초》. 이론과실천.
Joly, Martune (1993). *Introduction l'analyse de l'image*. Paris: Nathan.
Joly, Martune (1995). *L'image et les signes*. Paris: Nathan.
Sturken, Marita & Cartwright, Lisa (2001). *Practice of Looking*. Oxford University Press. [윤태진 · 허현주 · 문경원 옮김. 《영상 문화의 이해》. 커뮤니케이션북스. 2011].

5장

김봉섭 외 (2020). 《청소년을 위한 매체 이야기》. 한울엠플러스.
김정현 (2001). 언론의 사회적 현실구성에 관한 논의: 시위도중 사망한 학생과 경찰 관련 언론보도를 중심으로, 〈한국언론학보〉, 45권 4호, pp.303~328.
박기수 (2011). 4대강 사업 뉴스에 대한 보도 프레임 연구 – 경향신문 동아일보 한국일보 등 3개 종합일간지를 중심으로, 〈한국언론학보 55(4)〉, 2011. 8, 한국언론학회, p.9. http://www.dbpia.co.kr/journal/articleDetail?nodeId=NODE01676169〉
박기용 · 이재욱 (2015. 3. 5). 미국대사 피습 … 흉기가 된 '극단적 민족주의', 〈한겨레〉. http://www.hani.co.kr/arti/society/society_general/681060.html
설진아 (2013). 《방송기획제작의 기초》. 커뮤니케이션북스.
유현석 (2009). 조작'이란 표현이 억울하더라도 '재연' 표기 안 한 것은 문제 있어. 부엉이' 조작 파문, 월간 〈신문과 방송〉 9월호. pp.53~54.

이가영 (2018. 8. 3). '그것이 알고 싶다' 측 이중 인터뷰 논란 해명 "대역 재연 화면", 〈중앙일보〉. https://news.joins.com/article/22858502

정강현 (2009. 8. 8). 조작 논란 '환경스페셜 – 수리부엉이'… KBS "제작진 중징계, 사과 방송 결정", 〈중앙일보〉 https://news.joins.com/article/3716496

최윤아 (2015. 3. 5). 리퍼트 주한 미국대사, 괴한 공격 받아 부상당해, 〈조선일보〉. http://news.chosun.com/site/data/html_dir/2015/03/05/2015030500649.html

최현주 (2010). 한국 신문 보도의 이념적 다양성에 대한 고찰: 6개 종합일간지의 3개 주요 이수에 대한 보도 성향을 중심으로, 〈한국언론학보〉, 54권 3호, pp.399~426.

홍석경 (1995). 뉴스 미디어 현실 효과의 역사, 〈언론정보연구〉, 32권, pp.33~53.

홍석경 외 (1999). 《영상학개론》. 참미디어.

홍석경 외 (2008). 《영상학》. 한국방송통신대학교출판부.

홍석경 (2004). 텔레비전 리얼리티 프로그램의 현실구성, 〈방송문화연구〉, 16권.

홍석경 (2011). 다큐픽션 속 재연의 문제, 〈방송문화연구〉, 23권.

McBride, Kelly & Rosenstiel, Tom (2014). *The New Ethics of Journalism: Principles for the 21st Century*. Sage. [임영호 옮김, 《디지털 시대의 저널리즘 윤리: 진실 · 투명성 · 공동체》. 한국언론진흥재단. 2015. pp.168~169].

Sturken, M. 외 (2001). *Practices of Looking*. Oxford University Press. [윤태진 외 옮김. 《영상 문화의 이해》. 커뮤니케이션북스. 2011].

6장

권혁기 (2016. 4. 26). '악마의 편집' 프로듀스 101, 공정위 철퇴 의미, 〈THE FACT〉. http://news.tf.co.kr/read/entertain/1635257.htm

김수경 (2017. 6. 24). [Why] '현망진창' 30~40代 '앰'들의 폭발적 아이돌 사랑, 〈조선일보〉. https://www.chosun.com/site/data/html_dir/2017/06/23/2017062301606.html

김수아 (2011). 남성 아이돌 스타의 남성성 재현과 성인 여성 팬덤의 소비 방식 구성: 샤이니와 2PM을 중심으로, 〈미디어, 젠더 & 문화〉, 19호.

김수정 · 김수아 (2015). '집단적 도덕주의' 에토스: 혼종적 케이팝의 한국적 문화정체성, 〈언론과 사회〉, 23권 3호, 5-52.

김지은 (2020. 1. 19). [메아리] 젠더폭력 사회와 그 동조자들, 〈한국일보〉. https://n.news.naver.com/article/469/0000458917

김호영 · 윤태진 (2012). 한국 대중문화의 아이돌 시스템 작동 방식, 〈방송과 커뮤니케이션〉 13권 4호.

김희정 (2007) TV광고에 나타난 성 역할 이미지의 변화에 관한 연구, 〈한국방송학보〉, 21권 4호, pp.7~68.

나현수 외 (2018). 아이돌 육성 TV 프로그램에 나타난 젠더 디스플레이 분석, 〈한국방송학보〉, 32권 4호.

〈미디어오늘〉 (2019. 11. 23). 여성만 집안일하고 아이 돌보는 한국광고. http://www.mediatoday.co.kr/news/articleView.html?idxno=203780

박다해 (2019. 7. 26). 여성은 살 빼고 화장해야만 하나요? 웹드라마 속 성차별 보니, 〈한겨레〉. http://www.hani.co.kr/arti/PRINT/903487.html

방희경 · 오현주 (2018). 아이돌의 정동노동affective labor와 노동윤리, 〈한국언론정보학보〉, 91.

양지혜 외 (2018). 《걸페미니즘》. 교육공동체 벗.

이수안 (2014). 대중문화 공연에 재현되는 양극화된 젠더 디스플레이와 몸 이미지의 성애와 방식, 〈한국여성학〉, 30권 4호.

이유진 (2020. 1. 8). 여자는 손질하고 요리하고, 남자는 먹기만… 홈쇼핑 속 성평등 갈 길 멀다, 〈경향신문〉. https://news.v.daum.net/v/20200108150622544

이희승 (2008). 최근 TV 드라마 텍스트의 젠더 폴리틱과 여성 수용자 연구, 〈언론과학연구〉, 8.

정지은 (2014). TV 드라마의 젠더 관계 재현 방식: 연상녀 · 연하남 커플에 대한 재현을 중심으로, 〈미디어, 젠더 & 문화〉, 29권 4호.

최덕경 외 (2015). 《여성 · 젠더와 사회》. 창지사.

하민지 (2020. 2. 28). 국내 광고 속 성차별, 여성 모델은 애 보고 집안일만 한다, 〈APNEWS〉. http://apnews.kr/View.aspx?No=653226

홍석경 (2013). 《세계화와 디지털 문화 시대의 한류》. 한울아카데미.

홍석경 (2014). 프랑스의 한국 드라마 수용, 〈한국프랑스학회 학술발표회〉, pp.23~44.

홍석경 (2020). 《BTS 길 위에서》. 어크로스.

홍지아 (2017). 젠더화된 폭력에 대한 뉴스 보도 — 4개 언론사(조선일보, 동아일보, 한겨레, 경향신문)의 강남역 여성살인사건 보도를 중심으로, 〈한국언론정보학보〉, 83권, pp.186~218.

Sturken, Marita & Cartwright, Lisa (2001). *Practice of Looking*. Oxford University Press. [윤태진 · 허현주 · 문경원 옮김. 《영상 문화의 이해》. 커뮤니케이션북스. 2011].

7장

김정우 (2004). 영화에서 사용된 방언의 효과 연구 — 등장인물 성격창조와 관련하여, 〈한국학 연구〉, 21권, pp.131, 142~147.

노진호 (2018. 6. 27). 노진호의 이나불: 조폭 · 건달만 사투리… DJ "모래시계 PD 용서 못해", 〈중앙일보〉.

박소정 (2020). K-뷰티산업의 피부색주의, 〈한국언론학보〉, 64권 6호, pp.124~160.

성상민 (2020. 8. 15). 성상민의 문화 뒤집기: 시커먼스'와 '관짝소년단,' 인권 감수성 30년째 그대로, 〈미디어오늘〉. http://www.mediatoday.co.kr/news/articleViewAmp.html?idxno=208756

최혜영 (2008). 그리스 비극에 나타난 젠더와 아테네 제국주의, 〈외국 문학 연구〉, 29권, pp.431~448.

한희정 · 신정아 (2019). 한국 영화의 조선족 재현과 혐오표현의 문제 — 〈청년경찰〉 손해배상 1심 판결을 중심으로, 〈현대영화연구〉, Vol. 36, pp.112~114.

손희정 (2017). 《페미니즘리부트》. 나무연필.

홍석경 (2013). 《세계화와 디지털 문화 시대의 한류》. 한울아카데미.

홍석경 (2020). 《BTS 길 위에서》. 어크로스.

The Guardian (2018. 8. 11). 'It's not a movie, it's a movement': Crazy Rich Asians takes on Hollywood. https://www.theguardian.com/film/2018/aug/11/crazy-rich-asians-movie-kevin-kwan-jon-m-chu-constance-wu

Nussbaum, Martha (2004). *Hiding from Humanity:Disgust, Shame, and the Law*, Princeton University Press. [조계원 옮김. 《혐오와 수치심: 인간다움을 파괴하는 감정들》. 민음사. 2015].

Richard, Dyer (1997/2017). *White* (Twentieth Anniversary Edition), Routledge. [박소정 옮김. 《화이트: 백인 재현의 정치학》. 컬처룩. 2020].

Said, Edward W. (1978). *Orientalism* (Twenty fifth Anniversary Edition). [박홍규 옮김. 《오리엔탈리즘》. 교보문고. 2007].

Shelley, Walia (2001). *Edward Said and the writing of history*. Icon Books. [김수철 · 정현주 옮김. 《에드워드 사이

드와 역사쓰기》, 이제이북스. 2003].

8장

과학중심의학연구원 (2015. 10. 7). 초음파 사진 이용해 위축소 다이어트 허위과장 광고한 한의사 벌금형 기소. http://www.i-sbm.org/?1A5h2A

곽노준 · 정지수 (2018). 자율주행자동차를 위한 영상인식기술 동향, 〈오토저널〉, 제40권, 제6호.

구본권 (2019. 1. 9). 기계학습의 맹점, '흑인=고릴라' 오류가 알려주는 것, 〈한겨레〉. http://www.hani.co.kr/arti/science/future/877637.html

구정모 (2017. 7. 23). 자율주행車가 더 위험할 수도… 운전자 부주의 야기해, 〈연합뉴스〉. https://www.yna.co.kr/view/AKR20170723002000002

구태언 (2019. 11. 28). 자율주행자동차 사고 나면 누구 책임일까? (3). 〈IT Times〉. http://www.koreaittimes.com/news/articleView.html?idxno=94343

김경애 (2018. 8. 14). MRI · CT 등으로 촬영한 의료영상정보, 개인정보일까, 〈보안뉴스〉. https://www.boannews.com/media/view.asp?idx=72179

김귀배 (2007). 유네스코의 문화와 언어 다양성 보존 노력, 〈새국어생활〉, 제17권, 제4호.

김규원 (2014). 〈국외 문화다양성 정책 사례조사 및 분석 연구〉. 한국문화관광연구원.

김여라 (2019). 디지털 시대의 미디어 리터러시 해외 사례 및 시사점. 〈NARS 현안분석〉, 제90호.

김정호 (2011). 스크린 쿼터 축소의 영향분석, 〈한국콘텐츠학회 논문지〉, 제11호.

김준호 (2019). '폭주하는 전차' 사례에 대한 형사법적 결론을 생각해보기 — 자율주행자동차의 윤리적 딜레마에 관한 법학적 사유실험을 겸하여, 〈법학연구〉, 29권, 2호.

김효은 (2009). 감성의 작용: 신경윤리에서 보는 감정-도덕적 판단에서 감정의 역할, 〈호남학〉, 45권, 0호.

노성두 (1999). 브루넬레스키의 1차 원근법 시연, 〈한국미학예술학회지〉, 10권, pp.148~151.

박동준 (2010). 유럽연합의 문화통합과 문화적 예외 그리고 문화 다양성, 〈유럽사회문화〉, 제5호.

박은진 (2000). 예술의 과학적 성격과 과학/과학기술의 예술적 수용, "Docti rationem artis intelligunt, indocti voluptatem"(by Quintilianus, AD.35~95). 〈한국과학철학〉, 3권, 1호, pp.68~71.

박혜섭 (2021. 5. 31). 스페셜리포트3 — 자율주행차, 어떤 사고가 났을까, 〈Ai타임스〉. http://www.aitimes.com/news/articleView.html?idxno=138745

박해현 (2002. 2. 21). 프랑스 "한국의 스크린쿼터 제도 본받자", 〈조선일보〉. https://www.chosun.com/site/data/html_dir/2002/02/21/2002022170324.html

서영준 (2017. 11. 27). 스포츠시장 무섭게 성장… 경제 파급효과만 2200억, 〈파이낸셜 뉴스〉. https://www.fnnews.com/news/201711271906271231

송성철 (2015. 10. 8). 초음파 사진 허위광고 한의사 반드시 처벌해야, 〈의협신문〉. https://www.doctorsnews.co.kr/news/articleView.html?idxno=106254

신창환 (2020). 게임등급분류제도의 국제적 조화와 발전방향에 관한 연구: 국제 등급 분려 연합(IARC)을 중심으로, 〈문화정책논총〉, 34(1).

이건한 (2019. 10. 15). 기계는 눈보다 빠르다, '머신비전', 〈테크월드〉. http://www.epnc.co.kr/news/articleView.html?idxno=92371

이규탁 (2018. 1. 2). Do You Know BTS? 세계화 비결은 실시간 소통, 〈Issue Insight〉, Vol. 04. http://www.kocca.kr/n_content/vol04/vol04_05.pdf

이지훈 (2018). 온라인 게임 규제 정책이 게임 산업에 미치는 영향에 관한 연구, 〈한국엔터테인먼트 산업 학회 논문지〉, 12(4).
장은혜 외 (2020). 〈2020 게임이용자 실태 조사〉.
한국 영화진흥위원회 영화정책센터 (2010). 〈2010년 한국 영화산업 결산〉.
한상언 (2010). 한국민족문화대백과사전. http://encykorea.aks.ac.kr/Contents/Item/E0068218
홍석경 · 이영음 (1999). 《영상학 개론》. 참미디어.
홍성록 · 윤고은 (2006. 2. 8). 영화인들, 스크린쿼터 축소 철회 요구 시위, 〈한겨레〉. http://www.hani.co.kr/arti/culture/movie/100849.html
홍완기 (2018. 11. 4). "환자 동의없이 증례 발표했다" 소송 제기했지만, 〈의협신문〉. https://www.doctorsnews.co.kr/news/articleView.html?idxno=126155
홍유진 · 김양은 (2013). 미디어 리터러시(Literacy) 국내외 동향 및 정책방향, 〈코카포커스〉, 2013-01호.
황재하 (2016. 11. 18). 법원 "'위 축소 다이어트' 과장 홍보는 의료법 위반", 〈한국경제〉. https://www.hankyung.com/society/article/2016111874598
Associated Press (2012). Victoria's Secret apologizes for use of headdress. CBC. https://www.cbc.ca/news/world/victoria-s-secret-apologizes-for-use-of-headdress-1.1130549
Automotive Electronics Magazine (2020. 3. 19). TRI-AD, 자율주행용 일반도로 HD맵 생성 성공. https://www.autoelectronics.co.kr/article/articleView.asp?idx=3542
Clark, M., et al. (2003). "Application of infrared thermography to the non-destructive testing of concrete and masonry bridges," *NDT&E International*, Vol. 36, pp.265～275.
Dailymail (2019). Tesla driver is caught on camera sleeping behind the wheel while driving on Autopilot down a Las Vegas highway. https://www.dailymail.co.uk/news/article-6646055/Tesla-driver-caught-sleeping-wheel-driving-Autopilot.html
Dauben, Joseph (1999). The Art of Renaissance Science: Galileo and Perspective. *Science Television Co.* [Video]
HMG(Hyundai Motor Group Journal). https://news.hmgjournal.com/Tech/hd-map-rnd?null
Independent (2019. 9. 10). Man caught on camera 'fast asleep' at wheel of Tesla at high speed. https://www.independent.co.uk/news/world/americas/tesla-driver-asleep-video-autopilot-boston-driving-a9098771.html
KAVI (2013). The Finnish Media Education Authority. https://kavi.fi/sites/default/files/documents/mil_in_finland.pdf
Sturken, Marita & Cartwright, Lisa (2006). *Practices of Looking*. Oxford. [윤태진 외 옮김. 《영상 문화의 이해》. 커뮤니케이션북스. 2008].

9장

강상규 (2012). 이젠 엑사바이트 시대, 테라바이트는 가라, 〈머니투데이〉. https://news.joins.com/article/7946960
권혜림 (2020). SNS에 퍼진 '31번 확진자 사진'...경찰 "허위사실, 엄정대응", 〈중앙일보〉. https://news.joins.com/article/23711807
남윤서 (2019). 초등생 장래희망 유튜버가 3위, 의사 제쳤다, 〈중앙일보〉. https://news.joins.com/article/23653857
〈동아닷컴〉 (2020a). 전세계 시위 촉발한 플로이드 사망 영상, 10대 소녀가 찍었다. https://www.donga.com/

news/Inter/article/all/20200613/101493068/1
〈동아닷컴〉 (2020b). "나 확진자인데 식당 다녀갔다" 돈 요구… 코로나19 사기 등장. http://www.donga.com/news/article/all/20200212/99659089/1
봉성창 (2016). 아프리카TV서 별풍선 1억 원 쏜 남성, 결국 자살, 〈TV 리포트〉. https://m.tvreport.co.kr/895620
신혜연 (2020). 죽음을 놀이로 조롱한 그들… 목 깔아 뭉갠 '플로이드 챌린지', 〈중앙일보〉. https://news.joins.com/article/23793092
이상우 (2020). 트위터는 SNS가 아닌, '뉴스 플랫폼'이다?, 〈동아일보〉. https://it.donga.com/30098/
이진원 (2019). [KOREAN POWER YOUTUBERS 30] 대한민국 파워 유튜버 30인의 위상, 〈포브스〉. https://jmagazine.joins.com/forbes/view/327266
조재희 (2020). 무릎꿇어 추모하고, 경찰차로 밀어버리고… 美 공권력의 두얼굴, 〈조선일보〉. http://news.chosun.com/site/data/html_dir/2020/06/02/2020060200179.html
최두진 · 장두병 · 이주황 (2018). 〈2018 사이버 폭력 실태조사〉. 방송통신위원회 및 한국 정보화 진흥원. [PDF]
홍성욱 (2001). 벤담의 파놉티콘(Panopticon)에서 전자 시놉티콘(Synopticon)까지: 감시와 역감시, 그 열림과 닫힘의 변증법, 〈한국과학사학회지〉, 제23권 제1호.
Ahmed, Sara (2004). Affective Economies, *Social Text* 79, Vol. 22, No. 2, Summer 2004, Duke University Press.
Bennett, Richart (2022). Mind Numbing YouTube Facts, Figures and Statistics, *Filmora*. https://filmora.wondershare.com/youtube-video-editing/mind-blowing-youtube-stats-facts-2017.html
Ceci, L. (2022). YouTube: most viewed channels 2022, *Statista*. https://www.statista.com/statistics/373729/most-viewed-youtube-channels/
Dixon, S. (2022a). Facebook: distribution of global audiences 2022, by age and gender, *Statista*. https://www.statista.com/statistics/376128/facebook-global-user-age-distribution/
Dixon, S. (2022b). Instagram: distribution of global audiences 2022, by age and gender, *Statista*. https://www.statista.com/statistics/248769/age-distribution-of-worldwide-instagram-users/
Dixon, S. (2022c). Twitter: distribution of global audiences 2021, by age group, *Statista*. https://www.statista.com/statistics/283119/age-distribution-of-global-twitter-users/
Facebook IQ (2019). 〈Facebook IQ의 2020년 핵심 주제 및 트렌드 보고서〉. [PDF], available at: https://scontent-ssn1-1.xx.fbcdn.net/v/t39.8562-6/10000000_2823821977725698_8458530067578880_n.pdf?_nc_cat=108&_nc_sid=ad8a9d&_nc_ohc=9qaVRLk1-nMAX_CylTd&_nc_ht=scontent-ssn1-1.xx&oh=8511f6cc3a06075e73a0e84d4bfd25f0&oe=5F5ED099
Habermas, Jurgen (1962). *Strukturwandel der Offentlichkeit. Untersuchungen zu einer Kategorie der burgerlichen Gesellschaft*. Taschenbuch. [한승완 옮김. 《공론장의 구조변동》. 나남. 2001].
Kozlowska, Hanna (2018). The Cambridge Analytica scandal affected nearly 40 million more people than we thought, *Quartz*. https://qz.com/1245049/the-cambridge-analytica-scandal-affected-87-million-people-facebook-says/
Karl (2022). Top 10 Social Networking Sites by Market Share Statistics [2022], *Dreamglow*. https://www.dreamgrow.com/top-10-social-networking-sites-market-share-of-visits/#chart
Kemp, Simon (2021). DIGITAL 2021: GLOBAL OVERVIEW REPORT, *Datareportal*. https://datareportal.com/reports/digital-2021-global-overview-report
Lajka, Arijeta (2020). Vdeo does not show man sickened by new virus in China, *AP news*. https://apnews.com/

afs:Content:8452620543

Lyon, David (1994). *The Electronic Eye: The Rise of Surveillance Society.* University of Minnesota Press.

McLachlan, Stacey (2022). 12 Important Instagram Trends to Watch in 2022, *Hootsuite.* https://blog.hootsuite.com/instagram-trends/

Mediakix (2019). youtube user statistics demographics for marketers. https://mediakix.com/blog/youtube-user-statistics-demographics-for-marketers/

Nussbaum, Martha (2004). *Hiding from Humanity: Disgust, Shame, and the Law,* Princeton University Press. [조계원 옮김. 《혐오와 수치심 — 인간다움을 파괴하는 감정들》. 민음사. 2015].

Olweus, Dan (2003). "A Profile of Bullying at School," *Educational Leadership.* [PDF], available at: https://lhsela.weebly.com/uploads/7/9/0/8/7908073/_olweus_profile_of_bullying.pdf

Schultz, Jeff (2019). How Much Data is Created on the Internet Each Day?, *Micro Focus.* https://blog.microfocus.com/how-much-data-is-created-on-the-internet-each-day/

Standage, Tom (2013). *Writing on the Wall: Social Media — The First 2,000 Years.* Bloomsbury USA. [노승영 옮김. 《파피루스에서 페이스북까지 소셜미디어 2000년》. 열린책들. 2015].

Walker, Peter & Lewis, Paul (2012). Ian Tomlinson death: Simon Harwood cleared of manslaughter, *Guardian.* https://www.theguardian.com/uk/2012/jul/19/simon-harwood-not-guilty-ian-tomlinson

Watson, Imogen (2020). Twitter amplifies Black Lives Matter statements in US protest cities. *The Drum.* https://www.thedrum.com/news/2020/06/22/twitter-amplifies-black-lives-matter-statements-us-protest-cities

Wright, Mike(2018). Pregnant girlfriend cried and pleaded with boyfriend to stop YouTube stunt moments before shooting him dead, *The Telegraph.* https://www.telegraph.co.uk/news/2018/06/23/pregnant-girlfriend-cried-pleaded-boyfriend-stop-youtube-stunt/

10장

공종구 (1996). 패러디와 패스티쉬 그리고 표절 그 개념적 경계와 차이, 〈한국현대소설학회〉, 1996 (5), pp.217～233.

국가법령정보센터. 정보통신망 이용촉진 및 정보보호 등에 관한 법률. https://www.law.go.kr/법령/정보통신망이용촉진및정보보호등에관한법률

권하영 (2020). '짝퉁 무도·미우새'가 버젓이? 중국이 베껴간 한국방송만 19개, 〈디지털데일리〉. http://m.ddaily.co.kr/m/m_article/?no=202471

김기태 (2000). 뉴미디어의 기술 진전과 저작권 보호에 관한 연구, 〈출판연구〉, 2000.06. 30, Vol.12 (1). p.277～292.

김주덕 (2008). 알기 쉬운 건축물저작권 해설. 건축사. https://kiramonthly.com/archi-and-law-2008/

레베카 손 (2021). NFT: '가상화폐 작품 판매로 제 인생이 완전히 달라졌어요', 〈BBC NEWS 코리아〉. https://www.bbc.com/korean/international-56397918

문화체육관광부. 국제협약. https://www.mcst.go.kr/kor/s_policy/copyright/knowledge/know18.jsp

박경신 (2009). 《사진으로 보는 저작권, 초상권, 상표권 기타 등등》. 고려대학교 출판부.

박용숙 (2016). 한국에서의 잊혀질 권리에 관한 소고 — 논의 현황과 나아갈 방향 모색을 중심으로, 〈강원법학〉, 49. pp.49～101.

방송통신위원회 (2016). 인터넷 자기게시물 접근배제요청권 가이드라인. https://kcc.go.kr/user.do?mode=view

&page=A02030700&boardId=1099&boardSeq=42517

백세희 (2019). 백세희 변호사의 아트로 오마주인지 패러디인지 표절인지… 도대체 뭡니까?, 〈경향신문〉. http://www.khan.co.kr/allthatart/art_view.html?art_id=201907040927001

서수정 · 유제연 (2017). 《알기 쉬운 건축설계 저작권》. 건축도시공간연구소.

신현국 (2013). 초상사진의 저작권과 저작물로서의 성립요건, 〈한국디자인포럼〉, 40권. pp.269~281.

이에스더 (2016). 영화 '파리에서의 마지막 탱고' 속 강간 장면, 여배우에 알리지 않고 촬영…, 〈중앙일보〉. https://www.joongang.co.kr/article/20961354#home

이종락 · 안상락 (2007). 패러디광고 표현기법에 관한 연구. 〈한국디자인포럼〉, vol. 17. pp.223~233.

전재림 (2021). NFT(Non Fungible Token)을 둘러싼 최근 이슈와 저작권 쟁점, 한국저작권위원회. https://www.copyright.or.kr/information-materials/trend/the-copyright/view.do?brdctsno=48848

정아란 (2016). '또오해영' 타이틀, 광고와 유사 논란… "제작 때 참고해", 〈연합뉴스〉. https://www.yna.co.kr/view/AKR20160520178200033

최선영 (2021). 가상세계와 현실 넘나들다… '메타버스' 열풍. 대한민국 정책브리핑. https://www.korea.kr/news/policyNewsView.do?newsId=148891141

한국 방송영상산업 진흥원 (2000). 방송 프로그램의 폭력성, 선정성 표현에 관한 연구, 〈한국콘텐츠진흥원 정책&연구보고서〉.

홍석경 · 이영음 (1999). 《영상학 개론》. 참미디어.

Linz, Daniel, Donnerstein, Edward & Penrod, Steven (1984). "The Effects of Multiple Exposures to Filmed Violence Against Women," *Journal of Communication*. https://www.academia.edu/download/51427732/The_Effects_of_Multiple_Exposures_to_Fil20170119-4607-40fujy.pdf

그림 출처

이 책에 실린 그림과 사진은 연구 및 교육의 목적으로 본문의 이해를 돕기 위해 사용했습니다. 사용을 허락해 주신 분께 감사드립니다. 잘못 기재한 사항이나 사용 허락을 받지 않은 것이 있다면 사과드리며, 이후 쇄에서 정확하게 수정하며 관련 절차에 따라 허락받을 것을 약속드립니다.

그림 1 *Beauty and The Beast*: Walt Disney Pictures, Mandeville Films/Walt Disney Studios, Motion Pictures; *Isn't It Romantic*: New Line Cinema, Bron Creative, Camp Sugar, Little Engine, Broken Road Productions/Warner Bros. Pictures, Netflix | 그림 2 Vermont Department of Health | 그림 3 INTERNATIONAL OLYMPIC COMMITTEE | 그림 4 Sandro Botticelli, *The Annunciation*, Uffizi, Florence; © 김기창, 〈수태고지〉/운보문화재단 | 그림 5 (위) 연합뉴스; (가운데) Office of White House Press Secretary, Press Secretary; (아래) French Presidency | 그림 6 (왼쪽) public domain; (오른쪽) Photograph by Julia Hammond | 그림 7 public domain | 그림 8 Science Photo Library | 그림 9 *The Marriage*: Nicolo da Bologna/Rosenwald Collection/National Gallery of Art | 그림 10 Francisco José de Goya, *El tres de mayo de 1808 en Madrid*, 1814; *Firing Squad in Iran*, Jahangir Razmi, 1979 | 그림 11 *Wave*, District, 2020 | 그림 12 Reuters/BBC | 그림 13 Ministry of Agriculture and Food of the Moscow Region | p.48 Dog Eat Dog Films, Fellowship Adventure Group/FLIC Distributors | p.50 Scott Rudin Productions/Paramount Pictures | 그림 14 NBC Universal | p.53 Lionsgate | 그림 15 © DR | 그림 16 public domain | 그림 17 Paul Troger, Melk Abbey(Austria)/Photograph by Alberto Fernandez Fernandez | 그림 18 Altaarstuk van het schrijnwerkerambacht/Royal Museum of Fine Arts Antwerp | 그림 19 Duccio di Buoninsegna/Museo dell'Opera Metropolitana del Duomo | 그림 20 Pinacoteca Ambrosiana/Vatican Museums | 그림 21 Santa Maria delle Grazie Church | 그림 22 public domain | 그림 23 (위) Thomas Gainsborough, *Mr and Mrs Andrews*/The National Gallery; (아래 왼쪽) Royal Collection of the United Kingdom; (아래 오른쪽) Dolce & Gabbana | 그림 24 public domain/Richard Henry Stone, *In Africa's Forest and Jungle: Six Years Among the Yorubas*, 2009 | 그림 25 Alphonse Bertillon, *Album of Paris Crime Scenes, 1901–1908*/Metropolitan Museum of Art | 그림 26 British Library Newspapers | 그림 27 Edward Muybridge | 그림 28 (왼쪽) Marcellin Auzolle; (오른쪽) public domain | 그림 29 (위) 20th Century Fox; (아래) Metro-Goldwyn-Mayer | 그림 30 Santeri Viinamäki | 그림 31 (왼쪽) https://www.nesglobal.net/proposed-regulations-offer-revised-crt-glass-disposal-options/crt-extracted-from-crt-television-monitor-2/ (오른쪽) https://www.sydneyprops.com.au/product/televisi/ | 그림 32 https://awardonline.

com/news/hundreds-and-thousands | 그림 33 (위) public domain | 그림 34 EA Sports | 그림 35 Claude Monet, *Japanese Bridge*/Musée d'Orsay | 그림 36 Gigoia Studios | p.85 Lightstorm Entertainment/20th Century Fox, United International Pictures | p.88 Warner Bros. Pictures | 그림 37 (위) Andrea Mantegna, *Lamentation of Christ*/Pinacoteca di Brera (가운데) Photograph by Bettmann; (아래) BENETTON | 그림 38 BENETTON | 그림 39 *Paris Match* | 그림 40 교육부 | 그림 41 Netflix | 그림 42 Library of Congress, Washington, DC | 그림 43 Conservatoire national des Arts et Métiers | 그림 45 연합뉴스 | 그림 46 Associated Press | 그림 47 연합뉴스 | 그림 48 MBC | 그림 49 Robert J. Flaherty, *Nanook of the North* | 그림 50 CNN | 그림 51 SBS | p. 144 Entertainment One | 그림 52 Kevin Carter/Megan Patricia Carter Trust, Sygma–Corbis | p.146 Bold Films/Open Road Films | 그림 53 Alfred J. Hitchcock Productions/Universal-International Pictures | 그림 54 Mnet | 그림 55 (왼쪽) EMPORIO ARMANI; (오른쪽) 보건복지부 | 그림 56 수신지, 웹툰 〈며느라기〉 | 그림 57 BBC | 그림 58 Alan Crosland, *The Jazz Singer* | 그림 59 Paramount Pictures | 그림 60 Paramount Pictures | 그림 61 Warner Bros. Pictures | 그림 62 Paramount Pictures | 그림 63 *Der Spiegel* | 그림 64 American Zoetrope, Elemental Films/Focus Features | 그림 65 Sony Pictures Releasing | 그림 67 BBC NEWS KOREA | p.207 Warner Bros. Pictures | p.209 바른손이앤에이/CJ엔터테인먼트 | 그림 68 public domain | 그림 69 Frederick C. Hewitt Fund, 1917 | 그림 70 public domain | 그림 71 O'Reilly | 그림 72 *HMG(Hyundai Motor Group) Journal* | 그림 73 연합뉴스 | 그림 74 연합뉴스 | 그림 75 BTS, "Dynamite" | 그림 76 *Zone Out* | p.241 Coldplay, "Hymn For The Weekend" | 그림 79 *The Guardian* | 그림 80 Darnella Frazier | 그림 81 (왼쪽) Eva Marie Uzcategui | 그림 82 Friman | 그림 84 Burnt Banksy | 그림 85 ㈜팔도 | p.290 LD Entertainment | p.292 Sony Pictures Releasing